Frank Thiel

Skalenoptimale Konfiguration kreisangehöriger Gemeinden in Thüringen

Skalenoptimale Konfiguration kreisangehöriger Gemeinden in Thüringen

Empirische Analyse zu den Auswirkungen freiwilliger Zusammenschlüsse auf die Effizienz von Gemeindeverwaltungen

Frank Thiel

Universitätsverlag Ilmenau
2021

Impressum

Bibliografische Information der Deutschen Nationalbibliothek
Die Deutsche Nationalbibliothek verzeichnet diese Publikation in der Deutschen Nationalbibliografie; detaillierte bibliografische Angaben sind im Internet über http://dnb.d-nb.de abrufbar.

Diese Arbeit hat der Fakultät für Wirtschaftswissenschaften und Medien der Technischen Universität Ilmenau als Dissertation vorgelegen.

Tag der Einreichung:	17. Dezember 2019
1. Gutachter:	Univ.-Prof. Dr. Michael Grüning (Technische Universität Ilmenau)
2. Gutachter:	Univ.-Prof. Dr. Rainer Souren (Technische Universität Ilmenau)
3. Gutachter:	Prof. Dr. Thomas Günther (Technische Universität Dresden)
Tag der Verteidigung:	22. Juni 2020

Technische Universität Ilmenau/
Universitätsbibliothek **Universitätsverlag Ilmenau**
Postfach 10 05 65
98684 Ilmenau
http://www.tu-ilmenau.de/universitaetsverlag

ISBN 978-3-86360-232-1 (Druckausgabe)
DOI 10.22032/dbt.46935
URN urn:nbn:de:gbv:ilm1-2020000542

Geleitwort

Gemeindegebietsreformen sind in den letzten Jahrzehnten ein in der Bundesrepublik Deutschland – wie in vielen anderen Ländern auch – intensiv diskutiertes Thema. Insbesondere Thüringen ist ein aufgrund seiner Historie stark durch kleinteilige Gebietskörperschaften geprägtes Bundesland (noch 1918 bestanden acht selbständige Herzogtümer und diverse sächsische und preußische Enklaven auf dem Gebiet des heutigen Freistaates). Die aktuelle Gemeindegliederung Thüringens mit der großen Anzahl formal selbständiger Gemeinden reflektiert diesen Zustand. Mehrere Gemeindegebietsreformen adressierten in der Vergangenheit das Problem, zeitigten aber heterogenen Erfolg, so dass die Suche nach einer adäquaten Gemeindestruktur nach wie vor auf der landespolitischen Tagesordnung steht.

Aus politischer Sicht soll dabei durch Fusionen die Anzahl der Gebietskörperschaften verringert werden, wobei ökonomische Effizienzkriterien bei der Auswahl geeigneter Fusionspartner zunehmende Bedeutung erlangen. Die konkrete Ausgestaltung der Anreize zu freiwilligen Fusionen ist allerdings hochgradig normativ geprägt und bestenfalls als heuristisch zu kennzeichnen.

Hier setzt die Arbeit von Herrn Thiel an, der sich am Beispiel Thüringer Gemeinden mit der ökonomischen Effizienz von Gebietskörperschaften und deren Veränderung im Zuge von Gemeindegebietsreformen beschäftigt. In einem ersten Schritt wird dazu ein Messinstrument für die durch einen hochgradig mehrdimensionalen, heterogenen Output gekennzeichnete ökonomische Effizienz von Gemeinden etabliert. Darauf aufbauend werden Gemeindefusionen der Vergangenheit hinsichtlich der Veränderungen der Effizienz der Fusionspartner analysiert, und so Determinanten ökonomisch erfolgreicher Gemeindefusionen identifiziert. Auf dieser Grundlage gelingt es Herrn Thiel, Vorschläge für eine ökonomisch effiziente Gemeindestruktur zu unterbreiten, die ausgehend vom Status quo der Thüringer Gemeindegliederung mit Hilfe eines konkreten Fusionsfahrplans zu erreichen ist. Die Bedeutung der Arbeit geht dabei weit über die lokalpolitischen Implikationen hinaus. Vielmehr sind die Ergebnisse mit geringen Adaptionen auf vielfältige gebietskörperschaftliche Strukturentscheidungen übertragbar.

Ich wünsche dem Buch von Herrn Dr. Thiel eine hohe Verbreitung in Praxis und Wissenschaft und hoffe, dass von ihm sowohl wichtige Impulse für die evidenzbasierte Ausgestaltung künftiger Gemeindegebietsreformen ausgehen als auch, dass es das Forschungsinteresse in diesem Bereich zu stärken vermag.

Ilmenau, im November 2020 Univ.-Prof. Dr. Michael Grüning

Danksagung

Diese Arbeit ist während meiner Tätigkeit als wissenschaftlicher Mitarbeiter am Fachgebiet Rechnungswesen und Controlling an der Technischen Universität Ilmenau entstanden. Und auch wenn das Dokument meinen Namen trägt, so haben doch einige Personen auf sehr unterschiedliche Weise zum Gelingen meines Dissertationsprojektes beigetragen.

Ein großer Dank gilt daher zunächst meinem Doktorvater, Herrn Univ.-Prof. Dr. Michael Grüning. Er verstand es, sich immer wieder kritisch mit meinen Modellen und Ergebnissen auseinander zu setzen, ohne mir dabei jemals die Zuversicht zu nehmen, dass ich am Ende erfolgreich sein werde. Er hat sich auf mich und mein Thema eingelassen und mich mit Ernsthaftigkeit, und wissenschaftlicher Spielfreude zugleich, auf meinem Weg begleitet.

Herrn Univ.-Prof. Dr. Rainer Souren und Herrn Prof. Dr. Thomas Günther danke ich vielmals für die Übernahme des Zweit- und Drittgutachtens. Darüber hinaus bedanke ich mich bei Herrn Univ.-Prof. Dr. Thomas Grebel für die Übernahme des Vorsitzes in der Promotionskommission sowie bei Herrn Univ.-Prof. Dr. Volker Nissen und Herrn Dr. Magnus Richter für ihre Tätigkeit als Beisitzer.

Ich danke Frau Dr. Jana Neuland und Herrn Dr. Tobias Gleichmann, die mich am Fachgebiet so freundlich aufgenommen und mich vom ersten bis zum letzten Tag meiner Ilmenauer Zeit begleitet haben. Ich danke der Gemeinschaft mit dem unscheinbaren Namen „Mittagsrunde“, die weit über Mensabesuche hinaus für mich die Möglichkeit zu sozialer Integration und zu akademischem Austausch gleichermaßen bot.

Außerdem danke ich Sandra Menz, die nach eigenen Angaben, bei der Korrektur dieser Dissertation, den Verstand beinahe verlor. Ein besonderer Dank gilt zuletzt meiner Ehefrau, Kerstin Thiel, die mich auch in schwierigen Phasen niemals hat zweifeln lassen, dass dies der richtige Weg ist und dass er selbstverständlich zu Ende gegangen werden muss.

Gewidmet ist diese Arbeit Manfred Krause, der ihre Fertigstellung leider nicht mehr erleben darf.

Kerspenhausen, im November 2020 Frank Thiel

Inhaltsverzeichnis

Abbildungsverzeichnis

Tabellenverzeichnis

Abkürzungsverzeichnis

ATB	All-Time-Best
BG	beauftragende Gemeinde im Sinne der ThürKO
CRS	konstante Skalenerträge, Constant Returns to Scale
DEA	Dateneinhüllungsanalyse, Data Envelopment Analysis
DiD	Difference-in-Differences Methode, Doppelte Differenzenmethode
DRS	fallende Skalenerträge, Decreasing Returns to Scale
EA	Kfz-Kennzeichen der kreisfreien Stadt Eisenach
Einnahmen VB	Einnahmen aus Verwaltung und Betrieb
EF	Kfz-Kennzeichen der Landeshauptstadt Erfurt
EG	Erfüllende Gemeinde als Gemeinschaft aus SEG und einer oder mehreren BG.
FAG-Masse	Finanzausgleichsmasse
FDH	Free Disposal Hull
G	Kfz-Kennzeichen der kreisfreien Stadt Gera
GKS	Große kreisangehörige Stadt im Sinne der ThürKO
IRS	steigende Skalenerträge, Increasing Returns to Scale
J	Kfz-Kennzeichen der kreisfreien Stadt Jena
LG	Landgemeinde im Sinne der ThürKO
MGVG	Mitgliedsgemeinde in einer Verwaltungsgemeinschaft
NIRS	nicht steigende Skalenerträge, Non Increasing Returns to Scale,
OG	Obergrenze des skalenoptimalen Intervalls

SEG	Selbstständige Gemeinde, die als erfüllende Gemeinde im Sinne der ThürKO tätig ist
SFA	Stochastische Effizienzanalyse, Stochastic Frontier Analysis
SG	Selbstständige Gemeinde, Einheitsgemeinde
SGieS	Selbstständige kreisangehörige Gemeinde im eigentlichen Sinne, in keiner Gemeinschaft verbunden
SHL	Kfz-Kennzeichen der kreisfreien Stadt Suhl
SOK	Skalenoptimale Konfiguration
Std.Abw.	Standardabweichung
SV-Beschäftigte	Sozialversicherungspflichtig Beschäftigte
TLS	Thüringer Landesamt für Statistik
Tsd.	Tausend
UG	Untergrenze des skalenoptimalen Intervalls
VG	Verwaltungsgemeinschaft als Gemeinschaft aus MGVG und ihrer Verwaltungskörperschaft
VIF	Varianzinflationsfaktor
VMH	Vermögenshaushalt
Vollzeitäquivialente AV, VZÄ-AV	Vollzeitäquivalente in der allgemeinen Verwaltung (Kernhaushalte)
VRS	Variable Skalenerträge, Variable Returns to Scale
VwH	Verwaltungshaushalt
WE	Kfz-Kennzeichen der kreisfreien Stadt Weimar

Symbolverzeichnis

Symbol	Bedeutung
h_i	Effizienzwert der Gemeinde i
p	Outputaggregationsgewicht im 1-Output-Modell
y_i	Output der Gemeinde i im 1-Output-Modell
x_i	Input der Gemeinde i im 1-Input-Modell
n	Anzahl der DMU in der Stichprobe
s	Anzahl der Outputs
m	Anzahl der Inputs
$\mathbf{X}$	m x n Matrix der Inputs aller DMU
$\mathbf{Y}$	s x n Matrix der Outputs aller DMU
$\mathbf{x_i}$	m-Vektor der Inputs der i-ten DMU
$\mathbf{y_i}$	s-Vektor der Outputs der i-ten DMU
$\mathbf{p}$	m-Vektor Matrix der Inputgewichte
$\mathbf{q}$	s-Vektor Matrix der Outputgewichte
$\mathbf{p_i}$	m-Lösungsvektor der Inputgewichte der i-ten DMU
$\mathbf{q_i}$	s-Lösungsvektor der Outputgewichte der i-ten DMU
$\boldsymbol{\lambda}$	n-Vektor der Gewichtungsfaktoren
p_r	Outputaggregationsgewicht für den Output r
q_r	Inputaggregationsgewicht
y_{ri}	r-ter Output der i-ten DMU
x_{ji}	j-ter Input der i-ten DMU
μ_r	Modifizierte Outputaggregationsgewichte

ν_r	Modifizierte Inputaggregationsgewichte
θ_{CRS}	Vektor der Effizienzwerte aller Gemeinden unter konstanten Skalenerträgen
θ_{VRS}	Vektor der Effizienzwerte aller Gemeinden unter variablen Skalenerträgen
θ_{NIRS}	Vektor der Effizienzwerte aller Gemeinden unter nicht steigenden Skalenerträgen
SE_{CRS}	Vektor der Skaleneffizienz aller Gemeinden unter konstanten Skalenerträgen
SE_{NIRS}	Vektor der Skaleneffizienz aller Gemeinden unter nicht steigenden Skalenerträgen

1 Einführung

1.1 Motivation

Gemeindegebietsreformen bergen großen politischen Sprengstoff. Die Akteure der Lokalpolitik stammen meist aus der eigenen Gemeinde; die Mitarbeiterinnen und Mitarbeiter der örtlichen Gemeindeverwaltung sind vielen Einwohnern persönlich bekannt. Insbesondere in kleineren Städten und Gemeinden pflegen die Bürgermeister einen engen persönlichen Kontakt zu nahezu allen örtlichen Vereinen und Organisationen. Die Gemeinde stellt als unterste staatliche Ebene oft die persönlichste Berührungs- und Beziehungsebene zwischen Staat und seinen Bürgern her. Die Bevölkerung einer Gemeinde fühlt sich von Gebietsveränderungen daher häufig persönlich betroffen.[1]

Auch im Freistaat Thüringen wurden ab 2015 Vorbereitungen zur Durchführung einer Gebietsreform getroffen und bis zum Ende der sechsten Legislaturperiode des Thüringer Landtages im Jahre 2019 bereits zahlreiche Gemeindefusionen durchgeführt.[2]

Der Nutzen von Gemeindegebietsreformen ist umstritten: Befürworter der Reformen führen an, dass durch Gemeindezusammenschlüsse Skalenerträge ausgenutzt werden können. Oft wird dabei mit Fixkostendegression und Spezialisierungsvorteilen durch größere Verwaltungen argumentiert.[3] Die Notwendigkeit zu Reformen würde dadurch unterstrichen, dass insbesondere der demografische Wandel höhere Leistungsanforderungen an die Gemeinden stelle: Die Zukunftsfähigkeit der Gemeinden bei veränderter demografischer Struktur müsse durch (einwohnermäßig) vergrößerte Einheiten sichergestellt werden.[4] Die Gegner von Gebietsreformen führen an, dass für eine funktionierende Demokratie möglichst kleine staatliche Einheiten zu bilden seien. Nur diese seien in der Lage, sich optimal auf die Bedürfnisse der Bürgerinnen und Bürger einzustellen und damit eine hohe Akzeptanz und eine intensive politische Partizipation der Bevölkerung zu erreichen.[5] Gleichzeitig gibt es Indizien dafür, dass sehr große

[1] Vgl. Gemeinde- und Städtebund Thüringen 2019, S. 37. Die emotionale Bindung an die eigene Gemeinde und ihre identitätsstiftende Funktion sind Gegenstand eigener Forschungen (vgl. z. B. Terlouw 2016, S. 953ff.).

[2] Vgl. Thüringer Ministerium für Inneres und Kommunales 2015 sowie ThürGNGG 2019.

[3] Ein guter, aktueller Überblick zu dieser Argumentationslinie findet sich bei Kuhlmann/Seyfried/Siegel 2018, S. 49ff.

[4] Die Bevölkerungsprognose bei Riotte et al. 2013, S. 3 sagt beispielsweise voraus, dass die Stadt Suhl bis 2050 knapp zwei Drittel ihrer Bevölkerung verlieren wird. Dem Kyffhäuserkreis wird ein Bevölkerungsrückgang von etwa 60 Prozent bis zum Jahr 2050 vorhergesagt.

[5] Die Fusionsgegner beziehen sich oft auf das Dezentralisierungstheorem von Oates 1972, welches besagt, dass nur zentralisiert werden sollte, wenn es dadurch nachweislich Kostenersparnisse gibt oder wenn externe Effekte zwischen den Gemeinden vorliegen (vgl. dazu auch Koethenbuerger 2008; Bikker/van der Linde 2016, 442f). Mehrere Autoren zeigen zudem in Studien für verschiedene Staaten, dass mit steigender Gemeindegröße die Zufriedenheit der Bürger und ihre politische Partizipation abnimmt (vgl. Kushner/Siegel

Verwaltungen ineffizienter wirtschaften.[6] Häufig wird daher ein U-förmiger Verlauf der Pro-Kopf-Ausgaben von Gemeinden in Abhängigkeit vom Bevölkerungsstand diskutiert.[7] Er legt nahe, dass mit zunehmendem Bevölkerungsstand die Pro-Kopf-Ausgaben aufgrund von positiven Skalenerträgen zunächst fallen. Steigt der Bevölkerungsstand über ein bestimmtes Niveau hinaus, steigen die Pro-Kopf-Ausgaben wieder, da die negativen Größeneffekte überwiegen. Diese Sichtweise schließt ein, dass es einen optimalen Bevölkerungsstand gibt.[8]

Während die Bundesländer der alten BRD in den 1970er und 1980er Jahren bereits umfangreiche Gemeindegebietsreformen durchgeführt hatten, existierte die Gemeindestruktur auf dem Gebiet der ehemaligen DDR bis zum Beginn der 1990er Jahre weitestgehend unverändert fort. Erst nach der Wiedervereinigung wurden in den neu gegründeten Ländern Gebietsreformen umgesetzt.[9]

Im Freistaat Thüringen wurde eine erste Gebietsreform im Jahre 1994 durchgeführt. Aus ihr entstammt die im Jahre 2019 immer noch bestehende Landkreisstruktur. Thüringen hat eine kleinstaatliche Tradition. Die heutige Gebietsfläche des Landes bestand bis 1920 aus acht Einzelstaaten und umfasste bis 1945 zudem Anteile preußischen Territoriums. Schon die Gebietsreform Anfang der 1990er Jahre stieß daher auf heftige Widerstände. Dennoch wies Thüringen auch nach der Reform immer noch eine sehr kleinteilige Gemeindestruktur auf, sodass seitdem interkommunale Zusammenarbeit und freiwillige Gemeindefusionen auf verschiedene Weisen gefördert wurden.[10] Eine Besonderheit der emotionalen Debatte im Vergleich zu allen anderen Bundesländern ist dabei die – meist medial ausgetragene – Diskussion über den Übertritt einzelner Städte und Landkreise zu anderen Bundesländern.[11]

Das im Jahre 2016 vom Thüringer Landtag beschlossene Vorschaltgesetz zur Thüringer Gebietsreform (ThürGVG) definierte die Eckpfeiler des aktuellen Reformprojektes. Es sah neben der Neubildung von Landkreisen auch eine Gemeindegebietsreform vor. Kreisfreie Städte sollten mindestens 100.000 Einwohner haben.[12] Da nur zwei der sechs kreisfreien

---

2000, 57f; Poel 2000, S. 44; Council of Europe 2001, 12ff; Ceuninck et al. 2010, S. 13; Lassen/Serritzlew 2011, S. 252; Denters et al. 2014, S. 312ff; Zeedan 2017, S. 723f).

[6] Die ökonomische Theorie der Bürokratie besagt, dass (Teil-)Organisationen sich als Budgetmaximierer verhalten und ohne exogenen Wettbewerb keinen Anreiz zum sparsamen Ressourceneinsatz haben (Vgl. Niskanen 1971; Breton/Wintrobe 1975; Rehm/Matern-Rehm 2010, S. 45f). Das Modell von Tiebout 1956 besagt, dass die Existenz vieler kleiner Gemeinden diesem Bürokratieeffekt entgegen wirken kann, indem diese sich in einen Steuerwettbewerb begeben.

[7] Vgl. beispielsweise Newton 1982, S.205f; Holzer et al. 2009, S. 8; Blom-Hansen/Houlberg/Serritzlew 2014, S. 791; Drew/Kortt/Dollery 2015, S. 11 oder Kjaer/Klemmensen 2015, S. 102.

[8] Vgl. Bogumil 2016, S. 36.

[9] Einen guten geschichtlichen Überblick über die Gebietsreformen in jedem Bundesland geben Kost/Wehling 2010.

[10] Vgl. Franke-Polz 2010, S. 337f.

[11] Vgl. beispielsweise Przybilla 2016.

[12] Vgl. §3 Abs. 1 ThürGVG.

Städte diese Voraussetzung zum Gebietsstand 2016 erfüllten,[13] wären vier kreisfreie Städte als kreisangehörige Städte in den umliegenden Landkreisen aufgegangen oder hätten Gemeinden aus dem kreisangehörigen Umland eingliedern müssen, bis das Bevölkerungskriterium für die Kreisfreiheit erfüllt gewesen wäre.[14] Die Mindesteinwohnerzahl für kreisangehörige Gemeinden wurde auf 6.000 Einwohner festgelegt. Es war vorgesehen, dass ausschließlich Einheitsgemeinden gebildet werden. Auch die Erweiterung bestehender Verwaltungsgemeinschaften war explizit ausgeschlossen.[15] Eingliederungen in Ober- und Mittelzentren sollten gefördert werden.[16] Gemeindezusammenschlüsse über Alt-Landkreisgrenzen hinweg wären möglich gewesen, wenn diese in Einklang mit den neu zu bildenden Landkreisen gestanden hätten.[17] Das Vorschaltgesetz hätte den Rahmen für eine verpflichtende Gemeindegebietsreform gebildet. Es wurde allerdings, aufgrund formaler Fehler, vom Thüringer Verfassungsgericht für nichtig erklärt.[18] Damit waren wegen der langen Vorlaufzeit im Gesetzgebungsprozess verpflichtende Fusionen innerhalb der Legislaturperiode nicht mehr möglich. Es wurden im Jahr 2018 und 2019 auf freiwilliger Basis, gefördert durch eine Neugliederungsprämie 65 Neubildungen und Erweiterungen durchgeführt an denen insgesamt 205 Gemeinden beteiligt waren.[19]

1.2 Forschungslücke

Es existieren bereits zahlreiche wissenschaftliche Studien zu Gemeindegebietsreformen. Insbesondere empirische Ex-post-Studien kommen in der Beurteilung der Wirkungen von Gemeindezusammenschlüssen aber zu sehr unterschiedlichen Ergebnissen.[20] Ein möglicher Grund dafür liegt darin, dass es an einem einheitlichen Konzept zur Messung gemeindlicher Outputs fehlt. Viele Leistungen, die von Gemeinden erbracht werden, sind schwer quantifizierbar. Daher ist die Datenlage bei den meisten Studien ungenügend. Darüber hinaus haben alle Gemeinden ein Aufgabenfindungsrecht, welches die Zahl der möglichen Gemeindeleistungen unüberschaubar groß werden lässt.[21] Die bisherige

[13] Bevölkerungsstände zum 31.12.2016: Erfurt, Stadt - 211.113; Jena, Stadt - 110.321; Gera, Stadt - 94.750; Weimar, Stadt - 64.355; Eisenach, Stadt - 42.588; Suhl, Stadt - 35.608. Quelle: Thüringer Landesamt für Statistik 2018b, S. 18.
[14] Vgl. §3 Abs. 2 und 3 ThürGVG.
[15] Vgl. §4 ThürGVG.
[16] Vgl. §5 ThürGVG.
[17] Vgl. §4 Abs. 4 ThürGVG.
[18] Vgl. Thüringer Verfassungsgerichtshof 2017.
[19] Eigene Berechnung basierend auf Thüringer Landesamt für Statistik 2019f sowie ThürGNGG 2019.
[20] Eine ausführliche Darstellung der bisherigen Forschungen findet sich in Kapitel 4.
[21] Zu Pflichtaufgaben, freiwilligen Aufgaben und dem Aufgabenfindungsrecht der Gemeinden vgl. Kapitel 3. Die Probleme bei der Definition kommunaler Outputs werden zudem bei Bradford/Malt/Oates 1969 diskutiert.

wissenschaftliche Literatur beschränkt sich daher, bei Ex-post-Analysen, überwiegend auf die Untersuchung der Pro-Kopf-Ausgaben als abhängige Variable. Pro-Kopf-Ausgaben können aber nur ein sehr rudimentäres Maß für Produktivität bzw. Effizienz von Gemeinden sein, da zwar ein starker Zusammenhang zwischen Bevölkerungstand und Ausgaben besteht, jedoch strukturell bedingte Unterschiede, die zu unterschiedlichen Niveaus konkreter Outputs führen, nicht darin berücksichtigt werden. Einige andere Autoren haben bereits globale Effizienzanalysen für Gemeinden durchgeführt und dabei verschiedene Outputs und Inputs einbezogen.[22] Diese Modelle ermöglichen einen deutlich differenzierteren Blick auf kommunale Aktivitäten und deren Effizienz. Sie ermöglichen es, Effizienzunterschiede anhand exogener Variablen zu erklären. Allerdings handelt sich dabei, bisher fast ausschließlich, um Ex-ante-Untersuchungen, obwohl es mit Paneldaten im Anschluss an Gebietsreformen möglich wäre, Fusionseffekte von anderen Effekten zu trennen. Schließlich werden in der aktuellen Forschung Skalenerträge und der u-förmige Verlauf der Durchschnittskosten von Gemeinden zwar häufig diskutiert,[23] aber nur wenige Studien versuchen, daraus einen skalenoptimalen Bereich zu schätzen. Oft werden Datenprobleme und methodische Schwierigkeiten als Begründung angeführt.[24]

Wenn jedoch Skalenerträge als eine der zentralen Begründungen für Fusionen angeführt werden, wäre es entscheidend, zu erforschen, ob ein Skalenoptimum existiert, wie groß es ist und ob mit der existierenden Gemeindestruktur überhaupt Kombinationen von Altgemeinden möglich sind, die als Neubildung skalenoptimal arbeiten würden. Wenn zudem unterstellt wird, dass für Fusionen zwischen Gemeinden – die ja Gebietskörperschaften sind – nur Einheiten mit einer gemeinsamen Grenze in Frage kommen, ist die Anzahl der Kombinationsmöglichkeiten stark beschränkt.[25] Fusionen, Teilungen und Teilumgliederungen sind bei Gebietskörperschaften nahezu die einzig denkbaren Möglichkeiten, um die (outputbezogene) Betriebsgröße der Gemeinden zu variieren. Da die kommunalen Leistungen – wenn keine externen Effekte zwischen den Gemeinden vorliegen – ausschließlich von der örtlichen Bevölkerung nachgefragt werden, kann ansonsten nur noch die Ansiedlung bzw. Umsiedlung von Einwohnern Auswirkungen auf das Outputvolumen der Gemeinden haben.

[22] In Kapitel 4.5 sind die verschiedenen Modellspezifikationen detailliert beschrieben.
[23] Vgl. beispielsweise Rocaboy 2007, S. 11.
[24] Vgl. Kapitel 4.3.
[25] Die Fusion von Gemeinden, die keine gemeinsame Gemeindegrenze haben, wäre denkbar (auch wenn bislang keine praktischen Erfahrungen mit solchen Verbindungen existieren). Unter der Prämisse, dass eine neu gebildete Gemeinde dann jedoch nicht in zwei Landkreisen gleichzeitig liegen darf, schränkt dies die Zahl solcher potentiellen Fusionen wieder deutlich ein.

1.3 Forschungsziel und Vorgehensweise

Ziel dieser Arbeit ist es, eine skalenoptimale Konfiguration für kreisangehörige Gemeinden in Thüringen zu ermitteln und sie auf die bestehende Gemeindegliederung des Landes anzuwenden. Orientiert am ermittelten Skalenoptimum sollen möglichst viele potentielle Fusionspartner identifiziert werden, die nach einem Zusammenschluss als skalenoptimal konfigurierte Einheiten arbeiten würden. Als Ergebnis der Anwendung der optimalen Konfiguration ergibt sich ein Vorschlag für eine mögliche künftige Gliederung der kreisangehörigen Gemeinden in Thüringen.

Diese Arbeit nutzt erstmals den kommunalen Finanzausgleich für die Bestimmung der Ouputgrößen kreisangehöriger Gemeinden. Durch ihn werden die wesentlichen Zahlungsströme zwischen kommunaler Ebene und Landesebene bestimmt. Im Vergleich zu anderen Bundesländern verfügen die Thüringer Gemeinden im Mittel über eine niedrigere Steuerkraft. Die kostenintensiven Pflichtaufgaben – die den überwiegenden Teil der Gemeindehaushalte ausmachen – werden daher durch den Finanzausgleich vom Freistaat Thüringen in erheblichem Umfang mitfinanziert.[26] Für dic Bemessung und Durchführung der Ausgleichszahlungen muss die Landesverwaltung quantitative Merkmale erfassen, welche für diese Forschungsarbeit als Datensatz zur Verfügung stehen. Sie als Output einzubeziehen, macht eine deutlich differenziertere Analyse, der von Gemeinden erbrachten Leistungen möglich.

Im Rahmen einer Effizienzanalyse wird den Outputs, in einem ersten Schritt, ein Ressourcenverbrauch gegenübergestellt und jeder Gemeinde ein, aus ihrer Produktivität ermittelter, Effizienzwert zugewiesen. Im nächsten Schritt kann aus den Ergebnissen der Effizienzanalyse eine skalenoptimale Konfiguration für Gemeinden in mehreren Outputdimensionen gleichzeitig geschätzt werden. Gemeinden, welche die Kriterien dieser Konfiguration erfüllen, sollten aufgrund ihrer optimalen „Größe" in der Lage sein, mit der maximalen Produktivität zu arbeiten. Der Begriff Konfiguration wird dabei in bewusster Abgrenzung zum Begriff der Gemeindegröße[27] im Sinne des Bevölkerungsstandes verwendet. Der Bevölkerungsstand einer Gemeinde ist Teil ihrer Konfiguration, jedoch nicht ihr einziger Bestandteil.

Die Ergebnisse der Effizienzanalyse auch für Fusionsprozesse in der Vergangenheit anzuwenden, ist eine weitere Neuerung in dieser Arbeit. Es wird untersucht, ob Gemeinden, die in die optimale Konfiguration hinein fusioniert haben, sich hinsichtlich ihrer Effizienz

[26] Vgl. Bundesministerium der Finanzen 2017, S. 23ff.

[27] Ein alleiniger Fokus auf den Bevölkerungsstand als Output einer Gemeinde führt zu Ergebnissen die Bevölkerungsgrößeneffekte beschreiben anstatt echte Skaleneffekte über alle gemeindlichen Aufgaben. Fox/Gurley 2006, S. 8 verwenden daher konsequent den Begriff „Economies of Size" wenn der Fokus ausschließlich auf dem Bevölkerungsstand liegt.

besser entwickeln, als Gemeinden, die nach der Fusion außerhalb dieser Konfiguration arbeiten. Außerdem lässt sich die Bedeutung der Skalenerträge für die Effizienz im Verhältnis zu anderen Effekten analysieren. Schließlich wird die Analyse auch nach Gemeindetypen differenziert durchgeführt, sodass sich Implikationen für die innere Struktur der Gemeinden mit optimaler Konfiguration ableiten lassen.

1.4 Orientierung in der Arbeit

Kapitel 2 gibt einen intuitiven Überblick über die verwendeten Methoden in dieser Arbeit. Alle zentralen Konzepte sind verbal und anhand einfacher numerischer Beispiele beschrieben. Das Studium der Kapitel 2.1, 2.2, 2.3 und 2.4 sollte ausreichen, um alle Konzepte und Methoden grundsätzlich zu verstehen. In Kapitel 2.5 werden die vorher eingeführten Methoden dann verallgemeinert und formal beschrieben.

Kapitel 3 skizziert den rechtlichen und fiskalischen Rahmen, unter dem die kreisangehörigen Gemeinden in Thüringen arbeiten. Dazu gehört die Beschreibung der Regelungen des kommunalen Finanzausgleichs und die Identifikation geeigneter Outputvariablen für die Effizienzanalyse. Kapitel 4 beschreibt den aktuellen Forschungsstand und fasst dessen zentrale Erkenntnisse zusammen. Es umreißt einerseits schwerpunktmäßig aktuelle Effizienzanalysen für Gemeinden. Andererseits gibt das Kapitel einen Überblick über den Aufbau und die Ergebnisse quasiexperimenteller Ex-post-Analysen für Gemeindefusionen.

Kapitel 5 beginnt mit der Formulierung der Forschungshypothesen. Das Modell wird spezifiziert und der verwendete Datensatz beschrieben. Anschließend folgt die Darstellung der Ergebnisse: Zunächst für die statische Effizienzanalyse und die skalenoptimale Konfiguration. Anschließend erfolgt die Erweiterung in der dynamischen Analyse und die Anwendung der Konfiguration auf bereits vollzogene Gemeindefusionen in den Jahren von 2007 bis 2017.

Kapitel 6 analysiert die aktuelle Gebietsreform anhand der Gemeindefusionen in den Jahren 2018 und 2019. Die bereits vollzogenen Fusionsschritte können bewertet werden. Die Konfiguration aus Kapitel 5 wird zudem auf die im Jahr 2017 bestehende Gemeindestruktur in Thüringen angewendet. Ergebnisse daraus sind ein Vorschlag für eine künftige Gliederung kreisangehöriger Gemeinden in Thüringen und Implikationen für das weitere Vorgehen hinsichtlich der begonnenen Gemeindegebietsreform. Das Kapitel 7 fasst zusammen und gibt einen Ausblick auf weiteren Forschungsbedarf.

Jedes Kapitel beginnt mit einem kurzen Überblick zu den folgenden Unterkapiteln und endet mit einer Zusammenfassung der wichtigsten Erkenntnisse.

2 Begriffe und Methoden

In diesem Kapitel werden, zunächst kurz, einige entscheidende Begriffe präzisiert und anschließend alle verwendeten Methoden vorgestellt, erläutert und anhand eines stark vereinfachten Modells mit einem kleinen, exemplarischen Datensatz veranschaulicht. Die Verwendung dieses vereinfachten Modells hat den Vorteil, dass sich alle Methoden kompakt einführen lassen. Die Erkenntnisse daraus sind sehr gut in die komplexeren Modelle des fünften Kapitels übertragbar. Außerdem können mit dem kleinen Datensatz die meisten Aspekte grafisch oder tabellarisch dargestellt und mittels Visualisierungen diskutiert werden.

Kapitel 2.2 skizziert kurz den verwendeten Beispieldatensatz und führt das vereinfachte Modell ein. Die darauf folgenden Kapitel 2.3 und 2.4 beschreiben alle, in der weiteren Arbeit verwendeten, Methoden. Das erste Unterkapitel konzentriert sich dabei auf alle Konzepte, die sich auf einen bestimmten Zeitpunkt beziehen. Das zweite Unterkapitel erweitert die Betrachtung auf die Analyse von Zeitreihen. In beiden Unterkapiteln wird auf eine formale Darstellung verzichtet, und stattdessen durchgehend verbal und am numerischen Beispiel diskutiert. In Unterkapitel 2.5 folgt die formale Beschreibung der Verfahren und eine Verallgemeinerung hin zu einer multidimensionalen Analyse. Zusätzlich werden noch einige Besonderheiten erläutert, die im vereinfachten Modell nicht darstellbar sind.

2.1 Begriffliche Präzisierung

Als **Gemeinden** werden zunächst alle kommunalen Gebietskörperschaften in Thüringen bezeichnet, die keine Landkreise und kreisfreien Städte sind. Der Begriff **Kommunen** schließt hingegen die Landkreise, kreisfreie Städte und Gemeinden ein. Eine genauere Eingrenzung erfolgt in Kapitel 3.

Der Begriff der **Fusion** oder **Gemeindefusion** beschreibt bis zur genaueren Eingrenzung in Kapitel 5 den kompletten Verlust der Selbstständigkeit eines oder mehrerer Fusionspartner. Alle Leistungen der Altgemeinden werden nach der Fusion von der neu gebildeten oder nicht aufgelösten Gemeinde erbracht.[28] Damit sind sowohl Neubildungen als auch Erweiterungen bestehender Gemeinden durch Eingliederungen als Fusionen im Sinne dieser Arbeit zu bezeichnen. Der teilweise Verlust der Selbstständigkeit, durch Eintritt in eine Verwaltungsgemeinschaft oder Beauftragung einer Erfüllenden Gemeinde (vgl. Kapitel 3.1), stellt hingegen keine Fusion dar. Diese Definition wird in Kapitel 2.4.2

[28] Genau diese Definition wählen auch Steiner/Kaiser 2017, S. 246.

nochmals angepasst. In der Praxis fusionieren stets Gemeinden, die eine gemeinsame geografische Grenze haben.[29]

Eine hohe **Effizienz**, im Sinne dieser Arbeit, weisen Gemeinden auf, die Ihre Leistungen mit möglichst geringem Ressourceneinsatz zur Verfügung stellen. Darin sind andere Ergebnisgrößen, wie zum Beispiel Leistungsqualität, nicht erfasst.[30]

2.2 Exemplarischer Datensatz und vereinfachtes Modell

Um die einzelnen Methoden zu beschreiben und zu erläutern, bietet es sich an, ein vereinfachtes Modell mit einem kleinen Datensatz zu verwenden. Dieser kleine Datensatz enthält Beobachtungen für die zehn größten kreisangehörigen Gemeinden in Thüringen im Beobachtungsjahr 2015. Für jede Beobachtung stehen die Merkmale Bevölkerungsstand (Anzahl der Einwohner der Gemeinde), Bodenfläche (in Hektar) und laufende Gesamtausgaben (Ausgaben im Verwaltungshaushalt in Euro) zur Verfügung. Tabelle 2-1 enthält den vollständigen Beispieldatensatz.

Gemeinde	Bevölkerungs-stand	Bodenfläche (in ha)	Gesamtausgaben (in Euro)
Rudolstadt, Stadt	22.855	5.541	32.133.308
Sonneberg, Stadt	23.736	8.469	27.808.572
Saalfeld/Saale, Stadt	25.041	4.873	33.182.018
Meiningen, Stadt	25.552	12.810	29.026.718
Ilmenau, Stadt	26.153	6.273	28.376.408
Arnstadt, Stadt	27.631	10.499	33.160.404
Altenburg, Stadt	32.910	4.569	42.471.028
Mühlhausen/Thüringen, Stadt	34.552	8.674	41.462.948
Nordhausen, Stadt	42.217	10.562	56.253.372
Gotha, Stadt	45.410	6.958	61.253.648

Tabelle 2-1: Übersicht der zehn größten kreisangehörigen Gemeinden in Thüringen (2015)[31]

[29] Vgl. Moisio/Uusitalo 2013, S. 154.

[30] Vgl. Scheel 2000, 59ff; Kerpen 2015, 10f.

[31] Quelle: Eigene Berechnungen basierend auf Thüringer Landesamt für Statistik 2019c. Für die Städte Meiningen und Arnstadt wurden die Bevölkerungsstände, Bodenflächen und Ausgaben im Verwaltungshaushalt der jeweils zu diesem Zeitpunkt zugehörigen beauftragenden Gemeinden hinzuaddiert. Die Werte in der Zeile für Meiningen enthalten also die Summe der Einzelwerte für die Stadt Meiningen

Der Beispieldatensatz dient der Erläuterung der Methoden. Alle damit durchgeführten Berechnungen und Darstellungen sind keine Ergebnisse des Modells aus Kapitel 5 und sollten auch nicht als solche verstanden werden.

Ein einfacher und im wissenschaftlichen Diskurs oft verwendeter Indikator für die Effizienz von Gemeinden sind deren Ausgaben pro Kopf.[32] Die Ausgaben der Gemeinden im Verwaltungshaushalt – im Folgenden als Gesamtausgaben bezeichnet – bieten sich für eine solche, eindimensionale Betrachtung an. Sie umfassen alle laufenden Kosten einer Gemeinde, also jene Ausgaben, die für den Betrieb nötig sind. Investitionsausgaben sind nicht Teil des Verwaltungshaushaltes. Sie werden unregelmäßig und projektbezogen getätigt und würden die Vergleichbarkeit der Gemeinden untereinander erschweren.[33]

Die Verwendung von Pro-Kopf-Ausgaben als Indikator für die Gemeindeeffizienz kann aus fiskalischer Sicht begründet werden: Kommunen finanzieren sich zum überwiegenden Teil aus Steuermitteln und niedrige Pro-Kopf-Ausgaben gehen mit einem sparsameren Einsatz dieser Gelder einher. Andererseits unterstellt der Indikator, dass der Bevölkerungsstand eine Art kommunaler Output ist. Viele Gemeindeaufgaben haben tatsächlich einen engen Bezug zur Einwohnerzahl,[34] allerdings kann diese nur als erste Näherung für die gemeindlichen Outputs dienen. Für das vereinfachte, eindimensionale Modell in diesem Kapitel ist der Bevölkerungsstand als einziger Output ausreichend.

Wenn die Gesamtausgaben als Input in den Indikator eingehen und der Bevölkerungsstand als Output, dann beschreibt der Quotient aus Bevölkerungsstand und Gesamtausgaben die Produktivität der Gemeinde. Der Kehrwert dieser Produktivität entspricht den Pro-Kopf-Ausgaben. Ist die Produktivität der Gemeinde hoch, müssen die Pro-Kopf-Ausgaben niedrig sein. Eine hohe Produktivität deutet auf eine hohe Effizienz der Gemeinde hin, da hochproduktive Gemeinden - gemessen an ihrem Bevölkerungsstand – den niedrigsten Steuermittelverbrauch haben. Sie arbeiten am wirtschaftlichsten.

sowie für Rippershausen, Sülzfeld, Untermaßfeld, Henneberg und Stepfershausen. Zur Zeile von Arnstadt wurde Wipfratal hinzugerechnet.

32 Vgl. beispielsweise Eck et al. 2015.

33 Vgl. Haug/Illy 2011, S. 352f.

34 Vgl. Blesse/Rösel 2016, S. 5.

Gemeinde	Pro-Kopf-Ausgaben	Produktivität (in Einwohner pro zehntausend Euro)
Rudolstadt, Stadt	1.406	7,11
Sonneberg, Stadt	1.172	8,54
Saalfeld/Saale, Stadt	1.325	7,55
Meiningen, Stadt	1.136	8,80
Ilmenau, Stadt	1.085	9,21
Arnstadt, Stadt	1.212	8,25
Altenburg, Stadt	1.291	7,74
Mühlhausen/Thüringen, Stadt	1.200	8,33
Nordhausen, Stadt	1.333	7,51
Gotha, Stadt	1.349	7,41

Tabelle 2-2: Pro-Kopf-Ausgaben und Produktivität der zehn größten kreisangehörigen Gemeinden in Thüringen (2015)[35]

In Tabelle 2-2 sind Pro-Kopf-Ausgaben und Produktivität für die zehn größten kreisangehörigen Gemeinden in Thüringen dargestellt. In diesem Datensatz weist die Stadt Ilmenau die höchste Produktivität und damit die niedrigsten Pro-Kopf-Ausgaben auf. Rudolstadt schneidet mit der geringsten Produktivität und den höchsten Pro-Kopf-Ausgaben am schlechtesten ab.

2.3 Statische Effizienzanalyse

Zur Ermittlung der Effizienz kreisangehöriger Gemeinden in Thüringen kommt in dieser Arbeit eine Data Envelopment Analysis (Dateneinhüllungsanalyse, DEA)[36] zum Einsatz. Diese Methode besteht aus vier wesentlichen Komponenten: Erstens identifiziert das **Konzept des effizienten Randes** diejenigen Gemeinden, welche vollständig effizient arbeiten. Zweitens setzt **das relative Effizienzmaß** mit seiner Orientierung alle Gemeinden zum effizienten Rand ins Verhältnis. Drittens definiert die **Form der Skalenerträge** den Umfang der größenbedingten Effizienzunterschiede. Und schließlich werden durch das Verfahren zur **Ermittlung der Skaleneffizienz** die optimalen Outputmengen für Gemeinden identifiziert.

[35] Quelle: Eigene Berechnungen.

[36] Vgl. Charnes/Cooper/Rhodes 1978; Banker/Charnes/Cooper 1984; Grüning 2002, S. 52ff.

2.3.1 Konzept des effizienten Randes

Die produktivste Einheit lässt sich entweder aus Tabelle 2-2 direkt ablesen oder grafisch identifizieren. Bei der grafischen Bestimmung wird der Bevölkerungsstand der Gemeinden auf der Ordinate eines Diagramms aufgetragen und die Gesamtausgaben der Gemeinden auf der Abszisse. Für den kleinen Datensatz, mit den zehn größten kreisangehörigen Gemeinden in Thüringen, ergibt sich daraus die Darstellung aus Abbildung 2-1. Jeder Kreis im Diagramm repräsentiert die Beobachtung für eine Gemeinde.

Eine sehr hohe Produktivität erreicht eine Gemeinde genau dann, wenn sie bezogen auf den Umfang ihrer Dienstleistungen für die Bevölkerung möglichst geringe Gesamtausgaben verursacht: Der Beobachtungspunkt einer idealen Gemeinde – welche für ihr fixes Outputniveau fast keine Ausgaben verursacht – würde sehr nahe an der Ordinate liegen. Eine Ursprungsgerade durch genau diesen Beobachtungspunkt weist an jeder Stelle der Gerade das gleiche Input-Output-Verhältnis und damit die gleiche Produktivität wie die Gemeinde selbst auf. Um die produktivste Einheit zu bestimmen, genügt es also, den Winkel zwischen Ordinate und Ursprungsgerade so lange zu erhöhen, bis die erste tatsächliche Beobachtung einer Gemeinde auf der Ursprungsgerade liegt. Diese Gemeinde ist die produktivste Gemeinde und das Input-Output-Verhältnis auf der zugehörigen Ursprungsgerade repräsentiert die im Datensatz maximal beobachtbare Produktivität. In Abbildung 2-1 ist bei dieser Vorgehensweise folgerichtig die Stadt Ilmenau wieder die produktivste Gemeinde. Alle anderen Beobachtungen liegen rechts der Ursprungsgerade und weisen ein schlechteres Input-Output-Verhältnis auf – d. h. sie verursachen pro Einwohner höhere Gesamtausgaben und haben damit eine geringere Produktivität.

Keine Gemeinde innerhalb des Datensatzes ist in der Lage, mit einer höheren Produktivität und damit effizienter, als die Stadt Ilmenau zu arbeiten. Die Ursprungsgerade repräsentiert also den effizienten Rand der Produktionsmöglichkeiten. Käme im Datensatz eine Gemeinde hinzu, die produktiver arbeiten könnte, befände sich diese links von der alten Ursprungsgeraden durch die Beobachtung der Stadt Ilmenau. Der gesamte effiziente Rand würde sich verschieben und in einer steileren Ursprungsgeraden durch die neue produktivste Einheit verlaufen. Die Stadt Ilmenau befände sich dann rechts des neuen Randes und wäre nicht mehr die Referenzgemeinde mit der höchsten Produktivität.

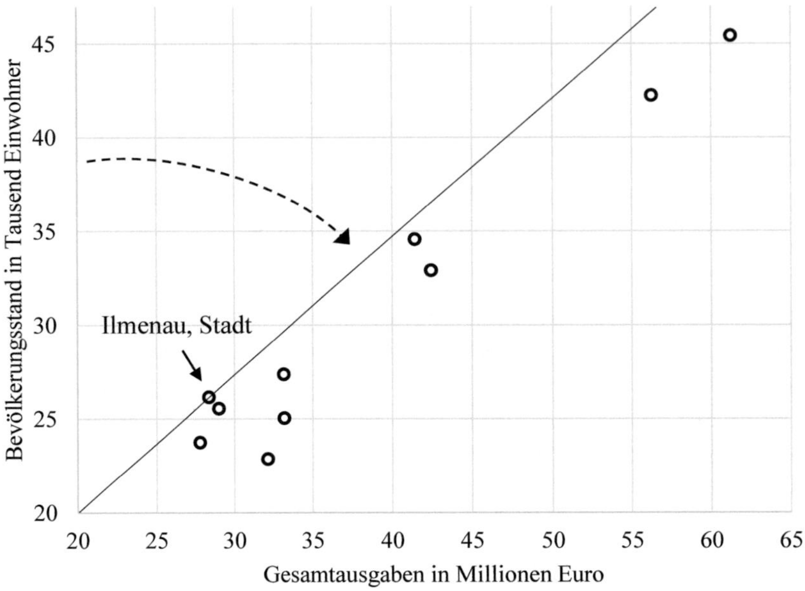

Abbildung 2-1: Grafische Identifikation der produktivsten Einheit[37]

Dieses Beispiel verdeutlicht das grundlegende Konzept einer Dateneinhüllungsanalyse (DEA). Mit dem Verfahren wird endogen der effiziente Rand der Produktionsmöglichkeiten aus einem vorhandenen Datensatz geschätzt. Es müssen keinerlei Annahmen über die Produktionstechnologie der Gemeinden getroffen werden. Der Rand lässt sich unmittelbar aus den vorhandenen Input- und Outputdaten errechnen. Es handelt sich also um ein deterministisches Verfahren, dessen Ergebnisgüte maßgeblich von der Genauigkeit der Beobachtungsdaten und einer möglichst großen Anzahl von Vergleichsbeobachtungen abhängt. Datenfehler oder nicht berücksichtigte Beobachtungen können erhebliche Auswirkungen auf die Lage des effizienten Randes haben und damit in allen folgenden Analyseschritten zu Verzerrungen führen.[38]

[37] Quelle: Eigene Darstellung. Aufgrund der besseren Darstellbarkeit wurde auf eine Skalierung der Achsen beginnend beim Wert Null verzichtet.

[38] Vgl. beispielsweise Nieswand 2012, S. 8f.

2.3.2 Relatives Effizienzmaß und Orientierung

Aus den bisherigen Überlegungen lässt sich ein Effizienzmaß für alle Gemeinden ableiten. In Abbildung 2-2 bildet die Stadt Ilmenau wieder die produktivste Beobachtung. Die Ursprungsgerade durch den Beobachtungspunkt der Stadt Ilmenau definiert erneut den effizienten Rand der Produktionsmöglichkeiten. Die Gemeinden auf dieser Effizienzgrenze arbeiten am wirtschaftlichsten, da ihr Ressourceneinsatz pro Outputeinheit am niedrigsten ist. Die Stadt Ilmenau arbeitet als einzige Beobachtung im Datensatz vollständig effizient.

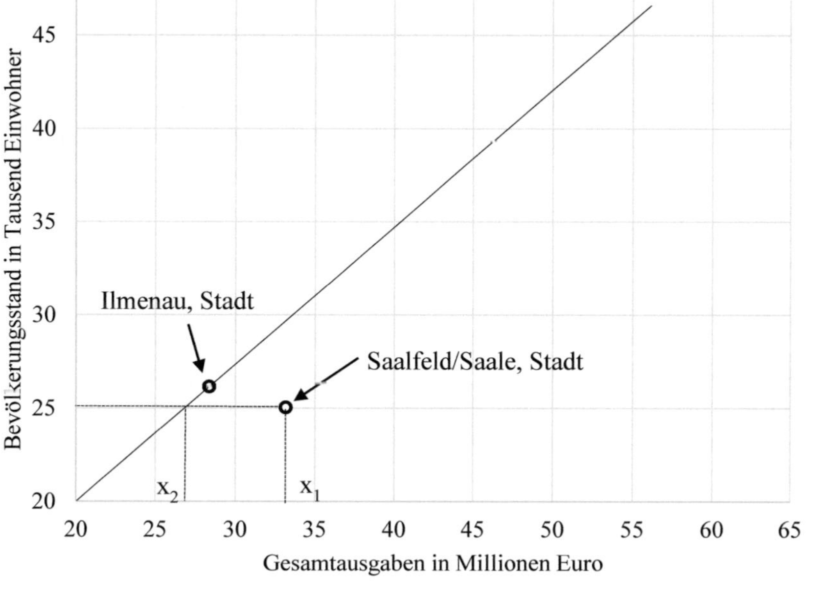

Abbildung 2-2: Inputorientiertes, relatives Effizienzmaß[39]

Zusätzlich ist nun in Abbildung 2-2 die Beobachtung der Stadt Saalfeld/Saale eingezeichnet. Die Stadt Saalfeld/Saale hat einen nur geringfügig niedrigeren Bevölkerungsstand als die Stadt Ilmenau, jedoch im Verhältnis etwas höhere Gesamtausgaben in Höhe von x_1. Um die gleiche Produktivität wie die Stadt Ilmenau zu

[39] Eigene Darstellung in Anlehnung an Cooper/Seiford/Zhu 2011, S. 15. Aufgrund der besseren Darstellbarkeit wurde auf eine Skalierung der Achsen beginnend beim Wert Null verzichtet.

erreichen, müsste die Stadt Saalfeld/Saale bei konstantem Bevölkerungsstand ihre Gesamtausgaben auf x_2 senken. Die Differenz zwischen den beiden Haushaltsvolumina x_1 und x_2 lässt sich als Ineffizienz interpretieren. Der Quotient der beiden Werte $\frac{x_2}{x_1}$ dient als dimensionsloses, inputorientiertes Effizienzmaß, welches Werte zwischen Null und Eins annehmen kann.[40] Es gibt an, um wie viel Prozent die Gesamtausgaben einer Gemeinde bei gleichbleibendem Bevölkerungsstand reduziert werden müssten, um mit höchster Produktivität und damit vollständig effizient zu wirtschaften.[41] Es handelt sich um ein inputorientiertes Maß, da die Ineffizienz in Inputeinheiten (hier Gesamtausgaben [in Euro]) ausgedrückt wird. Die Stadt Ilmenau erreicht als einzige vollständig effiziente Gemeinde den Effizienzwert von Eins. Alle anderen Gemeinden erhalten einen Effizienzwert kleiner eins, der den Charakter eines Prozentsatzes hat.

Für das Beispiel Saalfeld/Saale ergibt sich eine technische Effizienz von 0,8188. Die Stadt müsste ihren Verwaltungshaushalt auf 81,88% des tatsächlich beobachteten Volumens reduzieren, um vollständig effizient zu arbeiten. In diesem Beispiel ist das Effizienzmaß daher nichts anderes als der Quotient aus den Pro-Kopf-Ausgaben (also der Produktivität) der effizienten Referenzgemeinde Stadt Ilmenau und den Pro-Kopf-Ausgaben der Stadt Saalfeld/Saale.

Grundsätzlich wäre auch ein outputorientiertes Effizienzmaß für dieses Beispiel konstruierbar.[42] Es würde ausdrücken, wie viele Einwohner eine Gemeinde bei gleichbleibendem Verwaltungshaushalt hinzugewinnen müsste, um vollständig effizient zu wirtschaften. In den folgenden Kapiteln wird aber stets unterstellt, dass die Outputs der Gemeinden kurzfristig unveränderlich[43] sind und eine Anpassung der Effizienz nur über den Ressourcenverbrauch stattfinden kann. Die weitere Analyse erfolgt daher grundsätzlich inputorientiert.[44]

---

[40] In der Literatur wird diese Art des Effizienzmaßes als radiales Effizienzmaß bezeichnet, da im Falle mehrerer Inputvariablen die maximale, proportionale Einsparung aller Inputs bei gegebener Outputkombination angegeben wird (vgl. Farrell 1957, S. 256ff; Lovell 1993, S. 15). Auch verschiedene nicht-radiale Effizienzmaße werden für Effizienzanalysen verwendet, um in Modellen mit mehreren Inputs auftretende Messprobleme zu umgehen (vgl. beispielsweise Färe/Lovell 1978).

[41] Für ausführlichere Beschreibungen der Effizienzmaße vgl. Cantner/Krüger/Hanusch 2007, 7ff oder Illy 2015, 98ff.

[42] Eine strikte Entscheidung entweder für eine Input- oder Outputorientierung ist nicht unbedingt nötig. Es sind auch Mischformen der beiden Orientierungen entwickelt worden (vgl. Färe/Grosskopf 2000).

[43] Vgl. Scheel 2000, S. 150f für eine Diskussion der Einbindung unveränderlicher Outputs in die DEA.

[44] Wenn die Gemeinden ihre Outputs als exogen ansehen, da es sich bei einem großen Teil von ihnen um Pflichtaufgaben handelt, bietet sich eine inputorientierte Analyse an. Bei dieser wird davon ausgegangen, dass die eingesetzten Ressourcen steuerbar sind und sie kann Kosteneinsparpotentiale aufdecken (vgl. de Borger/Kerstens 1996b, S. 47; Illy 2015, S. 103).

2.3.3 Form der Skalenerträge

Die grafische Identifikation der produktivsten Einheit enthält implizit ein weiteres zentrales Konzept für die folgenden Kapitel: Angenommen die Stadt Ilmenau entschließt sich, mit einer Gemeinde zu fusionieren, die exakt die gleiche Anzahl von Einwohnern hat und exakt in gleicher Höhe Gesamtausgaben verursacht. Die Stadt Ilmenau ginge also mit einer fiktiven Zwillingsstadt zusammen. Dann wäre es plausibel anzunehmen, dass der Output Bevölkerungsstand sich zunächst verdoppelt. Die neue Gemeinde umfasst nach der Fusion genau die Summe der Bevölkerungsstände der beiden Altgemeinden. Von entscheidender Bedeutung für die Produktivität und damit die Effizienz der neuen Gemeinde ist es, welche Höhe die Gesamtausgaben als Input der Neubildung annehmen.

Falls sich, im Zuge der Fusion, die Gesamtausgaben im gleichen Verhältnis vergrößern, liegen konstante Skalenerträge (Constant Returns to Scale, CRS) vor. Die Beobachtung schiebt sich entlang des effizienten Randes hin zum neuen Bevölkerungsstand, die Produktivität bleibt dabei unverändert. In Abbildung 2-3 ist eine solche Postfusionsgemeinde unter konstanten Skalenerträgen als Punkt B markiert. Die Pro-Kopf-Ausgaben der neu gebildeten Gemeinde wären identisch zu den Pro-Kopf-Ausgaben der Stadt Ilmenau und ihrer Zwillingsstadt vor der Fusion. Da die Altgemeinden genauso produktiv wären wie die neu gebildete Gemeinde, ist ein solcher Zusammenschluss aus ökonomischer Sicht weder zu empfehlen noch schädlich.

Eine zweite Möglichkeit besteht darin, dass die Höhe der Gesamtausgaben im Verhältnis zur Veränderung des Bevölkerungsstandes überproportional zunimmt. In diesem Fall liegen fallende Skalenerträge (Decreasing Returns to Scale, DRS) vor. Die neue Gemeinde befindet sich rechts vom effizienten Rand und ihre Pro-Kopf-Ausgaben sind nun höher als jene der Altgemeinden, d. h. ihre Produktivität ist niedriger. In Abbildung 2-3 ist eine solche Postfusionsgemeinde als Punkt C markiert. Ökonomisch wäre eine Gemeindefusion unter fallenden Skalenerträgen nicht zu empfehlen, da die beiden Altgemeinden als einzelne Einheiten jeweils produktiver waren als die Neubildung.

Die dritte und letzte Möglichkeit besteht darin, dass die Höhe der Gesamtausgaben im Verhältnis zur Veränderung des Bevölkerungsstandes unterproportional zunimmt. In diesem Fall liegen steigende Skalenerträge (Increasing Returns to Scale, IRS) vor. Die neue Gemeinde befindet sich links vom effizienten Rand und ihre Pro-Kopf-Ausgaben sind niedriger als jene der Altgemeinden. Damit würde sie gleichzeitig den effizienten Rand nach links verschieben und selbst neue Referenzgemeinde werden. Sie ist in Abbildung 2-3 als Punkt A gekennzeichnet. Diese Fusion wäre ökonomisch zu empfehlen, da die neu gebildete Gemeinde produktiver ist, als es die beiden einzelnen Altgemeinden waren.

Abbildung 2-3: Form der Skalenerträge[45]

Im Zuge von Gebietsreformen wird oft mit steigenden Skalenerträgen argumentiert[46]. Größere Gemeinden seien in der Lage Skalenvorteile auszunutzen und sich im Sinne der Abbildung 2-3 zum Punkt A hin zu bewegen. Dafür, dass in bestimmten Bereichen steigende Skalenerträge existieren, werden unter anderem folgende Argumente angeführt: Größere Gemeinden könnten

- ihre Einrichtungen und ihr Personal besser auslasten,
- ihr Personal stärker spezialisieren,
- Erfahrungsvorteile durch höhere Fallzahlen realisieren und
- sich durch einen größeren Pool an Planstellen personell schneller auf neue Anforderungen einstellen.[47]

Gleichzeitig wird aber in der Literatur auch genau umgekehrt argumentiert: Ab einer bestimmten Gemeindegröße lägen fallende Skalenerträge vor. Die Gemeinden würden sich

[45] Quelle: Eigene Darstellung.
[46] Beispielsweise im Falle des Freistaates Thüringen bei Riotte et al. 2013, S. 208.
[47] Vgl. Riotte et al. 2013, S. 208.

bei einer Fusion in Abbildung 2-3 eher auf Punkt C zu bewegen, da größere Verwaltungseinheiten bürokratischer seien.[48]

Die Ursprungsgerade durch die Beobachtung der produktivsten Gemeinde stellt daher nur dann die effiziente Grenze der Produktionsmöglichkeiten dar, wenn im gesamten Outputspektrum – also von sehr kleinen Outputmengen bis hin zu sehr großen Outputmengen – konstante Skalenerträge vorliegen. Das durchgehende Vorliegen konstanter Skalenerträge würde aber Gemeindefusionen überflüssig machen, da keine größenbedingten Ineffizienzen auftreten könnten und durch Fusionen keine Effizienzverbesserungen möglich wären. Existieren jedoch Gemeinden, die rechts der Ursprungsgerade durch die produktivste Gemeinde liegen, obwohl sie ansonsten technisch effizient sind, muss die Ineffizienz größenbedingt sein. Durch Variation der Outputmenge können Skalenerträge realisiert werden. In einem solchen Fall würden Outputintervalle mit steigenden und fallenden Skalenerträgen existieren. Die reale Grenze der Produktionsmöglichkeiten aller Gemeinden wäre dann keine Ursprungsgerade, sondern vielmehr eine konvexe Kurve, die durch die produktivste Gemeinde verläuft.

Wenn die Form der Skalenerträge in Abhängigkeit von der Größe der Gemeinde variiert, könnte dies Gemeindefusionen rechtfertigen. Allerdings stellt es immer noch eine starke Vereinfachung dar, die Outputgröße einer Gemeinde auf ihren Bevölkerungsstand zu reduzieren. Je nachdem, was als Output einer Gemeinde definiert wird, unterscheiden sich auch die Bereiche steigender, konstanter und fallender Skalenerträge für den Output.

Um eine Effizienzgrenze zu bestimmen, die in Abhängigkeit von der Höhe des Outputs variable Skalenerträge (VRS) aufweist, müssen mehrere Gemeinden als Referenzgemeinden herangezogen werden. Die strengste Form dieses Ansatzes mit variablen Skalenerträgen orientiert sich ausschließlich an tatsächlich beobachteten Referenzeinheiten und wird als Fee Disposal Hull (FDH) bezeichnet.[49] Abbildung 2-4 stellt die sich ergebende Effizienzgrenze grafisch dar. Sie nimmt eine Stufenform an und beinhaltet eine hohe Zahl von effizienten Gemeinden. Sie wird in der Literatur als FDH-Effizienzgrenze[50] bezeichnet. Die Stadt Ilmenau als Referenzgemeinde unter konstanten Skalenerträgen ist nun nur noch einer von sechs Referenzpunkten. Da die stufenförmige Effizienzgrenze insgesamt weiter rechts im Diagramm verläuft, erreichen alle Gemeinden einen höheren relativen Effizienzwert. Die Beobachtung der Stadt Altenburg ist beispielsweise viel näher an der stufenförmigen Effizienzgrenze als an der Effizienzgrenze unter konstanten Skalenerträgen. Referenzgemeinde für den Effizienzwert der Stadt

[48] Hier wird oft die Ökonomische Theorie der Bürokratie angeführt – vgl. Rehm/Matern-Rehm 2010, S. 45f.

[49] Erstmals vorgeschlagen bei Deprins/Simar/Tulkens 1984.

[50] Für die Bezeichnung Free Disposal Hull (FDH) hat sich in der Literatur keine deutsche Entsprechung durchgesetzt. Sie könnte sinngemäß mit „tatsächlich verfügbare Hülle“ übersetzt werden.

Altenburg ist im inputorientierten Modell die Stadt Mühlhausen. Mühlhausen hat etwas mehr Einwohner, jedoch niedrigere Gesamtausgaben. Die Stadt Altenburg würde als effizient eingestuft werden, wenn ihre Gesamtausgaben trotz geringeren Bevölkerungsstandes nicht größer ausfielen als die Gesamtausgaben der Stadt Mühlhausen. Das ist nicht der Fall, sodass die Stadt Altenburg einen Effizienzwert von kleiner Eins erhält. Im Gegensatz zur CRS-Effizienzgrenze, bei der der Effizienzwert stets im Verhältnis zur höchstmöglichen Produktivität ermittelt wird, unabhängig davon, ob dieser Punkt tatsächlich erreichbar ist, hat nun jede Gemeinde eine tatsächlich beobachtete Referenzgemeinde. Alle Referenzpunkte sind also bereits von existierenden Gemeinden erreicht worden.

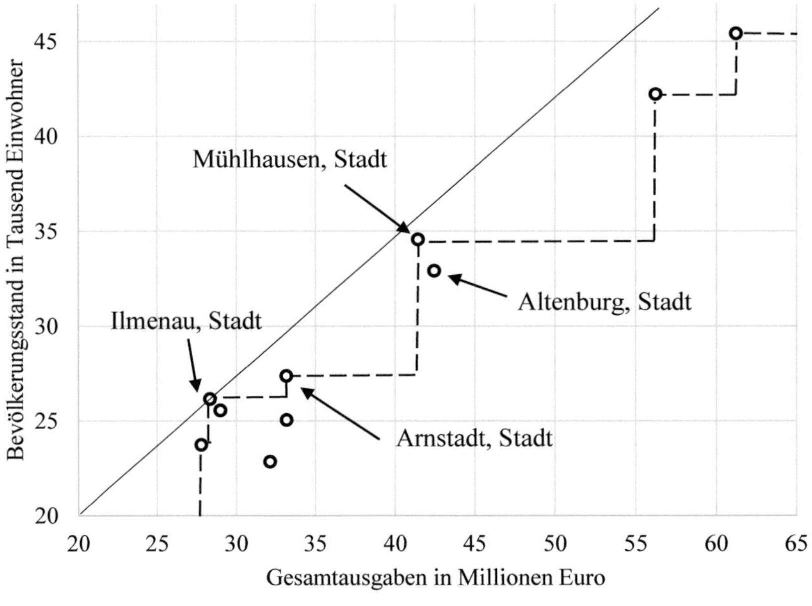

Abbildung 2-4: Tatsächlich beobachtbare Referenzgemeinden[51]

Das Effizienzkriterium bei einer inputorientierten stufenförmigen FDH-Technologie lautet im Beispielmodell also schlicht, dass die betrachtete Gemeinde nicht mehr Geld ausgeben darf, als die nächst größere Referenzgemeinde. In Abbildung 2-4 gibt es mit der Stadt

[51] Quelle: Eigene Darstellung. Aufgrund der besseren Darstellbarkeit wurde auf eine Skalierung der Achsen beginnend mit dem Wert Null verzichtet.

Arnstadt eine weitere Referenzgemeinde, die einen geringeren Bevölkerungsstand aufweist. Arnstadt hat zwar deutlich weniger Einwohner als Mühlhausen, die Gesamtausgaben der kleineren Stadt sind aber ebenfalls deutlich niedriger.

Im Falle der stufenförmigen FDH-Effizienzgrenze wäre jede Stadt vollständig effizient, die Gesamtausgaben bis zur Höhe der Ausgaben der Stadt Mühlhausen verursacht und dabei lediglich mindestens einen einzigen Einwohner mehr hat als die Stadt Arnstadt.[52] Diese zum Teil sehr starken Sprünge sind ein großer Nachteil dieses Ansatzes.[53] Ein Weg, die Annahme konstanter Skalenerträge zu lockern, ohne dabei den strengen Restriktionen einer solchen stufenförmigen Effizienzgrenze zu unterliegen, ist die Bildung des effizienten Randes mittels Linearkombinationen tatsächlich beobachteter Referenzeinheiten.[54] Im Folgenden wird dieser Ansatz als VRS-Technologie bezeichnet. Im Beispiel aus Abbildung 2-4 hieße das, für die Stadt Altenburg mehrere Referenzpunkte einzubeziehen. Die Stadt Mühlhausen bleibt dabei einer der Referenzpunkte, da es im Datensatz keine Gemeinde mit höherer Produktivität und gleichzeitig größerem Bevölkerungsstand als Altenburg gibt. Die Stadt Arnstadt würde nicht mehr als effizient eingestuft werden, da es eine Linearkombination zwischen Ilmenau und Mühlhausen gibt, die beim Bevölkerungsstand von Arnstadt produktiver wäre. Damit bilden Mühlhausen und Ilmenau die Referenzpunkte den für die Stadt Altenburg relevanten Abschnitt der Effizienzgrenze. In Abbildung 2-5 ist die neue Effizienzgrenze dargestellt, die sich aus den Linearkombinationen der jeweils produktivsten Gemeinden innerhalb eines Einwohnerzahlbereiches ergibt.

Die Stadt Ilmenau ist^, genau wie im Falle der CRS-Technologie, wieder effizient. Gemeinden mit einem größeren Bevölkerungsstand als die Stadt Ilmenau operieren nun im Bereich fallender Skalenerträge. Gemeinden mit einem kleineren Bevölkerungsstand als die Stadt Ilmenau arbeiten im Bereich steigender Skalenerträge. Die VRS-Technologie berücksichtigt nun, dass Gemeinden im Bereich steigender Skalenerträge nie die gleiche Produktivität erreichen können wie die Stadt Ilmenau und bewertet die Gemeinden mit den höchsten Produktivitätswerten innerhalb eines Skalenabschnitts ebenfalls als effizient, insofern es keine Linearkombination zwischen realen Beobachtungen gibt, die eine höhere Produktivität erreichen würden. Gleiches geschieht im Bereich fallender Skalenerträge.[55]

[52] Eine sehr gute Diskussion der Nachteile einer FDH-Technologie bei inputorientierter Effizienzmessung liefern de Borger/Kerstens 1996b, 42ff.
[53] Vgl. Tulkens 1993, S. 202.
[54] Diese Vorgehensweise ist auch als BCC-Modell bekannt und wurde erstmals von Banker/Charnes/Cooper 1984 vorgeschlagen.
[55] Unter konstanten Skalenerträgen sind die Effizienzwerte für Inputorientierung und Outputorientierung identisch. Dies ist bei variablen Skalenerträgen nicht der Fall (vgl. Coelli et al. 2005, S. 180f.).

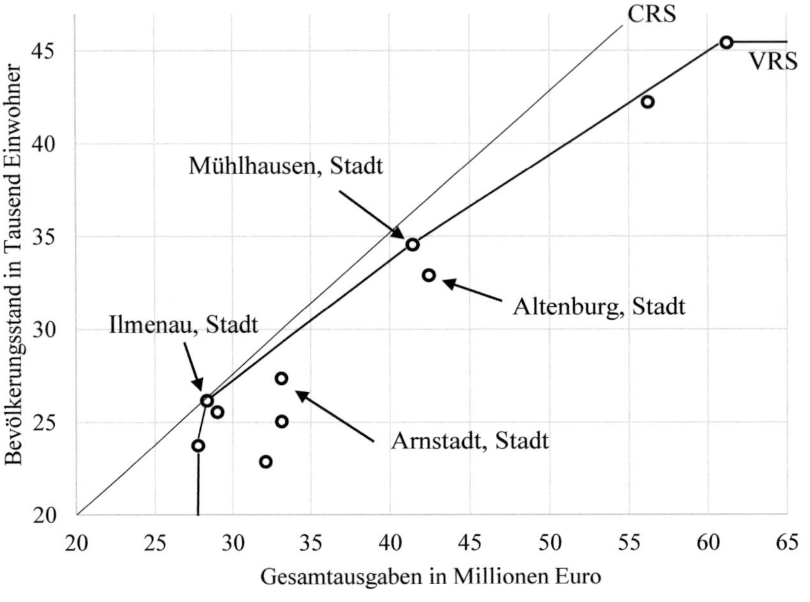

Abbildung 2-5: Variable Skalenerträge[56]

2.3.4 Skaleneffizienz

Die Stadt Ilmenau erreicht im Datensatz mit den zehn größten kreisangehörigen Gemeinden in Thüringen die höchste beobachtete Produktivität. Die Stadt arbeitet unter der Annahme konstanter Skalenerträge vollständig effizient und stellt die Referenzgemeinde dar. Andere Gemeinden im Datensatz erreichen nur unter der Annahme variabler Skalenerträge vollständige Effizienz, da sie unter steigenden oder fallenden Skalenerträgen wirtschaften. Sie können nicht CRS-effizient werden, da sie hinsichtlich ihres einzigen Outputs – dem Bevölkerungsstand – zu groß oder zu klein sind. Sie werden unter der Annahme variabler Skalenerträge dennoch als effizient eingestuft, weil sie trotz ihrer „falschen" Größe technisch effizient arbeiten. Die Stadt Ilmenau arbeitet als einzige Beobachtung sowohl unter konstanten als auch unter variablen Skalenerträgen effizient, weil sie einerseits technisch effizient arbeitet und anderseits, hinsichtlich ihres Bevölkerungsstandes, die

56 Quelle: Eigene Darstellung. Aufgrund der besseren Darstellbarkeit wurde auf eine Skalierung der Achsen beginnend mit dem Wert Null verzichtet.

optimale Größe aufweist. Durch den Vergleich der Effizienzwerte, unter der Annahme verschiedener Skalenerträge, ist es möglich, größenbedingte Ineffizienzen von anderen Formen der Ineffizienz zu trennen. Größenbedingte Ineffizienzen werden im Folgenden als Skaleneffizienz bezeichnet, andere Ineffizienzen als sonstige technische Ineffizienzen.

Eine Möglichkeit die beiden Formen der Ineffizienz voneinander zu trennen, besteht in der Bildung des Quotienten aus den Effizienzwerten unter CRS-Technologie und VRS-Technologie.[57] Die optimale Betriebsgröße erreicht in einem Modell mit nur einem Output typischerweise nur eine Gemeinde. Es wäre zwar möglich, dass mehrere Gemeinden gleichzeitig die höchste Produktivität aufweisen, ist aber sehr unwahrscheinlich, da bei einer CRS-Technologie schon eine minimale Abweichung des Input-Output-Verhältnisses zwischen zwei Gemeinden zu einer Bewertung, der einen Gemeinde als effizient und der anderen als nicht vollständig effizient, führt. Da die produktivste Gemeinde unter CRS-Technologie ebenso unter Annahme einer VRS-Technologie effizient ist, ergibt sich für diese Einheit als Quotient ein Skaleneffizienzwert von Eins. Für alle nicht skaleneffizienten Gemeinden ergibst sich ein Wert von größer als Eins. Abbildung 2-6 veranschaulicht das Konzept der Skaleneffizienz am Beispiel des Datensatzes mit den zehn größten kreisangehörigen Gemeinden in Thüringen.

Für alle Gemeinden entspricht das Ausmaß der Skaleneffizienz dem Verhältnis des Effizienzwertes unter konstanten Skalenerträgen, zum Effizienzwert unter variablen Skalenerträgen. Im Diagramm ist dieser Bereich schraffiert. In Tabelle 2-3 ist die Berechnung der Skaleneffizienz, am Beispiel der Städte Rudolstadt und Sonneberg, numerisch dargestellt. Die CRS-Effizienz für beide Städte ergibt sich aus dem Quotienten der Produktivität der jeweiligen Stadt und der Produktivität der Referenzgemeinde Stadt Ilmenau.

Unter VRS-Technologie ist die Stadt Sonneberg selbst effizient, da es keine Gemeinde mit niedrigerem Bevölkerungsstand im Datensatz gibt, die eine höhere Produktivität aufweist. Die Effizienzgrenze führt daher von der Beobachtung der Stadt Sonneberg aus direkt senkrecht zur Abszisse. Genau eine Linearkombination auf diesem Teilabschnitt der Effizienzgrenze bildet die Referenzgemeinde für die Stadt Rudolstadt. Es handelt sich genau um den Punkt, an dem der Bevölkerungsstand gleich dem der Stadt Rudolstadt entspricht und der Verwaltungshaushalt dem der Stadt Sonneberg. In der Tabelle ist diese fiktive Gemeinde als Zeile eingefügt.

[57] Diese Vorgehensweise wurde von Färe/Grosskopf 1985 sowie von Banker 1984 vorgeschlagen. Andere Ansätze finden sich beispielsweise bei Bogetoft/Wang 2005.

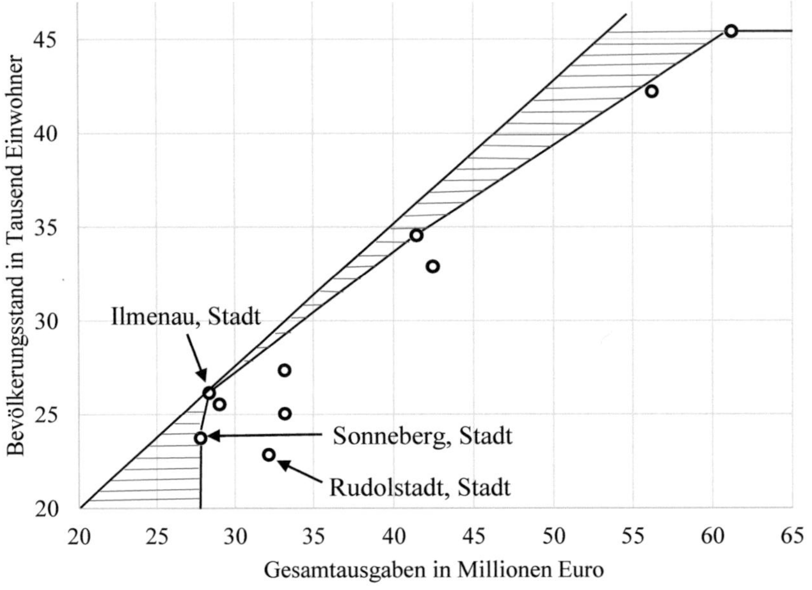

Abbildung 2-6: Skaleneffizienz[58]

Der VRS-Effizienzwert für die Stadt Rudolstadt ergibt sich nun aus dem Quotienten der Produktivität der Stadt Rudolstadt und der Produktivität der Konvexkombination. Grundsätzlich gilt: Je stärker der Wert für die Skaleneffizienz für Gemeinden im Bereich steigender Skalenerträge von Eins abweicht, desto größer sollten die Effizienzgewinne durch Größenvorteile bei Gemeindefusionen innerhalb dieses Bereiches ausfallen. Umgekehrt sollte ein höherer Wert für die Skaleneffizienz im Bereich fallender Skalenerträge bei Fusionen zu noch größeren Gemeinden in zunehmenden Effizienzverlusten resultieren.

[58] Quelle: Eigene Darstellung. Aufgrund der besseren Darstellbarkeit wurde auf eine Skalierung der Achsen beginnend mit dem Wert Null verzichtet.

	Gesamtausgaben [in Mio. EUR]	Bevölkerungsstand [in Tausend Einwohnern]	Pro-Kopf-Ausgaben [in EUR]	Produktivität [in Einwohner pro 10.000 EUR]	CRS-Effizienz	VRS-Effizienz	Skaleneffizienz
Rudolstadt, Stadt	32,1	22,9	1.405	7,11	0,77	0,87	1,12
Sonneberg, Stadt	27,8	23,7	1.171	8,54	0,93	1,00	1,08
Ilmenau, Stadt	28,4	26,2	1.085	9,22	1,00	1,00	1,00
Konvex-kombination (Sonneberg-Abszisse)	27,8	22,9	1.216	8,22	-	-	-

Tabelle 2-3: Beispiel zur Ermittlung der Skaleneffizienz[59]

Da sich bei nicht VRS-effizienten Gemeinden der Wert für die Skaleneffizienz nicht mehr auf die Gemeinde selbst, sondern auf die Referenzgemeinde – die meist eine Linearkombination ist – bezieht, ist in diesen Werten die Abweichung von der Skaleneffizienz nicht eindeutig von sonstigen technischen Ineffizienzen zu trennen.[60]

Wesentliche Implikationen der Analyse der Skaleneffizienz bestehen also darin, dass Gemeinden fusionieren sollten, die sich vor der Fusion im Bereich steigender Skalenerträge befinden. Diese Gemeinden sollten so lange fusionieren, bis die neu gebildete Gemeinde die optimale Betriebsgröße bzw. den Bereich konstanter Skalenerträge erreicht. Fusionen in den Bereich fallender Skalenerträge hinein, sind nicht zu empfehlen. Damit gibt die statische Analyse eine klare Antwort darauf, wer fusionieren sollte und bis zu welcher outputmäßigen Obergrenze.

[59] Quelle: Eigene Berechnungen, gerundet.
[60] Vgl. Banker/Thrall 1992, S. 82.

2.3.5 Stochastische Effizienzanalysen

Neben der deterministischen DEA findet auch die parametrische Stochastic Frontier Analysis (Stochastische Effizienzgrenzenanalyse, SFA) in der Literatur zahlreiche Anwender. Da die Ergebnisse beider Ansätze gut vergleichbar sind und auch die Durchführung gleichartiger Analysen mit den gewonnenen Effizienzwerten möglich ist, werden auch die SFA-Studien in Kapitel 4 mit einbezogen. Der Idee hinter der SFA unterscheidet sich jedoch von der DEA.

Die große Stärke der DEA besteht darin, dass die ermittelten Effizienzwerte sich nicht an einer theoretischen Normgemeinde orientieren, sondern endogen aus real existierenden Vergleichsgemeinden errechnet werden. Reale Gemeinden messen sich an realen Gemeinden. Bei der Ermittlung der DEA-Effizienzwerte können Ausreißer das Ergebnis allerdings stark verzerren. Es würde genügen, dass nur eine einzige Referenzgemeinde aufgrund eines Datenfehlers zu gut eingeschätzt wird: Die Effizienzwerte aller Gemeinden, die anhand der Ausreißer-Referenzgemeinde oder aus Linearkombinationen davon ermittelt werden, wären verzerrt. Alle übrigen Effizienzwerte wären es nicht. Einen Mechanismus, um Ausreißer zu identifizieren, bietet die DEA nicht.

Bei der SFA wird genau der umgekehrte Weg gegangen. Das parametrische Verfahren gibt eine Produktionsfunktion vor und passt die Daten auf die Vorgabe an. Ausreißer sind in der SFA deutlich besser identifizierbar, da sie einerseits nicht zu den geschätzten Parametern der Produktionsfunktion passen, diese andererseits aber, aufgrund ihrer geringeren Anzahl, auch nicht grundsätzlich verschieben können, wie es in der DEA der Fall wäre. Bei der SFA kommen überwiegend sehr flexible Translog-Produktionsfunktionen zur Anwendung. Dennoch erfolgt die Vorgabe des funktionalen Zusammenhangs aus theoretischen Erwägungen heraus.[61]

In Abbildung 2-7 ist die Idee der SFA im Kontext des vereinfachten Modells visualisiert. Wenn die VRS-Kurve die reale Grenze der Produktionsmöglichkeiten darstellt, würde ein Datenfehler die Beobachtung in Punkt A effizienter erscheinen lassen, als sie wirklich ist. Dieser Datenfehler äußert sich als Rauschen und hat bei der DEA die Konsequenz, dass die geschätzte VRS-Effizienzgrenze sich im Umfeld der Beobachtung A nach links verschiebt (gestrichelte Kurve). Alle Gemeinden mit Bevölkerungsständen zwischen 26.000 und 45.000 Einwohnern würden ineffizienter eingestuft werden, obwohl sie es – gemessen an der realen Grenze – nicht sind. Die konvexe Form der Effizienzgrenze hat zur Folge, dass alle betroffenen Beobachtungen unterschiedlich stark abgewertet werden. Die Effizienzwerte für alle Gemeinden mit weniger als 26.000 Einwohnern würden hingegen korrekt bestimmt werden.

[61] Vgl. Coelli et al. 2005, S. 242f; Cantner/Krüger/Hanusch 2007, S. 68.

Aber auch bei Gemeinden, die nicht Referenzgemeinde sind, kann sich die in der DEA ausgewiesene Ineffizienz aus Rauschen und tatsächlicher Ineffizienz zusammensetzen. Für die Beobachtung B ist dies in Abbildung 2-7 dargestellt. In einer parametrischen SFA wird das Rauschen stochastisch erfasst und von tatsächlichen Effizienzunterschieden getrennt. Wenn die vorgegebene Produktionstechnologie zur tatsächlichen Produktionstechnologie passt, kann die reale Effizienzgrenze zuverlässig bestimmt werden.[62]

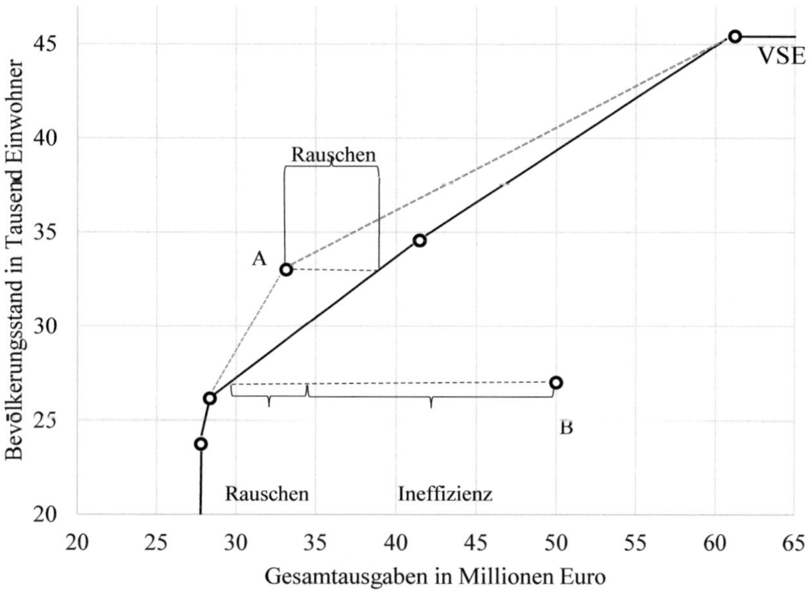

Abbildung 2-7: Stochastische Effizienzgrenze[63]

Im Rahmen dieser Arbeit kommt eine deterministische DEA zum Einsatz. Deren Ergebnisse sind anfällig für Verzerrungen durch Datenfehler. Der Einsatz einer SFA setzt aber sehr gute Kenntnisse der Produktionstechnologie der Gemeinden voraus. Es müsste nicht nur eine Annahme über die grundsätzliche funktionale Form der Produktionsfunktion der Gemeinden getroffen werden, sondern auch eine Annahme über die Verteilung des

[62] Vgl. Aigner/Lovell/Schmidt 1977, S. 24ff.

[63] Quelle: Eigene Darstellung in Anlehnung an Coelli et al. 2005, S. 244. Aufgrund der besseren Darstellbarkeit wurde auf eine Skalierung der Achsen beginnend mit dem Wert Null verzichtet.

Ineffizienzterms im stochastischen Modell. Bei einer Fehlspezifikation wären auch die Ergebnisse einer SFA verzerrt.[64]

2.4 Zeitreihenanalyse

Alle bisherigen Konzepte wurden, bezogen auf einen bestimmten Beobachtungszeitpunkt, erläutert. Im exemplarischen Datensatz war dieser Zeitpunkt das Beobachtungsjahr 2015. Die beschriebenen Analysen lassen sich auch auf Zeitreihen übertragen. Für die Anwendung auf Gemeindefusionen müssen aber folgende Besonderheiten berücksichtigt werden:

- Relative Effizienzwerte für verschiedene Zeitpunkte sind nur vergleichbar, wenn sich die Produktivität der Referenzgemeinden im Zeitverlauf nicht verändert.
- Bei Fusionen sind für betroffene Gemeinden nicht über den gesamten Beobachtungszeitrum Werte verfügbar, da ein Teil von Ihnen aufgelöst wird und ein anderer Teil erst im Zeitverlauf gebildet wird.
- Es muss möglich sein, Veränderungen der Gemeindeeffizienz, die aus Fusionen resultieren, von anderen Effekten, wie z. B. den Auswirkungen des technischen Fortschritts, zu trennen.

2.4.1 All-Time-Best Schätzung

Die Dateneinhüllungsanalyse liefert ein relatives Effizienzmaß. Der Effizienzwert jeder einzelnen Gemeinde wird immer in Relation zu einer oder mehreren Referenzgemeinden im Datensatz gebildet. Im vereinfachten Modell ist die Referenzgemeinde bei einer CRS-Technologie immer diejenige Gemeinde mit den niedrigsten Pro-Kopf-Ausgaben. Bei einer jahresweisen Berechnung der Effizienzgrenze und Ermittlung der Effizienzwerte sind die Ergebnisse zwischen den Jahren jedoch nicht direkt vergleichbar. Schon eine kleine Veränderung bei Input oder Output der Referenzgemeinde führt zu einer Veränderung der Effizienzwerte aller anderen Gemeinden, da dieser ja immer in Relation zur Referenz gebildet wird. Die Veränderung der Effizienz einer Gemeinde im Zeitverlauf kann also sowohl aus Veränderungen ihrer eigenen Produktivität als auch aus der Veränderung der Produktivität der Referenzgemeinde resultieren. Eine Vergleichbarkeit der Werte im Zeitverlauf wäre nur gegeben, wenn die Referenzgemeinde(n) für alle Beobachtungsjahre identisch wäre(n).

[64] Vgl. Cantner/Krüger/Hanusch 2007, S. 70.

Eine praktikable Lösung dieses Problems liefert die All-Time-Best-Schätzung (ATB-Schätzung).[65] Dabei werden die Effizienzwerte nicht jahresweise, sondern als Gesamtschätzung über den kompletten Beobachtungszeitraum hinweg ermittelt. Falls es mehrere Referenzbeobachtungen gibt, liegen diese zwar unter Umständen über den gesamten Beobachtungszeitrum verteilt, die Effizienzwerte aller Gemeinden orientieren sich jedoch genau an identischen Einheiten. Die Ergebnisse einer Gemeinde sind dadurch über alle Jahre hinweg vergleichbar. Problematisch sind bei monetären Größen in der ATB-Schätzung allerdings Inflationseffekte, die bei allen Gemeinden im Zeitverlauf zu sinkenden Effizienzwerten führen. Im eindimensionalen Beispiel wäre hier der Input Gesamtausgaben betroffen. Die zu erwartenden Inflationseffekte sind einer von mehreren Gründen, warum Gesamtausgaben als Input weniger gut geeignet sind.

	2007	2008	2009	2010	2011	2012	2013	2014	2015
Rudolstadt, Stadt	0,83	0,77	0,71	0,71	0,66	0,65	0,63	0,62	0,61
Sonneberg, Stadt	0,98	0,91	0,88	0,85	0,81	0,78	0,74	0,73	0,73
Saalfeld/Saale, Stadt	0,88	0,81	0,75	0,76	0,69	0,66	0,64	0,64	0,64
Meiningen, Stadt	0,98	0,93	0,90	0,86	0,81	0,78	0,77	0,76	0,75
Ilmenau, Stadt	1,00	0,97	0,89	0,89	0,85	0,85	0,82	0,81	0,78
Arnstadt, Stadt	0,91	0,85	0,77	0,79	0,71	0,70	0,70	0,70	0,70
Altenburg, Stadt	0,66	0,76	0,74	0,74	0,68	0,67	0,65	0,65	0,66
Mühlhausen/Thür., Stadt	0,87	0,85	0,78	0,82	0,74	0,70	0,67	0,68	0,71
Nordhausen, Stadt	0,70	0,67	0,71	0,69	0,63	0,63	0,60	0,60	0,64
Gotha, Stadt	0,80	0,73	0,71	0,69	0,64	0,65	0,64	0,63	0,63
Mittelwert	**0,86**	**0,83**	**0,78**	**0,78**	**0,72**	**0,71**	**0,69**	**0,68**	**0,68**

Tabelle 2-4: ATB-Effizienzwerte mit CRS-Technologie im Zeitverlauf[66]

[65] Vgl. Cantner/Krüger/Hanusch 2007, S. 248f.

[66] Quelle: Eigene Berechnungen basierend auf Thüringer Landesamt für Statistik 2019c.

Tabelle 2-4 verdeutlicht das Problem nochmals anhand des vereinfachten Modells mit kleinem Datensatz. CRS-Referenzgemeinde ist die Stadt Ilmenau im Jahre 2007. Sie ist die einzige vollständig effiziente Beobachtung in der Zeitreihe, d. h. alle anderen Effizienzwerte werden in Relation zu ihr gebildet. Es ist deutlich zu sehen, dass selbst die Stadt Ilmenau in den Folgejahren nicht mehr die gleiche Effizienz erreicht wie im Jahre 2007. Im Modell mit Gesamtausgaben als Input und Bevölkerungsstand als Output kann dies nur an einer sinkenden Einwohnerzahl, steigenden Ausgaben oder einer Mischung aus beidem liegen. Selbst bei konstanter Einwohnerzahl würde der Effizienzwert aber aufgrund einer inflationsbedingten Steigerung der Gesamtausgaben dennoch sinken. Dieser Effekt ist so stark, dass in den meisten Modellen mit monetären Inputgrößen die effizienten Referenzgemeinden im ersten Beobachtungsjahr liegen. Für eine zuverlässigere Bereinigung der Zeitreihe um Inflationseffekte müsste ein Preisindex über einen repräsentativen Warenkorb für eine kreisangehörige Gemeinde, für alle Beobachtungsjahre verfügbar sein.

2.4.2 Technischer Fortschritt

Technischer Fortschritt verschiebt oder verdreht den effizienten Rand. Er sollte dazu führen, dass jene Gemeinden, die den Fortschritt in ihrem Produktionsprozess umsetzen können, ein höheres Produktivitätsniveau erreichen. Je nach Art des Fortschritts müssen nicht unbedingt alle Gemeinden davon profitieren. Es ist gut möglich, dass nur Einheiten mit einem bestimmten Outputvolumen daran partizipieren können. Das kann dazu führen, dass sich neben dem effizienten Rand auch das Skalenoptimum für den betrachteten Output verschiebt oder verändert. Ein Vergleich der Arbeitsweise einer Gemeindeverwaltung zum Anfang der 1990er Jahre mit der Arbeitsweise der gleichen Gemeinde knapp 30 Jahre später, würde wohl allein aufgrund der rasanten Entwicklungen im IT-Bereich in diesem Zeitintervall erhebliche Unterschiede aufweisen. Sollten diese Veränderungen die Produktivität der Gemeinden erhöht haben, müssten diese – zumindest im Mittel – über die Jahre produktiver geworden sein. Ob sich durch diesen technologischen Wandel der skalenoptimale Outputbereich verändert hat, ließe sich jedoch nur an Gemeinden untersuchen, die über den gesamten Beobachtungszeitraum hinweg vollständig effizient waren. Bei allen nicht vollständig effizienten Einheiten ist eine Trennung von Effizienzverbesserungen durch technischen Fortschritt, den Abbau von technischen Ineffizienzen und durch die Ausnutzung von Skalenerträgen nicht ohne Weiteres möglich.[67]

Auch in bisherigen wissenschaftlichen Studien wird die Veränderung der Produktionsweise durch technischen Fortschritt kaum reflektiert. Die Expertenkommission empfiehlt

[67] Vgl. Cantner/Krüger/Hanusch 2007, 20f.

beispielsweise für Thüringen die Bildung von Gemeinden mit mindestens 12.000 Einwohnern, sodass gewährleistet ist, dass angesichts des demografischen Wandels die gebildeten Einheiten auch im Jahre 2050 noch mindestens 8.000 Einwohner haben.[68] Neben der sehr langen Prognose für die Bevölkerungsentwicklung ist hier vor allem die Annahme fraglich, dass die Produktionstechnologie der Gemeinden sich über Jahrzehnte hinweg nicht verändert.

2.4.3 Synthetische Vorfusionsgemeinden

Eine wichtige Modifikation am Datensatz, bei der Analyse von Gemeindefusionen, stellt die Bildung synthetischer Vorfusionsgemeinden dar. Wenn im Zuge einer Gemeindefusion Altgemeinden aufgelöst werden, liegen Input- und Outputdaten für diese Gemeinden nur bis zum Zeitpunkt der Auflösung vor. Umgekehrt sind Daten für neu gebildete Gemeinden erst ab dem Zeitpunkt ihrer Neubildung verfügbar. Somit stehen die Effizienzwerte mehrerer Altgemeinden dem Effizienzwert der neuen Gemeinde gegenüber und müssen in irgendeiner Form in Relation gebracht werden. Dies geschieht im Rahmen dieser Arbeit, durch die Bildung synthetischer Vorfusionsgemeinden aus den Daten der Altgemeinden. Ein gutes Beispiel für diese Modifikation sind die Daten der Stadt Sonneberg, welche am 31.12.2013 die Nachbargemeinde Oberland am Rennsteig eingegliedert hat. Abbildung 2-8 skizziert die Lage beider Gemeinden im Landkreis Sonneberg. Das folgende Rechenbeispiel ist konstruiert und erlaubt keine Schlüsse über den Verlauf und die Effekte der Fusion der beiden Gemeinden im Jahre 2013. Es dient ausschließlich der Erläuterung und Begründung des Aggregationsbedarfs.

[68] Vgl. Riotte et al. 2013, 213f.

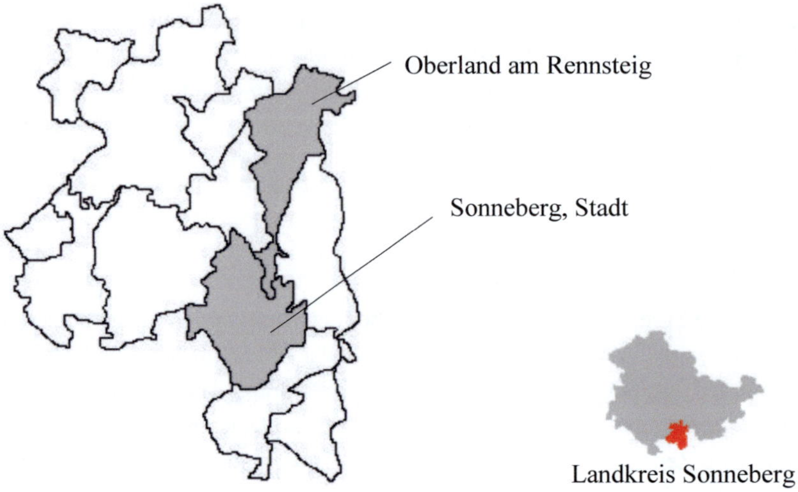

Abbildung 2-8: Bildung synthetischer Vorfusionsgemeinden am Beispiel der Stadt Sonneberg[69]

In Tabelle 2-5 sind der Bevölkerungsstand, die Höhe der Gesamtausgaben und der input-orientierte CRS-Effizienzwert für die beiden Fusionspartner vor und nach der Gemeindefusion dargestellt. Bereits für das Fusionsjahr 2013 liegen für die Altgemeinde Oberland am Rennsteig keine Daten mehr vor, da die Eingliederung im laufenden Jahr vollzogen wurde.

Entscheidend ist die Tatsache, dass sich die beiden Effizienzwerte der Altgemeinden im letzten Vorfusionsjahr deutlich voneinander unterscheiden. Die Stadt Sonneberg erreicht eine Effizienz von 0,60. Die Gemeinde Oberland am Rennsteig weist eine Effizienz von 0,70 auf. Die neu gebildete Stadt Sonneberg erreicht in den ersten Postfusionsjahren eine Effizienz von 0,57 bis 0,58. Beim direkten Vergleich der Altgemeinde Stadt Sonneberg mit der Neubildung Stadt Sonneberg hat sich der Effizienzwert kaum verändert. Im direkten Vergleich der Neubildung Stadt Sonneberg mit der Altgemeinde Oberland am Rennsteig ist die Effizienz hingegen deutlich gesunken. Eine sinnvolle Aussage über den Effekt der Fusion ist damit nicht möglich.

[69] Eigene Darstellung, Gebietsstand 2012.

Gemeinde	2007	2008	2009	2010	2011	2012	2013	2014	2015
	Bevölkerungsstand in Tausend Einwohnern								
Sonneberg, Stadt	23,25	22,81	22,53	22,36	21,92	21,74	23,80	23,62	23,74
Oberland am Rennsteig	2,49	2,43	2,41	2,36	2,23	2,20	-	-	-
	Gesamtausgaben in Mio. EUR								
Sonneberg, Stadt	20,76	21,81	22,12	22,77	23,33	23,97	27,25	27,67	27,81
Oberland am Rennsteig	1,66	1,78	1,97	1,87	2,02	2,09	-	-	-
	Inputorientierter Effizienzwert								
Sonneberg, Stadt	0,75	0,70	0,68	0,65	0,63	0,60	0,58	0,57	0,57
Oberland am Rennsteig	1,00	0,91	0,81	0,84	0,74	0,70	-	-	-

Tabelle 2-5: Tatsächliche Gemeindedaten Prä- und Postfusion für die Stadt Sonneberg[70]

Bei der Bildung der synthetischen Vorfusionsgemeinden gehen die Summen der Input- und Outputvariablen der Altgemeinden als synthetische In- und Outputs ein. Es lässt sich daraus ein synthetischer Effizienzwert für jedes Vorfusionsjahr berechnen, der direkt mit dem Effizienzwert der Postfusionsgemeinde vergleichbar ist. Tabelle 2-6 stellt diese Vorgehensweise wieder am Beispiel der Stadt Sonneberg dar.

[70] Der inputorientierte Effizienzwert wurde hier nur unter Einbezug der Beobachtungen der beiden beteiligten Gemeinden über alle Beobachtungsjahre berechnet. Die effiziente Referenzgemeinde unter konstanten Skalenerträgen ist bei dieser Berechnung die Beobachtung Oberland am Rennsteig im Jahre 2007. Quelle: Eigene Berechnungen.

Gemeinde	2007	2008	2009	2010	2011	2012	2013	2014	2015
	Bevölkerungsstand in Tausend Einwohnern								
Sonneberg, Stadt	23,25	22,81	22,53	22,36	21,92	21,74	23,80	23,62	23,74
Oberland am Rennsteig	2,49	2,43	2,41	2,36	2,23	2,20	-	-	-
Synthetische Gemeinde Sonneberg, Stadt	25,74	25,24	24,94	24,71	24,15	23,94	-	-	-
	Gesamtausgaben in Mio. EUR								
Sonneberg, Stadt	20,76	21,81	22,12	22,77	23,33	23,97	27,25	27,67	27,81
Oberland am Rennsteig	1,66	1,78	1,97	1,87	2,02	2,09	-	-	-
Synthetische Gemeinde Sonneberg, Stadt	22,42	23,59	24,09	24,64	25,35	26,06	-	-	-
	Inputorientierter (synthetischer) Effizienzwert								
Synthetische Gemeinde Sonneberg, Stadt	1,00	0,93	0,90	0,87	0,83	0,80	-	-	-
Sonneberg, Stadt	-	-	-	-	-	-	0,76	0,74	0,74

Tabelle 2-6: Inputorientierter synthetischer Effizienzwert[71]

Der Nachteil dieser Modifikation besteht darin, dass nun die Heterogenität der Vorfusionsgemeinden im synthetischen Effizienzwert nicht mehr sichtbar ist. Dies wiegt umso schwerer, je stärker sich die Vorfusionsgemeinden hinsichtlich ihrer Input- und Outputvolumina unterscheiden. Bei der Fusion einer relativ großen Stadt, wie Sonneberg, mit einer deutlich kleineren Gemeinde, wie Oberland am Rennsteig, dominieren im synthetischen Effizienzwert die hohen Gesamtausgaben und der hohe Bevölkerungsstand

[71] Es ergibt sich für alle Jahre in dieser Tabelle ein anderer Effizienzwert, da für die Altgemeinde Oberland am Rennsteig nun keine Beobachtungen mehr enthalten sind. Effiziente Referenzgemeinde ist nun die synthetische Stadt Sonneberg im Jahre 2007. Quelle: Eigene Berechnungen.

der Stadt Sonneberg. Würde beispielsweise eine sehr kleine, vollständig effiziente Gemeinde mit einer sehr großen, sehr ineffizienten Gemeinde fusionieren, fiele bei der Synthese die hohe Effizienz der kleinen Gemeinde kaum noch ins Gewicht, sondern es würde sich ein eher niedriger Effizienzwert ergeben. Andererseits ist das geringe Volumen der Gesamtausgaben einer kleinen, effizienten Gemeinde kaum fiskalisch relevant. Schon eine geringe Effizienzverbesserung beim großen Fusionspartner, infolge des Zusammenschlusses, kann den fiskalischen Effekt der Auflösung der effizienten Kleingemeinde übertreffen.

Letztlich bedeutet die Verwendung von synthetischen Vorfusionsgemeinden, dass in allen Modellen des Kapitels 5 der Gebietsstand im letzten Beobachtungsjahr für alle früheren Jahre zu Grunde gelegt wird. Die in 2017 existierenden Gemeindeflächen werden für alle Beobachtungsjahre hinsichtlich ihrer Effizienz analysiert, unabhängig davon, welche tatsächlichen Gemeinden in den jeweiligen Vorjahren auf der Gebietsfläche existierten. Gebietsflächen, auf denen im Beobachtungszeitraum Gemeindefusionen stattfanden, bilden die Versuchsgruppe. Alle anderen Gebietsflächen, auf denen im gesamten Beobachtungszeitraum keine Fusionen stattfanden, werden als Kontrollgruppe verwendet.

Die Verwendung von Vorfusionsgemeinden auf Basis des letzten Gebietsstandes eröffnet darüber hinaus die Möglichkeit, den Fusionsbegriff nochmals zu erweitern und nach bestimmten Formen von Gebietsveränderungen zu differenzieren. Beispielsweise ist die Auflösung einer Verwaltungsgemeinschaft und Bildung einer Einheitsgemeinde innerhalb einer Gebietsfläche nach der Definition aus Kapitel 2.1 eine Fusion im Sinne dieser Arbeit. Die Altgemeinden waren als Mitgliedsgemeinden in der Verwaltungsgemeinschaft jedoch zuvor bereits miteinander verbunden und nicht vollständig unabhängig voneinander, sodass die Auswirkungen einer solchen Fusion sich möglicherweise von denen eines Zusammenschlusses zweier selbstständiger Gemeinden unterscheiden.

2.4.4 Difference-in-Differences Ansatz

Da sowohl Gemeinden existieren, die im Beobachtungszeitraum fusioniert haben, als auch Gemeinden, die im Beobachtungszeitraum an keinerlei Fusionsprozessen beteiligt waren, lässt sich mit den vorhandenen Daten ein quasiexperimentelles Design konstruieren. Wenn Gemeindefusionen eine messbare Auswirkung auf die Effizienz der Postfusionsgemeinden haben, sollte sich die Versuchsgruppe hinsichtlich ihrer Effizienzwerte anders entwickeln als die Kontrollgruppe. Eine einfache Möglichkeit ein solches quasiexperimentelles Design umzusetzen, bietet der Difference-in-Differences Ansatz (DiD, manchmal auch als Doppelte Differenzenanalyse[72] bezeichnet). Dabei wird die Veränderung des mittleren

[72] Vgl. Lüchinger/Stutzer 2002, S. 29.

Effizienzwertes der Versuchsgruppe zwischen Zeitpunkt 1 und Zeitpunkt 2 korrigiert um die Veränderung des mittleren Effizienzwertes der Kontrollgruppe im gleichen Zeitraum. Es wird also eine doppelte Differenz gebildet.[73]

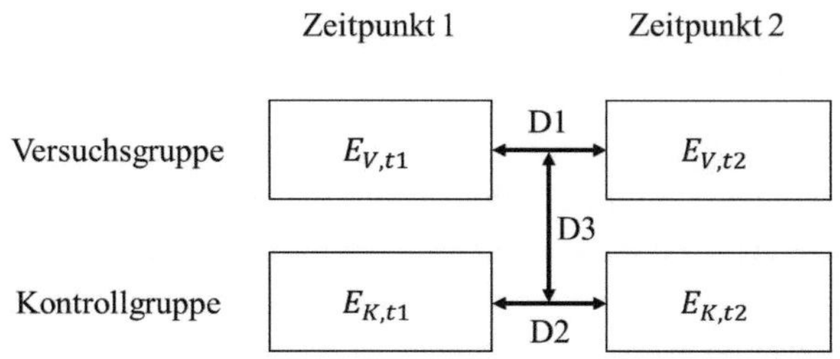

Abbildung 2-9: Difference-in-Differences schematisch[74]

Abbildung 2-9 stellt die Differenzenbildung schematisch dar. E_V repräsentiert dabei den mittleren Effizienzwert der Versuchsgruppe, E_K den mittleren Effizienzwert der Kontrollgruppe. Die erste Differenz $D1$ entsteht durch Subtraktion des mittleren Effizienzwertes der Versuchsgruppe zum Zeitpunkt 1 vom mittleren Effizienzwert der Versuchsgruppe zum Zeitpunkt 2: $D1 = E_{V,t2} - E_{V,t2}$. Für die Kontrollgruppe wird analog die Differenz $D2$ gebildet: $D2 = E_{K,t2} - E_{K,t1}$. Die doppelte Differenz $D3$ ergibt sich durch Subtraktion der Kontrollgruppendifferenz von der Versuchsgruppendifferenz: $D3 = D2 - D1$. $D3$ enthält den mittleren Fusionseffekt. Die Veränderung der Differenz der Kontrollgruppe $D2$ repräsentiert einen Trend, dem alle nicht fusionierten Gemeinden unterliegen. Dieser kann beispielsweise durch technischen Fortschritt oder, bei monetären Größen, durch inflationsbedingte Preisveränderungen entstehen. Die Versuchsgruppe sollte diesem allgemeinen Trend auch unterliegen. Die Differenz $D1$ enthält also unter anderem auch diesen Trend. Zusätzlich kommen aber bei der Versuchsgruppe noch die Effizienzeffekte der Fusionsprozesse hinzu. Um beide Effekte zu trennen, wird der Trend in der Versuchsgruppe um den Trend in der Kontrollgruppe bereinigt, indem $D3$ gebildet wird. Der übergreifende Trend ist entfernt und es sollte der mittlere Fusionseffekt in $D3$ übrig bleiben.

[73] Vgl. dazu für die grundlegende Beschreibung der Methode Beck/Katz 1995; Meyer 1995.
[74] Quelle: Eigene Darstellung.

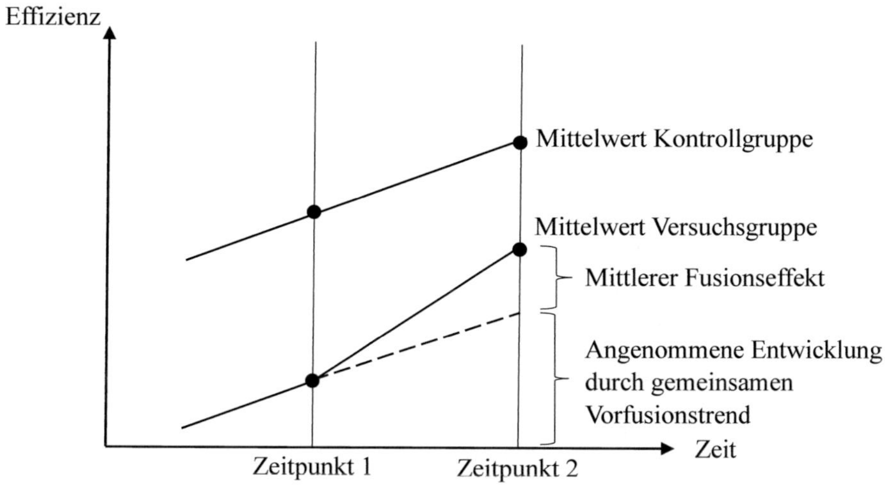

Abbildung 2-10: Grafische Interpretation der DiD[75]

Abbildung 2-10 stellt die Difference-in-Differences Analyse grafisch dar. Bei dieser zweiten Visualisierung wird sehr deutlich, dass vor der Fusion zum Zeitpunkt 1 ein gemeinsamer Trend vorhanden ist, um den der Mittelwert der Versuchsgruppe bereinigt wird. Gleichzeitig unterscheidet sich jedoch das Ausgangsniveau der mittleren Effizienz zwischen Versuchsgruppe und Kontrollgruppe deutlich. In verschiedenen Studien wird dieser Unterschied durch Matching-Verfahren verringert. Die verschiedenen Vorgehensweisen dazu werden in Kapitel 4.4.3 näher diskutiert.

2.5 Verallgemeinerung und formale Darstellung

Eine besondere Stärke einer Dateneinhüllungsanalyse besteht darin, dass mehrere Input- und Outputgrößen zu einem einzelnen, dimensionslosen Effizienzmaß verdichtet werden können. Auch komplexere Modelle liefern damit für jede Beobachtung einen einheitlichen Effizienzwert, der beispielsweise in einer Difference-in-Differences Analyse weiterverarbeitet werden kann. Die Wirkmechanismen aus der Analyse mit nur einem Input und einem Output bleiben im mehrdimensionalen Fall grundsätzlich gültig, allerdings ist

[75] Quelle: Eigene Darstellung in Anlehnung an Kugler/Schwerdt/Wößmann 2014, S. 29 sowie Gertler et al. 2011, S. 97.

dann die grafische Visualisierung deutlich aufwendiger oder nur noch schwer möglich. Für die Bestimmung der Effizienzwerte sind zudem ein formalerer Ansatz und, mit steigender Dimensionalität, auch eine ausreichende Rechenleistung notwendig.[76]

2.5.1 Modell mit zwei Outputs

Der exemplarische Datensatz aus Tabelle 2-1 enthält neben Gesamtausgaben und Bevölkerungsständen auch Daten über die Bodenfläche der zehn größten kreisangehörigen Gemeinden in Thüringen. Da neben dem Bevölkerungsstand die Bodenfläche die zweite Haupteigenschaft einer kommunalen Gebietskörperschaft ist, bietet es sich an, die Analyse auf ein Modell mit zwei Outputs zu erweitern.

Gemeinde	Pro-Kopf-Ausgaben [Euro]	Pro-Hektar-Ausgaben [Euro]	1. Modell: Effizienz Bevölkerungsstand	2. Modell: Effizienz Bodenfläche	3. Modell: Effizienz Zwei Outputs
Rudolstadt, Stadt	1.406	5.799	0,77	0,39	0,77
Sonneberg, Stadt	1.172	3.284	0,93	0,69	0,95
Saalfeld/Saale, Stadt	1.325	6.809	0,82	0,33	0,82
Meiningen, Stadt	1.136	**2.266**	0,96	**1,00**	**1,00**
Ilmenau, Stadt	**1.085**	4.524	**1,00**	0,50	**1,00**
Arnstadt, Stadt	1.212	3.158	0,90	0,72	0,92
Altenburg, Stadt	1.291	9.295	0,84	0,24	0,84
Mühlhausen/Thür., Stadt	1.200	4.780	0,90	0,47	0,91
Nordhausen, Stadt	1.332	5.326	0,81	0,43	0,82
Gotha, Stadt	1.349	8.803	0,80	0,26	0,80

Tabelle 2-7: Effizienzwerte in Abhängigkeit von der Anzahl der Outputs[77]

[76] Vgl. Badunenko/Pavlo 2016, 33ff.

[77] Quelle: Eigene Berechnungen.

Tabelle 2-7 umfasst neben Spalten mit Pro-Kopf-Ausgaben (Bevölkerungsstand) und Pro-Hektar-Ausgaben (Bodenfläche) die Effizienzwerte für drei verschiedene CRS-Effizienzgrenzen:

- 1. Modell: Bevölkerungsstand als einziger Output
- 2. Modell: Bodenfläche als einziger Output
- 3. Modell: Bevölkerungsstand und Bodenfläche als Outputs.

Einzige Inputvariable ist in allen drei Modellen wieder die Höhe der Gesamtausgaben. Im ersten Modell ist die Stadt Ilmenau erwartungsgemäß die Referenzgemeinde, da sie die niedrigsten Pro-Kopf-Ausgaben aufweist. Im zweiten Modell ist die Stadt Meiningen die Referenzgemeinde, da sie die niedrigsten Pro-Hektar-Ausgaben aufweist. Schließlich sind im dritten Modell mit zwei Outputs sowohl die Stadt Ilmenau als auch die Stadt Meiningen vollständig effizient. Ein Modell mit zwei Outputs und einem Input lässt sich visualisieren, indem die Outputs hinsichtlich des Inputniveaus normiert werden. In Abbildung 2-11 ist dieses Modell dargestellt.

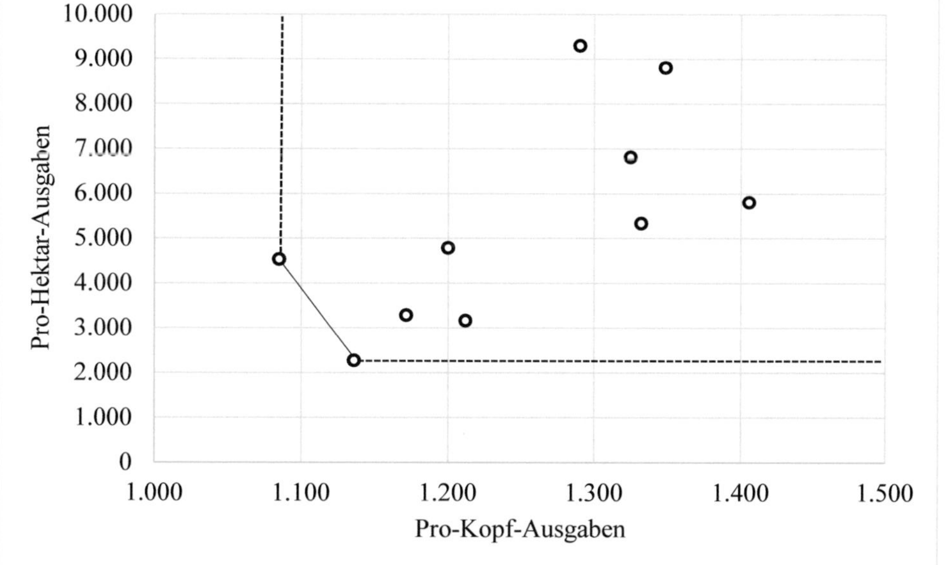

Abbildung 2-11: Modell mit zwei Outputs (Beispieldatensatz, 2015)[78]

[78] Quelle: Eigene Darstellung. Aus Gründen anschaulicheren Darstellung wurde auf eine Skalierung der Abszisse vom Wert Null an verzichtet.

Bei einem Modell mit nur einem Input und mehreren Outputs wird eine Gemeinde genau dann als vollständig effizient eigestuft, wenn sie mindestens für einen Output die höchste Outputmenge pro eingesetzter Inputeinheit aufweist. Wird eine Gemeinde im Zeitverlauf effizienter, bewegt sich ihr Beobachtungspunkt in Richtung des Koordinatenursprungs. Die Einsparungen beim einzigen Input wirken sich sowohl auf die Pro-Kopf-Ausgaben als auch auf die Pro-Hektar-Ausgaben aus.

2.5.2 Multiplikator-Modell

Dem vereinfachten Modell aus den Kapiteln 2.3 und 2.4 liegt eine lineare Produktionsfunktion zu Grunde:

$$py_i = h_i x_i \tag{2.1}$$

Bei einer Produktionstechnologie mit konstanten Skalenerträgen wurde der effiziente Rand als Ursprungsgerade durch die produktivste Beobachtung beschrieben. Ausgangspunkt für eine Erweiterung des Modells ist daher die Geradengleichung (2.1) mit dem Input x und dem Output y für die Gemeinde i. Der Faktor p bestimmt als Grenzproduktivität in welchem Umfang Inputs aufgewendet werden müssen, um eine Outputeinheit zu produzieren. Die Grenzproduktivität wird für alle Gemeinden als konstant angesehen. Schließlich repräsentiert h die Effizienz, mit der die Gemeinde i ihre Inputeinheiten in Outputs transformiert. Für die Referenzgemeinde(n) gilt $h = 1$. Bekannt sind jedoch nur die Mengen der Inputs und Outputs für jede Gemeinde. Die einheitliche Grenzproduktivität und die gemeindeindividuelle Effizienz werden endogen aus den Daten bestimmt. Diese Idee lässt sich als Maximierungsproblem formulieren:

$$\begin{aligned} &\max_p h = \frac{py_i}{x_i} \\ &N.B.: \frac{py_l}{x_l} \leq 1 \, für\ alle\ l \in \{1, \dots, n\} \\ &\qquad p > 0 \end{aligned} \tag{2.2}$$

Für eine beliebige Beobachtung i wird unter Variation von p der Maximalwert von h gesucht. Dabei dürfen als Nebenbedingung die h-Werte aller Beobachtungen höchstens den Wert Eins annehmen und p muss größer Null sein. Die zweite Nebenbedingung impliziert, dass es überhaupt einen technologischen Zusammenhang zwischen Input und Output gibt, d. h. dass Input benötigt wird, um den Output zu generieren. Wäre $p = 0$, würde der Output von etwas anderem als dem beobachteten Input produziert oder es wäre keine Produktion möglich. Die erste Nebenbedingung aus Gleichung (2.2) wird immer dann verletzt, wenn einer Beobachtung der Wert $h = 1$ zugewiesen wird, und diese gleichzeitig nicht das maximale Output-Input-Verhältnis – also die höchste Produktivität – aufweist. Das entspricht genau der intuitiven Vorgehensweise aus Kapitel 2.3.2 bei der Ermittlung der Effizienzwerte.

Das Modell lässt sich in einem Schritt auf mehrere Outputs ausweiten. Die Produktionsfunktion aus Gleichung (2.1) verändert sich im Zwei-Output-Fall wie folgt:

$$p_1 y_{1i} + p_2 y_{2i} = h_i x_i \tag{2.3}$$

Da es jetzt zwei Outputs gibt, existieren nun auch zwei Grenzproduktivitäten, mit denen diese Outputs hergestellt werden. Damit ergibt sich auch ein erweitertes Maximierungsproblem:

$$\begin{aligned} &\max_{p_1, p_2} h = \frac{p_1 y_{1i} + p_2 y_{2i}}{x_i} \\ &N.B.: \frac{p_1 y_{1l} + p_2 y_{2l}}{x_l} \leq 1 \; für \; alle \; l \in \{1, \dots, n\} \\ &\qquad p_1, p_2 > 0 \end{aligned} \tag{2.4}$$

Der Lösungsansatz für das erweiterte Maximierungsproblem bleibt identisch, nur, dass nun die Grenzproduktivitäten für zwei Outputs variiert werden und beide größer Null sein müssen.

Schließlich lässt sich das Modell auf beliebig viele Outputs erweitern und es entsteht ein Maximierungsproblem der Form:

$$\begin{aligned} &\max_{p_r} h = \frac{\sum_{r=1}^{s} p_r y_{ri}}{x_i} \\ &N.B.: \frac{\sum_{r=1}^{s} p_r y_{rl}}{x_l} \leq 1 \quad \text{für alle } l \in \{1, \dots, n\} \\ &\qquad p_r > 0 \qquad\qquad \text{für alle } r \in \{1, \dots, s\} \end{aligned} \tag{2.5}$$

Darüber hinaus bietet diese Art der Modellierung die Möglichkeit, neben beliebig vielen Outputs, auch beliebig viele Inputs zeitgleich in das Problem zu integrieren:

$$\begin{aligned} &\max_{p_r, q_j} h = \frac{\sum_{r=1}^{s} p_r y_{ri}}{\sum_{j=1}^{m} q_j x_{ij}} \\ &N.B.: \frac{\sum_{r=1}^{s} p_r y_{rl}}{\sum_{j=1}^{m} q_j x_{jl}} \leq 1 \quad \text{für alle } l \in \{1, \dots, n\} \\ &\qquad p_r > 0 \qquad\qquad \text{für alle } r \in \{1, \dots, s\} \\ &\qquad q_j > 0 \qquad\qquad \text{für alle } j \in \{1, \dots, m\} \end{aligned} \tag{2.6}$$

Genau wie die Outputs erhalten die Inputs dabei Aggregationsgewichte q_j, die positiv sein müssen und variiert werden.

Die Lösung des Maximierungsproblems aus Gleichung (2.6) gestaltet sich allerdings insofern problematisch, als dass der Quotient in der Zielfunktion keine eindeutige Lösung liefert, sondern eine unendlich große Schar von optimalen Lösungen.[79] Einen Quotienten zu maximieren heißt in diesem Fall, das Verhältnis der Output- und Inputaggregationsgewichte zueinander zu maximieren. Dies lässt sehr viele Lösungen zu, denn es gilt: Wenn p_i^*, q_i^* optimale Lösungen darstellen, stellen auch alle $\alpha p_i^*, \alpha q_i^*$ optimale Lösungen dar, solange $\alpha > 0$ ist. Es sind endlos viele Variationen optimaler Aggregationsgewichte möglich. Damit ist das Gleichungssystem nicht ohne weiteres lösbar.

[79] Vgl. Cooper/Seiford/Zhu 2011, S. 8.

Jede Lösung in der Lösungsschar würde den Gemeinden allerdings dieselben Effizienzwerte zuweisen. Es genügt also, eine einzige gültige Lösung auszuwählen. Eine dieser gültigen Lösungen ist der Fall, wenn der Nenner des Quotienten in der Zielfunktion den Wert Eins annimmt: $\sum_{j=1}^{m} q_j x_{ij} = 1$. Diese Lösung ist besonders interessant, weil sie das Maximierungsproblem dabei auf ein deutlich einfacher zu lösendes Problem der linearen Programmierung reduziert. Die Auswahl dieser Lösung geschieht durch die Einführung modifizierter Aggregationsgewichte[80] und der Ergänzung der gewünschten Lösung als zusätzliche Nebenbedingung im Maximierungsproblem. Die sich ergebenden modifizierten Outputaggregationsgewichte lauten:

$$\mu_r = \frac{1}{\sum_{j=1}^{m} q_j x_{ji}} p_r \; f\ddot{u}r \; alle \; r \in \{1, \dots, s\} \tag{2.7}$$

Äquivalent ergeben sich neue, modifizierte Inputaggregationsgewichte:

$$\nu_j = \frac{1}{\sum_{j=1}^{m} q_j x_{ji}} q_j \; f\ddot{u}r \; alle \; j \in \{1, \dots, m\} \tag{2.8}$$

Im Falle der favorisierten Lösung entsprechen die modifizierten Gewichte genau den ursprünglichen Gewichten. Nach dem Transformationsschritt ergibt sich das folgende Maximierungsproblem:

$$\begin{aligned} &\max_{\mu,\nu} h = \sum_{r=1}^{s} \mu_r y_{ri} \\ &N.B{:}\; \sum_{r=1}^{s} \mu_r y_{rl} - \sum_{j=1}^{m} \nu_j x_{jl} \leq 0 \; f\ddot{u}r \; alle \; l \in \{1, \dots, n\} \\ &\sum_{j=1}^{m} \nu_j x_{ji} = 1 \\ &\mu_r > 0 \qquad f\ddot{u}r \; alle \; r \in \{1, \dots, s\} \\ &\nu_j > 0 \qquad f\ddot{u}r \; alle \; j \in \{1, \dots, m\} \end{aligned} \tag{2.9}$$

80 Dieser Schritt wird Charnes-Cooper-Transformation genannt (vgl. Charnes/Cooper 1962, S. 182).

Das Maximierungsproblem hat sich nun auf die alleinige Maximierung der Outputgewichte unter Nebenbedingungen vereinfacht. Ferner kann aus Gründen der einfacheren Darstellung bei der formalen Beschreibung eine Matrizenschreibweise für das Maximierungsproblem verwendet werden. Dies soll im Folgenden ebenfalls so gehandhabt werden. Gleichung (2.9) lässt sich in Vektor-und Matrizenform folgendermaßen darstellen:

$$\begin{aligned}
&\max_{\mu,\nu} h = (y_{1i}, \dots, y_{si}) \begin{pmatrix} \mu_1 \\ \vdots \\ \mu_s \end{pmatrix} \\
&N.B. \begin{pmatrix} y_{11} & \cdots & y_{1s} \\ \vdots & \ddots & \vdots \\ y_{n1} & \cdots & y_{ns} \end{pmatrix} \begin{pmatrix} \mu_1 \\ \vdots \\ \mu_s \end{pmatrix} - \begin{pmatrix} x_{11} & \cdots & x_{1m} \\ \vdots & \ddots & \vdots \\ x_{n1} & \cdots & x_{nm} \end{pmatrix} \begin{pmatrix} \nu_1 \\ \vdots \\ \nu_m \end{pmatrix} \leq 0 \\
&(x_{1i}, \dots, x_{mi}) \begin{pmatrix} \nu_1 \\ \vdots \\ \nu_m \end{pmatrix} = 1 \\
&\begin{pmatrix} \mu_1 \\ \vdots \\ \mu_s \end{pmatrix}, \begin{pmatrix} \nu_1 \\ \vdots \\ \nu_m \end{pmatrix} > 0
\end{aligned} \tag{2.10}$$

Mit $\boldsymbol{X}$ als $m \times n$ Matrix der Inputs aller Gemeinden, $\boldsymbol{Y}$ als $s \times n$ Matrix der Outputs aller Gemeinden, $\boldsymbol{x_i}$ als m-Vektor aller Inputs der Gemeinde i, $\boldsymbol{y_i}$ als s-Vektor aller Outputs der Gemeinde i, $\boldsymbol{p}$ als m-Vektor der Inputgewichte und $\boldsymbol{q}$ als s-Vektor der Outputgewichte ergibt sich das inputorientierte Multiplikator-Modell:

$$\begin{aligned}
&\max_{\mu,\nu} h = \boldsymbol{y_i^T \mu} \\
N.B. \quad &\boldsymbol{Y^T \mu - X^T \nu \leq 0} \\
&\boldsymbol{x_i^T \nu} = 1 \\
&\boldsymbol{\mu, \nu > 0}
\end{aligned} \tag{2.11}$$

Die Bezeichnung Multiplikator-Modell wird verwendet, da es sich auch bei Gleichung (2.11) nur um eine Verallgemeinerung der ursprünglichen Gleichung (2.1) handelt. In Letzterer wurde der Faktor p als Multiplikator verwendet, um die einheitliche

Outputproduktivität für alle beobachteten Gemeinden zu bestimmen.[81] Dieser Modellaufbau ist auch in Gleichung (2.11) noch vorhanden.

2.5.3 Envelopment-Modell

In der Darstellung des vorangegangenen Abschnitts sieht es so aus, als beruhe das Multiplikator-Modell auf einer linearen Produktionsfunktion. Die besondere Stärke der DEA besteht jedoch darin, dass eben gerade keine Annahme über die funktionale Form der zu Grunde liegenden Gemeinden getroffen werden muss. Selbst einen linearen Produktionszusammenhang zwischen Inputs und Outputs zu unterstellen ist nicht nötig. Das nun folgende Envelopment-Modell ist über den Dualitätssatz der linearen Programmierung[82] aus dem Multiplikator-Modell ableitbar. Es trifft nur wenige, grundlegende Annahmen über die Technologiemenge, die auch als Axiome bezeichnet werden:[83]

1. Alle Beobachtungen gehören zur gleichen Technologiemenge:

$$(\boldsymbol{x}_i, \boldsymbol{y}_i) \in \mathrm{T}\ \forall \mathrm{i} = 1, \dots, \mathrm{n} \tag{2.12}$$

2. Kein Output kann ohne Input produziert werden:[84]

$$Wenn\ \boldsymbol{y}_i \geq 0\ , dann\ ist\ (0, \boldsymbol{y}_i) \notin \mathrm{T} \tag{2.13}$$

Ohne Inputeinsatz kann der Output entweder gar nicht oder mit unendlich hoher Produktivität hergestellt werden. Beide Fälle sind nicht Teil der Technologiemenge.

3. Monotonie und minimale Extrapolation:

$$\begin{aligned} (\boldsymbol{x}_i, \boldsymbol{y}_i) \in \mathrm{T} \wedge \boldsymbol{x}_i' \geq \boldsymbol{x}_i\ &\Rightarrow (\boldsymbol{x}_i', \boldsymbol{y}_i) \in \mathrm{T} \\ (\boldsymbol{x}_i, \boldsymbol{y}_i) \in \mathrm{T} \wedge \boldsymbol{y}_i' \leq \boldsymbol{y}_i\ &\Rightarrow (\boldsymbol{x}_i, \boldsymbol{y}_i') \in \mathrm{T} \end{aligned} \tag{2.14}$$

[81] In der englischsprachigen Literatur dominiert die Bezeichnung Multiplier-Model (vgl. Cooper/Seiford/Zhu 2011, S. 13), in der deutschsprachigen Literatur entweder Multiplikator-Modell oder Productivity-Form (vgl. Cantner/Krüger/Hanusch 2007, S. 77ff).

[82] Vgl. Jarre/Stoer 2019, S. 51ff; Coelli et al. 2005, S. 163; Cantner/Krüger/Hanusch 2007, S. 278f.

[83] Vgl. Cantner/Krüger/Hanusch 2007, S. 116ff; Nieswand 2012, S. 8; Illy 2015, S. 102f.

[84] Manchmal auch als „No Free Lunch"-Axiom bezeichnet (vgl. de Borger/Kerstens 1996b, S. 42; Illy 2015, S. 102.).

Wenn es eine bestimmte Input-Output-Kombination (x_i, y_i) innerhalb der Technologiemenge gibt, so ist auch jede andere Input-Output-Kombination (x_i', y_i) Teil dieser Technologiemenge, bei der bei gleichem y_i die Menge x_i' großer ist als x_i. Es sind also alle Kombinationen in der Technologiemenge enthalten, die den gleichen Output mit mehr Inputeinsatz produzieren. Umgekehrt sind auch alle Kombinationen Teil der Technologiemenge, die mit gleichem Input weniger Output generieren. Die Technologiemenge ermöglicht es also, in beliebigem Ausmaß ineffizient zu wirtschaften, d. h. mit weniger Output oder mit mehr Input als vorhandene Vergleichsbeobachtungen.[85] Die minimale Extrapolation legt fest, dass die durch die Monotoniebedingung entstehende Technologiemenge die vorhandenen Beobachtungen so eng wie möglich umhüllt. Diese Bedingung bringt es mit sich, dass der effiziente Rand stets auf einer Best-Practice-Produktionsfunktion basiert. Er wäre nur identisch mit dem effizienten Rand der tatsächlichen optimalen Produktionsfunktion, wenn jegliche Ineffizienzen bei den Referenzbeobachtungen ausgeschlossen werden könnten. Da dies nicht möglich ist, wird die Effizienz aller Beobachtungen in unbekanntem Umfang überschätzt.[86]

4. Konvexität

Die ersten drei Bedingungen beschreiben, für sich genommen, eine FDH-Technologie (vgl. Kapitel 2.3.3 und Punkt 1. bis 3. in Abbildung 2-12). Die vierte und entscheidende, zusätzliche Bedingung ist die Annahme der Konvexität der Technologiemenge:

$$
\begin{aligned}
&(\boldsymbol{x}_i, \boldsymbol{y}_i) \in \mathrm{T} \Rightarrow \left(\sum_{i=1}^{n} \eta_i \boldsymbol{x}_i, \sum_{i=1}^{n} \eta_i \boldsymbol{y}_i\right) \in \mathrm{T} \\
&mit\ \eta_i \geq 0, \sum_{i=1}^{n} \eta_i = 1
\end{aligned}
\tag{2.15}
$$

Wenn der Gewichtungsfaktor $\eta_i \geq 0$ gewählt wird und die Summe der Faktoren über alle i-Beobachtungen gleichzeitig Eins ergeben muss, werden alle Konvexkombinationen aus Beobachtungen ebenfalls Teil der Technologiemenge. Durch das Konvexitätsaxiom ergibt sich der typische einhüllende Rand unter der Annahme variabler Skalenerträge. Alternativ

85 Oft auch „Free disposability of inputs and outputs“ (vgl. beispielsweise Nieswand 2012, S. 8; Illy 2015, S. 102.).

86 Vgl. Cantner/Krüger/Hanusch 2007, S. 4ff.

kann aber auch die Annahme konstanter Skalenerträge getroffen werden. Sie erfordert ergänzend:

$$(\boldsymbol{x}_i, \boldsymbol{y}_i) \in \mathrm{T} \Rightarrow \left(\sum_{i=1}^{n} \kappa_i x_i , \sum_{i=1}^{n} \kappa_i y_i \right) \in \mathrm{T}\, mit\, \kappa_i > 0 \tag{2.16}$$

Alle κ_i-fachen Input-Output-Kombinationen der Beobachtungen sind dadurch ebenfalls Teil der Technologiemenge. Der effiziente Rand dieser nochmals erweiterten Technologiemenge besteht ausschließlich aus Ver-κ_i-fachungen derjenigen Beobachtungen, welche die höchste Produktivität aufweisen. Das Ergebnis ist damit identisch zum Multiplier-Modell mit konstanten Skalenerträgen. Gleichung (2.16) entspricht dem Konvexitätsaxiom aus Gleichung (2.15) mit dem Unterschied, dass die Summe aller κ_i im Gegensatz zur Summe aller η_i nicht Eins ergeben muss. Dafür müssen alle κ_i größer als Null sein. Dieser Unterschied wirkt sich auf die Formulierung des Minimierungsproblems bei der DEA aus. Nur in diesem Punkt unterscheiden sich die formalen Modelle für konstante und für variable Skalenerträge. Darin liegt auch der Grund, dass sich das Multiplikator-Modell in Kapitel 2.5.2 bei konstanten Skalenerträgen aus einer linearen Funktion herleiten lässt. Es ist die Annahme konstanter Skalenerträge, die nur Linearkombinationen als Referenzbeobachtungen zulässt und damit eine lineare Effizienzgrenze unterstellt. Für die Annahme variabler Skalenerträge ist diese Einschränkung aufgehoben.

Zusammenfassend ergibt sich für die Technologiemenge unter variablen Skalenerträgen:

$$\mathrm{T}^V = \{(\boldsymbol{x}, \boldsymbol{y}) | \boldsymbol{x} \geq \textstyle\sum_{i=1}^{n} \eta_i \boldsymbol{x}_i , \boldsymbol{y} \leq \sum_{i=1}^{n} \eta_i \boldsymbol{y}_i , \sum_{i=1}^{n} \eta_i = 1 , \eta_i \geq 0\} \tag{2.17}$$

Die Modifikation der Technologiemenge unter der Annahme konstanter Skalenerträge kann durch $\lambda_i = \kappa\eta_i$ in das Konvexitätsaxiom integriert werden. Die Technologiemenge unter konstanten Skalenerträgen umfasst dann:

$$\mathrm{T}^C = \{(\boldsymbol{x}, \boldsymbol{y}) | \boldsymbol{x} \geq \textstyle\sum_{i=1}^{n} \lambda_i \boldsymbol{x}_i , \boldsymbol{y} \leq \sum_{i=1}^{n} \lambda_i \boldsymbol{y}_i , \sum_{i=1}^{n} \lambda_i > 0 , \lambda_i \geq 0\} \tag{2.18}$$

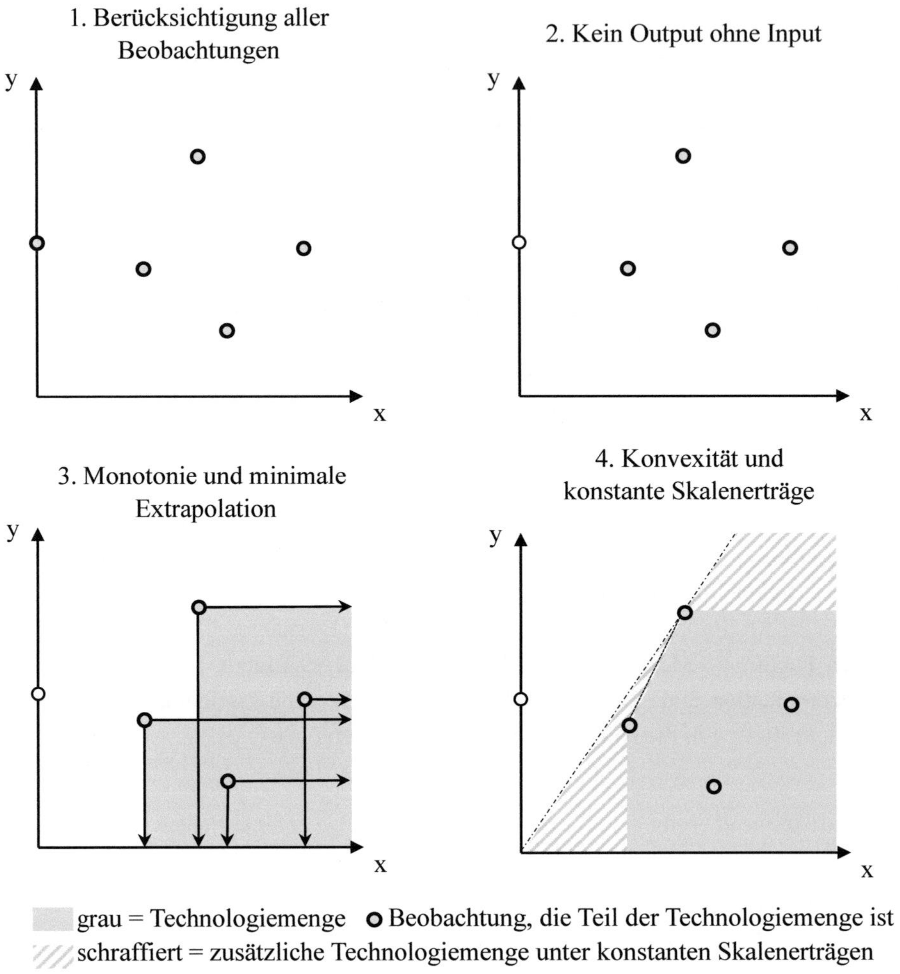

Abbildung 2-12: Axiome der Technologiemenge im Envelopment-Modell[87]

[87] Quelle: Eigene Darstellung basierend auf Cantner/Krüger/Hanusch 2007, S. 116ff und Illy 2015, S. 102f.

Eine Unterscheidung, ob es sich bei den Referenzgemeinden um Konvexkombinationen (durch η-Koeffizienten beschrieben) oder Linearkombinationen (durch λ-Koeffizienten beschrieben) handelt, wird in der Literatur nicht mehr gemacht, da die Form der Skalenerträge durch die weitere Nebenbedingung bestimmt ist. Beide Modellvarianten enthalten daher nur die λ-Koeffizienten.

In Abbildung 2-12 sind die Auswirkungen der vier Axiome auf den Umfang der Technologiemenge nochmals für Beobachtungen mit einem Input und einem Output visualisiert und zusammengefasst. Das erste Axiom schließt zunächst alle Beobachtungen im Datensatz in die Technologiemenge ein. Das zweite Axiom bereinigt um alle nicht möglichen oder unendlich produktiven Kombinationen. Das dritte Axiom spannt die stufenförmige Technologiemenge auf. Das vierte Axiom bildet unter variablen Skalenerträgen die Einhüllende bzw. erweitert unter Annahme konstanter Skalenerträge den Technologierand auf das Niveau der produktivsten Einheit.

Zur Bestimmung des inputorientierten Effizienzwertes $\hat{\theta}$, muss unter der Annahme konstanter Skalenerträge für jede Beobachtung im Datensatz folgendes Minimierungsproblem gelöst werden:[88]

$$\theta_{CRS}(x,y) = \min\{\theta | \theta \boldsymbol{x}_i \geq \boldsymbol{X\lambda}, \boldsymbol{y}_i \leq \boldsymbol{Y\lambda}, \boldsymbol{\lambda} \geq \boldsymbol{0}\} \tag{2.19}$$

Unter der Annahme variabler Skalenerträge ergibt sich ein zweites Minimierungsproblem, welches durch den Einbezug einer weiteren Nebenbedingung sicherstellt, dass die Summe der λ-Koeffizienten Eins ergibt:[89]

$$\theta_{VRS}(x,y) = \min\{\theta | \theta \boldsymbol{x}_i \geq \boldsymbol{X\lambda}, \boldsymbol{y}_i \leq \boldsymbol{Y\lambda}, \boldsymbol{1}^{\boldsymbol{T}}\boldsymbol{\lambda} = 1, \boldsymbol{\lambda} \geq \boldsymbol{0}\} \tag{2.20}$$

Die Minimierungsprobleme aus Gleichung (2.19) und Gleichung (2.20) sind in der weiteren Arbeit die zentralen Modelle zur Bestimmung von Effizienzwerten. Zusätzlich ist für die exakte Bestimmung der Bereiche mit steigenden und fallenden Skalenerträgen ein Minimierungsproblem mit einer Technologie nicht steigender Skalenerträge (non-increasing returns to scale, NIRS) nötig:[90]

[88] Vgl. Cantner/Krüger/Hanusch 2007, S. 124.
[89] Vgl. Coelli et al. 2005, S. 172; Cantner/Krüger/Hanusch 2007, S. 160.
[90] Vgl. Cantner/Krüger/Hanusch 2007, S. 184.

$$\theta_{NIRS}(x,y) = \min\{\theta | \theta \boldsymbol{x}_i \geq \boldsymbol{X\lambda}, \boldsymbol{y}_i \leq \boldsymbol{Y\lambda}, \boldsymbol{1}^T\boldsymbol{\lambda} \leq 1, \boldsymbol{\lambda} \geq \boldsymbol{0}\} \tag{2.21}$$

Diese Technologie lässt nur konstante oder fallende Skalenerträge zu, sodass in Verbindung mit den Ergebnissen konstanter und variabler Skalenerträge die verschiedenen Skalenbereiche eindeutig identifiziert werden können.

2.5.4 Formale Darstellung der Skaleneffizienz

Die Skaleneffizienz wird in dieser Arbeit nach dem Ansatz von Färe/Grosskopf (1985) als Quotient aus den Effizienzwerten unter konstanten Skalenerträgen und den Effizienzwerten unter variablen Skalenerträgen ermittelt:[91]

$$SE_{CRS} = \theta_{CRS}(x,y)/\theta_{VRS}(x,y) \tag{2.22}$$

Die Skaleneffizienz SE_{CRS} nimmt den Wert Eins für alle Gemeinden an, die sowohl technisch effizient als auch skaleneffizient wirtschaften. Die Skaleneffizienz, unter Einbezug der Technologie mit nicht steigenden Skalenerträgen, weist allen Beobachtungen im Bereich fallender Skalenerträge ebenfalls den Wert Eins zu, wenn sie technisch effizient sind:

$$SE_{NIRS} = \theta_{NIRS}(x,y)/\theta_{VRS}(x,y) \tag{2.23}$$

Damit lassen sich die beiden nicht skaleneffizienten Bereiche für jede beobachtete Gemeinde außerhalb des Skalenoptimums unterscheiden, da bei fallenden Skalenerträgen $SE_{CRS} < 1$ und $SE_{NIRS} = 1$ gilt und bei steigenden Skalenerträgen $SE_{CRS} < 1$ und $SE_{NIRS} < 1$ sind.[92]

[91] Vgl. Färe/Grosskopf 1985, S. 603.
[92] Vgl. Illy 2015, S. 110.

Eine, für diese Arbeit zentrale, Erweiterung des Ansatzes zur Ermittlung der Skaleneffizienz liefern Banker und Thrall (1992). Sie zeigen, dass der skalenoptimale Bereich auch in Effizienzanalysen mit mehreren Outputs bestimmbar ist. Bei Modellen mit nur einem Output entsteht typischerweise nur ein einziger skalenoptimaler Punkt, der von der Beobachtung mit der höchsten Produktivität determiniert wird.[93] Bei mehreren Outputvariablen entstehen meist verschiedene Punkte, die sowohl skaleneffizient als auch technisch effizient sind. Die Autoren zeigen, dass alle Linearkombinationen dieser vollständig effizienten Einheiten ebenfalls im skalenoptimalen Bereich liegen. Damit öffnet sich bei einer inputorientierten Analyse für jeden Output einer Gemeinde ein skalenoptimales Intervall. Liegt die Gemeinde mit allen Outputs innerhalb dieses Intervalls, operiert sie im skalenoptimalen Bereich und kann damit die höchste durchschnittliche Produktivität entfalten. Die Autoren zeigen darüber hinaus, dass das Ausmaß der Abweichung von der Skaleneffizienz im Multi-Output-Fall nur durch die technisch effizienten Beobachtungen korrekt abgebildet wird.[94]

2.6 Zusammenfassung

Für die in Kapitel 5 durchgeführten Effizienzanalysen wird stets ein **inputorientiertes Effizienzmaß** verwendet. Dem liegt die Annahme zu Grunde, dass Outputvolumina der Gemeinden kurzfristig unveränderlich sind und Effizienzverbesserungen daher nur durch reduzierten Ressourceneinsatz möglich sind. Eine inputorientierte Messung der Effizienz hat zur Folge, dass das Skalenoptimum in Outputeinheiten angegeben wird.

Bei der Ermittlung der Skaleneffizienz entstehen für jeden Output **skalenoptimale Intervalle**. Die Gesamtheit dieser Intervalle wird als **skalenoptimale Konfiguration (SOK)** bezeichnet. Da die Outputvolumina der Gemeinden nur durch Fusionen verändert werden können, ist nicht jeder Output einzeln skalierbar. Im Zuge einer Fusion ändern sich alle Outputgrößen gleichzeitig. Liegt eine Neubildung hinsichtlich aller Outputs im skalenoptimalen Bereich, weist sie damit die optimale Konfiguration auf.

Schätzungen von Zeitreihen sind stets All-Time-Best Schätzungen. Dadurch wird sichergestellt, dass alle Effizienzwerte anhand identischer Referenzgemeinden ermittelt werden. Bei Effizienzanalysen ohne monetäre Inputs und Outputs treten keine Inflationseffekte auf und der Trend im Zeitverlauf kann nur noch durch technischen Fortschritt verursacht sein. Um diesen Trend wird die mittlere Effizienzänderung in der Versuchsgruppe der

[93] Der Punkt wird auch „Optimale Betriebsgröße“ oder most productive scale size (MPSS) genannt. Selten kann es in solchen Modellen vorkommen, dass mehrere Punkte mit der gleichen Produktivität gibt.
[94] Vgl. Banker/Thrall 1992, 78f.

fusionierten Gemeinden korrigiert, sodass ein Nettoeffizienzeffekt isoliert werden kann, der nur noch durch die Fusion selbst verursacht sein kann.

3 Rechtliche und fiskalische Rahmenbedingungen

Für die Modellierung der kreisangehörigen Gemeinden in Kapitel 5 sind zwei Rechtsnormen des Thüringer Landesrechts von zentraler Bedeutung. Das ist zunächst die Thüringer Gemeinde- und Landkreisordnung (ThürKO), welche die Struktur der kreisangehörigen Gemeinden determiniert und dessen Regelungen entscheidend für die Aggregation der Gemeindedaten im Datensatz sind. Die zweite zentrale Rechtsnorm ist das Thüringer Finanzausgleichsgesetz (ThürFAG), welches die Finanzbeziehungen zwischen Land und Kommunen bestimmt. Aus dessen Ausgestaltung lassen sich wichtige Argumente für die Spezifikation der DEA in Kapitel 5 ableiten. Beide Gesetze werden in diesem Kapitel eingeführt und deren Kernideen diskutiert.

3.1 Klassifizierung der Thüringer Gemeinden

Die Thüringer Gemeinde- und Landkreisordnung regelt den grundsätzlichen Aufbau der kommunalen Gebietskörperschaften in Thüringen. Sie definiert darüber hinaus, welche Typen von Gemeinden es gibt, welche Bezeichnungen diese tragen und welchen Status innerhalb des Landes sie haben können. Abbildung 3-1 stellt die möglichen Bezeichnungen schematisch dar. Jede Gemeinde kann sich in Ortsteile gliedern. Diese innere Gliederung legt die Gemeinde in ihrer Hauptsatzung selbst fest. Aufgaben und Finanzierung der Gemeinde ändern sich durch die darin getroffenen Regelungen nicht. Die innere Verfassung der Gemeinde hinsichtlich ihrer Ortsteile oder Ortschaften ist daher in dieser Arbeit lediglich unter siedlungsstrukturellen Gesichtspunkten von Bedeutung.

Gemeinden mit Stadtrecht dürfen die Bezeichnung „Stadt" führen. Kurorte dürfen zusätzlich die Bezeichnung „Bad" führen. Die Bezeichnungen „Hochschulstadt" und „Universitätsstadt" können auf Antrag geführt werden, insofern sich eine solche Einrichtung im Stadtgebiet befindet. Eine bestimmte Bezeichnung führen zu dürfen, ändert an den Aufgaben und Befugnissen sowie der Finanzierung der Gemeinde nichts.

Gemeinden können darüber hinaus grundsätzlich entweder kreisangehörig oder kreisfrei sein. Kreisfreie Städte gehören keinem Landkreis an und nehmen alle Landkreisaufgaben selbst wahr. Kreisangehörige Gemeinden und Städte gehören jeweils genau einem Landkreis an, welcher überörtliche Aufgaben für sie wahrnimmt. Kreisangehörige Städte von ausreichender Größe und Finanzkraft können durch die Landesregierung teilweise Aufgaben von Landkreisen übertragen bekommen und werden dadurch zu großen kreisangehörigen Städten.

Merkmal	**Varianten**	**Festlegung durch…**
Innere Gliederung	Ortsteile	Regelung in Hauptsatzung der Gemeinde
Bezeichnung	Bad	Nach Regelung im Thüringer Kurortgesetz
	Stadt	Bestandsschutz, durch Landesregierung
	Hochschulstadt	auf Antrag durch Landesregierung
	Universitätsstadt	auf Antrag durch Landesregierung
	Landeshauptstadt	nur die Stadt Erfurt
Status	kreisangehörig	
	große kreis-angehörige Stadt	Erfüllt teilweise Aufgaben des Landkreises
	kreisfreie Stadt	Erfüllt auch alle Aufgaben des Landkreises
Größe	Landgemeinde	Zusammenschluss benachbarter Gemeinden mit mindestens 6.000 Einwohnern

Abbildung 3-1: Gliederung, Rechtsstellung und Bezeichnungen Thüringer Gemeinden[95]

Schließlich existiert noch die Landgemeinde als Form der kreisangehörigen Gemeinde, die aus Fusionen von benachbarten Gemeinden hervorgegangen ist und zum Fusionszeitpunkt mindestens 6.000 Einwohner haben soll. Es handelt sich also um eine kreisangehörige Gemeinde. Eine Gemeinde, welche die Bezeichnung Landgemeinde führt, bildet für Ihre Ortsteile zwingend Ortschaftsverfassungen.[96] Im Gegensatz zu Ortsteilen in einer Gemeinde, können die Ortschaften in einer Landgemeinde nur auf Antrag des Ortschaftsrates wieder aufgelöst werden und der Ortschaftsrat hat deutlich mehr Mitbestimmungsrechte als der Ortsteilrat. Für die Finanzierung, Befugnisse und Aufgaben der Landgemeinde ergeben sich im Vergleich zu Gemeinden aber keine weiteren Besonderheiten.

Gemeindefusion

[95] Quelle: Eigene Darstellung basierend auf §§ 4,5,6 ThürKO.
[96] Vgl. §45a ThürKO.

Freiwillige Gemeindezusammenschlüsse im Sinne einer Fusion sind auf Basis der Thüringer Kommunalordnung jederzeit möglich, wenn die Rechtsaufsichtsbehörde[97] einem entsprechenden Antrag zustimmt und der Zusammenschluss nicht über Landkreisgrenzen hinweg erfolgt.[98] Alternativ können selbstständige Gemeinden in Form einer Verwaltungsgemeinschaft zusammen arbeiten[99] oder durch Vereinbarung eine erfüllende Gemeinde[100] benennen.

Folgende Arten von Zusammenschlüssen und Kooperation lässt die Thüringer Kommunalordnung zu:

- Bildung einer neuen Gemeinde aus mehreren Altgemeinden,
- Erweiterung einer Gemeinde durch Eingliederung einer anderen Gemeinde,
- Bildung einer Landgemeinde aus mehreren Altgemeinden,
- Erweiterung einer Landgemeinde durch Eingliederung einer anderen Gemeinde,
- Bildung einer Verwaltungsgemeinschaft aus mehreren Gemeinden,
- Abschluss einer Vereinbarung über eine erfüllende Gemeinde.

Verwaltungsgemeinschaft

Die Verwaltungsgemeinschaft ist in Thüringen eine Körperschaft öffentlichen Rechts, der selbstständige Gemeinden angehören. Sie hat selbst weder eine Gebietsfläche noch einen Bevölkerungsstand und ist eine Dienstleistungskörperschaft für ihre Mitgliedsgemeinden. Der hauptamtliche Vorsitzende der Verwaltungsgemeinschaft kann, muss aber nicht, zeitgleich ehrenamtlicher Bürgermeister einer Mitgliedsgemeinde sein. Eine selbstständige Gemeinde kann nur jeweils einer Verwaltungsgemeinschaft angehören. Kleine Gemeinden – mit weniger als 3000 Einwohnern – müssen zwingend einer Verwaltungsgemeinschaft angehören oder einer erfüllenden Gemeinde zugeordnet sein.[101] Das Kommunalrecht kennt verschiedene Aufgabentypen von Kommunen, die in Kapitel 3.2 detailliert diskutiert werden: Alle Aufgaben aus dem sogenannten übertragenen Wirkungskreis der Mitgliedsgemeinden werden üblicherweise von der Verwaltungsgemeinschaft wahrgenommen. Die Aufgaben im eigenen Wirkungskreis der Mitgliedsgemeinden führt die Verwaltungsgemeinschaft nach Weisung der Mitgliedsgemeinden aus. Die Übertragung eigener Aufgaben der Mitgliedsgemeinden auf die Verwaltungsgemeinschaft erfolgt durch Zweckvereinbarung.[102] Die Verwaltungsgemeinschaft erhebt von ihren

[97] Rechtsaufsichtsbehörde ist das Thüringer Ministerium für Inneres und Kommunales (TMIK).
[98] Vgl. §9 Abs. 2 ThürKO.
[99] Vgl. § 46 ThürKO.
[100] Vgl. § 51 ThürKO.
[101] Vgl. §46 Abs. 2 ThürKO.
[102] Vgl. §47 ThürKO.

Mitgliedern eine Umlage im Verhältnis der Einwohnerzahl, um ihren Finanzbedarf zu decken.[103]

Erfüllende Gemeinde

Beim Modell der erfüllenden Gemeinde bleiben die Gemeinden ebenfalls selbstständig und die erfüllende Gemeinde – typischerweise eine etwas größere Stadt – übernimmt die Aufgaben der Verwaltungsgemeinschaft. Auch hier kann eine auf die Einwohnerzahl bezogene Kostenerstattung für die erfüllende Gemeinde von den zugeordneten beauftragenden Gemeinden erhoben werden. Die Regelung erfolgt über Zweckvereinbarung. Der hauptamtliche Bürgermeister der erfüllenden Gemeinde ist gleichzeitig ehrenamtlicher Vorsitzender der Verwaltungsgemeinschaft aus der erfüllenden Gemeinde und der beauftragenden Gemeinde oder den beauftragenden Gemeinden.[104]

- Selbstständige Gemeinde
  - Gemeinde
  - Landgemeinde
  - Gemeinde mit erweiterten Aufgaben
    - kreisfreie Stadt
    - große kreisangehörige Stadt
- Gemeinschaft mehrerer Gemeinden
  - Erfüllende Gemeinde
  - Beauftragende Gemeinde
  - Verwaltungsgemeinschaft
  - Mitgliedsgemeinde in Verwaltungsgemeinschaft
- Landkreis

Abbildung 3-2: Typen von kommunalen Körperschaften in Thüringen[105]

In Abbildung 3-2 sind alle nach Thüringer Gemeinde- und Landkreisordnung zulässigen Typen von kommunalen Körperschaften schematisch dargestellt. Gemeinschaftsfreie

[103] Vgl. §50 ThürKO.
[104] Vgl. §51 ThürKO.
[105] Eigene Darstellung auf Grundlage der Regelungen in der ThürKO.

Einheitsgemeinden werden in Anlehnung an die Formulierung in der Thüringer Kommunalordnung als selbstständige Gemeinden bezeichnet. In allen folgenden Kapiteln wird der Verbund aus erfüllender Gemeinde und einer oder mehreren beauftragenden Gemeinden grundsätzlich als gemeindliche Einheit behandelt. Auch die Mitgliedsgemeinden einer Verwaltungsgemeinschaft und ihre zugehörige Verwaltungskörperschaft (Verwaltungsgemeinschaft) gehen als Ganzes in die Analyse ein. Da sowohl die beauftragenden Gemeinden als auch die Mitgliedsgemeinden in Verwaltungsgemeinschaften einen großen Teil ihrer Verwaltung und ihrer Befugnisse auf die Gemeinschaft übertragen, ist eine tatsächlich selbstständige Existenz- und Arbeitsfähigkeit trotz formaler Selbstständigkeit nicht mehr gegeben. Das relative Effizienzmaß setzt jedoch die Vergleichbarkeit der betrachteten Einheiten zwingend voraus. Selbstständige Gemeinden, die ihre Pflichtaufgaben und damit wesentliche Leistungen auf andere Gemeinden oder Körperschaften übertragen haben, eignen sich nicht als Vergleichsobjekte. Die Gemeinschaften als Ganzes sind jedoch in vollem Umfang arbeitsfähig und können daher als Vergleichsbeobachtungen herangezogen werden. Eine detaillierte Diskussion dieses Problems findet sich in Kapitel 5.2.2.

3.2 Kommunale Aufgaben

Der Begriff Kommunen umfasst sowohl kreisangehörige Gemeinden, kreisfreie Städte als auch Landkreise. Sie alle sollen vor allem Aufgaben mit örtlichem Wirkungskreis wahrnehmen. Die gesetzlichen Regelungen dazu werden vorrangig vom zugehörigen Bundesland, und in einigen Fällen, auch vom Bund geschaffen und konkretisieren die Aufgabenwahrnehmung. Eine eigene Gesetzgebungskompetenz hat die kommunale Ebene nicht. D. h. die Kommunen bekommen durch den, auf höherer staatlicher Ebene angesiedelten, Gesetzgeber Aufgaben übertragen und es werden gleichzeitig durch Land und Bund Standards für die Erfüllung der Aufgaben vorgegeben.[106] Die Kommunen haben in solchen Fällen wenig Gestaltungspielraum bei der Umsetzung der Aufgabe in eine konkrete kommunale Leistung. Die Vorgaben enthalten oft viele Detailregelungen, sollen Qualitätsstandards sichern und zu einem landes- oder bundesweit vergleichbaren Leitungsangebot führen. Dieser Umstand ermöglicht es, sich im Rahmen dieser Arbeit auf eine reine Effizienzanalyse zu konzentrieren, und die Qualität der Outputs als vergleichbar anzunehmen.

Die Kommunen selbst haben verschiedene grundsätzliche Möglichkeiten zur Leistungsbereitstellung. Sie können ihre Leistungen:[107]

[106] Vgl. Rehm/Matern-Rehm 2010, S. 78.
[107] Vgl. Loikkanen/Susiluoto 2005, 1, 15.

- selbst erbringen,
- in interkommunaler Zusammenarbeit erbringen,[108]
- durch andere Körperschaften öffentlichen Rechts erbringen lassen, z. B. durch die Bildung von Zweckverbänden oder durch die Übertragung an andere Gebietskörperschaften,
- oder sie durch den privaten Sektor erbringen lassen, z. B. durch privatwirtschaftliche Unternehmen oder Nonprofit-Organisationen.

Dabei sind stets die vorhandenen rechtlichen Regelungen für die jeweilige Aufgabe zu berücksichtigen. Ein Teil der Aufgaben muss durch die Kommunen zwingend selbst wahrgenommen werden, was die Übertragung an dritte Organisationen prinzipiell ausschließt. Wichtig für die weiteren Überlegungen ist die grundsätzliche Unterscheidung kommunaler Aufgaben in drei Kategorien:[109]

1. Freiwillige Selbstverwaltungsaufgaben: Dabei handelt es sich um eigene Aufgaben der Kommune, bei denen sie selbst darüber entscheidet, in welchem Umfang und in welcher Art die Leistungen angeboten werden.
2. Pflichtige Selbstverwaltungsaufgaben: Dabei handelt es sich ebenfalls um eigene Aufgaben der Kommune, bei denen jedoch zwingend ein Leistungsangebot bestehen muss. Oft sind hier bestimmte Leistungsstandards vorgeschrieben.
3. Übertragene Angelegenheiten: Dabei handelt es sich um Aufgaben, die eigentlich dem Land oder dem Bund zugeordnet sind und die von den Kommunen als Auftragsangelegenheit ausgeführt werden.

Da die pflichtigen Selbstverwaltungsaufgaben und die übertragenen Angelegenheiten stärker reguliert sind, lassen sich dort konkrete Aufgaben auch besser identifizieren. Tabelle 3-1 fasst die Zuständigkeiten bei den Auftragsangelegenheiten im Freistaat Thüringen zusammen. Bei diesen übertragenen Aufgaben sind die zuständigen staatlichen Behörden - von denen die Aufgaben übertragen wurden - gegenüber der Kommune weisungsbefugt.[110] Es ist deutlich zu erkennen, dass der übertragene Wirkungskreis überwiegend von Landkreisen und kreisfreien Städten wahrgenommen wird. Die kreisangehörigen Gemeinden kommen mit den meisten Aufgaben aus diesem Bereich nicht in Berührung.

[108] Interkommunale Zusammenarbeit kann es ermöglichen, Verbundvorteile bei der Leistungsbereitstellung zu generieren (vgl. dazu Dollery/Byrnes/Crase 2007).
[109] Vgl. Rehm/Matern-Rehm 2010, S. 79.
[110] Vgl. §3 Abs. 1 ThürKO.

Bezeichnung	Gebietskörperschaft		
	Kreis-angehörige Gemeinde	Kreisfreie Stadt	Landkreis
Vollstreckung von Geldforderungen	X		X
Kommunalaufsicht			X
Allgemeines Ordnungsrecht	X	X	
Meldebehörde	X	X	
Pass- und Personalausweisbehörde	X	X	
Ausländerbehörde		X	X
Durchführung Asylbewerberleistungsgesetz		X	X
Ausbildungsförderung		X	X
Aufgaben der Unteren Denkmalschutzbehörden		X	X
Aufgaben der Unteren Gewerbebehörden	X	X	X
Veterinär- und Lebensmittelüberwachungsämter		X	X
Aufsicht und Überwachung im Gesundheitswesen			X
Seuchenhygiene / Infektionsschutz			X
Amtsärztliches Gutachtenwesen			X
Schulärztlicher / Schulzahnärztlicher Dienst		X	X
Gesundheitsförderung und Prävention; Beratung und Betreuung von Suchtkranken und Behinderten		X	X
Sozialpsychiatrischer Dienst		X	X
Immissionsschutz		X	X
Untere Wasserbehörde		X	X
Untere Abfallbehörde			X
Untere Naturschutzbehörde		X	X
Aufgaben der Unteren Straßenverkehrsbehörden	(X)	X	X
Straßenverkehrszulassung / Erlaubniswesen		X	X
Lärmschutz	(X)	X	X
Soziales Wohnungswesen		X	
Untere Bauaufsichtsbehörde	(X)	X	X

Tabelle 3-1: Zuständigkeiten bei Aufgaben im Bereich übertragener Angelegenheiten[111]

[111] In Anlehnung an Färber et al. 2012, S. 115. Eingeklammerte Aufgaben (X) werden nur von großen kreisangehörigen Städten im Sinne der ThürKO wahrgenommen.

Die Thüringer Gemeinde- und Landkreisordnung beinhaltet darüber hinaus einen nicht abschließenden Katalog von eigenen Aufgaben, welche die Kommunen in Thüringen selbstständig erfüllen:[112]

- Umwelt- und Naturschutz,
- Denkmalschutz,
- Wirtschaft und Gewerbe,
- Bauleitplanung,
- Örtlicher, öffentlicher Personennahverkehr,
- Versorgung mit Energie und Wasser,
- Abwasserbeseitigung und -reinigung,
- Öffentliches Angebot an Bildungs- und Kinderbetreuungseinrichtungen,
- Förderung des kulturellen und sportlichen Lebens,
- Öffentlicher Wohnungsbau,
- Gesundheitliche und soziale Betreuung,
- Öffentliche Reinlichkeit, Bestattungswesen und Brandschutz.

Bei obiger Aufzählung handelt es sich um eine Mischung aus Pflichtaufgaben und freiwilligen Aufgaben. Pflichtaufgaben können, bei Übersteigen der Leistungsfähigkeit einer einzelnen Gemeinde, auch in kommunaler Zusammenarbeit erfüllt werden.[113] Dies geschieht meistens in Zweckverbänden. Der örtliche, öffentliche Personennahverkehr und die Abwasserbeseitigung und -reinigung sind typische Beispiele für solche Aufgaben.[114] Die Förderung des kulturellen und sportlichen Lebens stellt eine typische freiwillige Aufgabe dar. Freiwillige Aufgaben müssen nicht erbracht werden und stehen daher bei schwieriger Finanzlage der Gemeinde oft unter einem erheblichen Konsolidierungsdruck.[115] Da viele dieser Leistungen nicht von allen Gemeinden erbracht werden und oft auch keine direkte Mitfinanzierung durch den Freistaat Thüringen stattfindet, sind als Output verwendbare Daten für diese Aufgabengruppe sehr schlecht verfügbar.[116]

[112] Vgl. §2 Abs. 2 ThürKO.
[113] Vgl. §2 Abs. 3 ThürKO.
[114] Vgl. Rehm/Matern-Rehm 2010, S. 78. Das Thüringer Gesetz über die kommunale Gemeinschaftsarbeit (ThürKGG) regelt diese Kooperationen.
[115] Vgl. Rehm/Matern-Rehm 2010, S. 80.
[116] Der Bund und die Länder veröffentlichen regelmäßig sogenannte Kulturindikatoren und den Kulturfinanzbericht. Diese Daten sind aber auf der Ebene der Gemeinden nicht verfügbar und daher schwierig in die Analyse einzubeziehen (vgl. Statistische Ämter des Bundes und der Länder 2008; Statistische Ämter des Bundes und der Länder 2016). Prieto/Zoflo 2001 approximieren beispielsweise diese Outputs über Flächen der Sport- und Kulturstätten (vgl. Prieto/Zoflo 2001, S. 51). Auch diese Daten liegen für Thüringen nicht auf Gemeindeebene vor.

3.2.1 Kommunalisierung von Landesaufgaben und Skalenoptimum

Eine wichtige Voraussetzung für Effizienzanalysen in Zeitreihen besteht darin, dass sich die Aufgaben der Gemeinden im Beobachtungszeitraum nicht verändern. Im Zuge von Gebietsreformen wird jedoch auch regelmäßig die Kommunalisierung von Landesaufgaben diskutiert.[117] Wenn bei der Umsetzung einer Gemeindegebietsreform auch eine Verlagerung von Aufgaben auf die Gemeinden stattfindet, sind die Beobachtungen vor und nach der Reform nicht mehr vergleichbar. Selbst bei einer Verlagerung von Aufgaben ohne gleichzeitige Gebietsreform besteht die Möglichkeit, dass sich die Arbeitsweise der Gemeinden dadurch verändert, sodass auch eine andere skalenoptimale Konfiguration entsteht. Mit jeder größeren Veränderung des Aufgabenspektrums der Gemeinden müsste eine neue Effizienzanalyse unter Einbezug der neuen Outputs vorgenommen werden, um zu überprüfen, ob die bestehende Gemeindegliederung noch der optimalen Konfiguration entspricht. Auch ohne Aufgabenveränderungen besteht durch technischen Fortschritt die Möglichkeit, dass sich die optimale Konfiguration verschiebt. Langfristige Prognosen und Projektionsrechnungen sind daher nicht valide möglich.[118]

3.3 Kommunaler Finanzausgleich in Thüringen

Das Thüringer Finanzausgleichsgesetz (ThürFAG) regelt insbesondere die Bildung und Verteilung der Finanzausgleichsmasse zwischen Land, Gemeinden und Landkreisen.[119] Den Gemeinden werden durch dieses Gesetz finanzielle Mittel zur Verfügung gestellt, welche ihre eigene Finanzkraft ergänzen sollen.

Die Gemeinden und Landkreise verfügen über folgende Einnahmequellen:[120]

- Eigene Einnahmen
- Finanzausgleichsmasse des Landes
- Leistungen für Unterkunft und Heizung (nach §46 Abs. 5,6 SGB II) vom Bund [Hartz IV]
- Leistungen für Grundsicherung im Alter und bei Erwerbsminderung (nach §46a SGB XII) vom Bund [‚echte‘ Sozialhilfe]
- Sonstige Zuweisungen und projektgebundene Fördermittel vom Land.

Der kommunale Finanzausgleich ist das wichtigste Instrument zur Gestaltung der Finanzbeziehungen zwischen Land und Kommunen und hat daher seit der letzten Gebietsreform im Jahre 1994 zahlreiche Anpassungen und Veränderungen erfahren. Vorab besonders

[117] Vgl. z. B. Bogumil/Ebinger 2012 für Brandenburg; Riotte et al. 2013, S. 44ff. für Thüringen.

[118] Dieses Problem tritt nicht nur bei der Verwendung von Effizienzwerten als abhängige Variable auf, sondern auch wenn Pro-Kopf-Ausgaben analysiert werden (vgl. beispielsweise Blom-Hansen et al. 2016, S. 819).

[119] Vgl. ThürFAG (2013).

[120] Vgl. §2 ThürFAG 2015.

erwähnenswert ist ein Urteil des Thüringer Verfassungsgerichts aus dem Jahre 2005,[121] welches Teile des bis dahin angewendeten Finanzausgleichs für unvereinbar mit der Thüringer Verfassung erklärte. Daraufhin wurde das Thüringer Finanzausgleichsgesetz nochmals grundsätzlich überarbeitet und insbesondere die Regelungen zur Bildung der Finanzausgleichsmasse stark verändert. Dies hat zur Folge, dass die Mittelzuweisungen vor 2007 an andere Bedingungen geknüpft waren und daher nur noch eine eingeschränkte Vergleichbarkeit der Daten vor und nach der Reform des Finanzausgleichsgesetzes möglich ist.

Folgende Arten von Zuweisungen an kreisangehörige Gemeinden, kreisfreie Städte und Landkreise über den kommunalen Finanzausgleich und unabhängig davon gab es im Zeitraum 1995 bis 2017:

- Schlüsselzuweisungen (basierend auf Hauptansatz, Ergänzungsansatz und Kinderansatz) sowie Vorweg-Schlüsselzuweisungen und Anpassungshilfe,
- Schullastenausgleich,
- Zuweisungen für die Schülerspeisung,
- Zuweisungen für die Schuljugendarbeit,
- Zuweisungen für die Schülerbeförderung,
- Zuweisungen für den Winterdienst,
- Zuweisungen für die Kindertagesbetreuung,
- Zuweisungen für Theater, Orchester, Museen und Musikschulen,
- Mehrbelastungsausgleich für den übertragenen Wirkungskreis / Auftragskostenpauschale,
- Grundsicherung und Leistungen für Unterkunft und Heizung (SGB II und SGB XII),
- Förderung freiwilliger Gemeindezusammenschlüsse.

Darüber hinaus wurden im Rahmen des kommunalen Finanzausgleichs außerdem

- Kosten der Thüringer Verwaltungsschule,
- Kosten der Erhebung von Geobasisdaten,
- Familienlastenausgleich,
- und Investitionen für Schulbauten.

finanziert. Nicht alle aufgeführten Komponenten des Finanzausgleichs waren im Beobachtungszeitraum durchgängig Teil der Gemeindefinanzierung, und bei manchen von ihnen gab es im Zeitverlauf Anpassungen und Ergänzungen. Der fiskalisch überwiegende Teil blieb aber im Beobachtungszeitraum unverändert.

[121] Vgl. Thüringer Verfassungsgerichtshof 2005.

3.3.1 Bildung der Finanzausgleichsmasse

Am Beispiel der seit 2013 gültigen, kontinuierlich aktualisierten Fassung des Thüringer Finanzausgleichsgesetzes soll zunächst kurz die Bildung der Finanzausgleichsmasse (FAG-Masse) skizziert werden. Abbildung 3-3 stellt den Vorgang schematisch dar. Die FAG-Masse setzt sich aus zwei Teilen zusammen: Die FAG-Masse I wird auf Basis der Steuereinnahmen der Kommunen und des Landes gebildet und soll die Finanzkraft der Kommunen im eigenen Wirkungskreis stärken.

FAG-Masse I
= ca. 34 % der Summe abzüglich eigener Einnahmen der Kommunen

Eigene Einnahmen der Kommunen
= $\sum$ Realsteuern
abzgl. Gewerbesteuerumlage Gemeinden
abzgl. Gemeindeanteil Einkommenssteuer
abzgl. Gemeindeanteil Umsatzsteuer
abzgl. sonstige Steuern Kommunen
abzgl. ähnliche Einnahmen Kommunen

Einnahmen des Landes
= Landesanteil Einkommenssteuer
zzgl. Landesanteil Körperschaftssteuer
zzgl. Landesanteil Umsatzsteuer
zzgl. Landesanteil Gewerbesteuerumlage
zzgl. Landessteuern
zzgl. Zuweisungen Länderfinanzausgleich

Abbildung 3-3: Bildung der Finanzausgleichsmasse (2015)[122]

Die FAG-Masse II wird nach Haushaltsansätzen im Landeshaushalt gebildet und soll die Kommunen kostendeckend für Aufwendungen im übertragenen Wirkungskreis entschädigen. Als wesentliche Einnahmen gehen die Realsteuern der Gemeinden in die Berechnung der FAG-Masse I ein. Zu den Realsteuern gehören die Gewerbesteuer, die Grundsteuer A und die Grundsteuer B. Sie bilden den überwiegenden Teil der eigenen Gemeindesteuern. Sonstige Gemeindesteuern werden im ThürFAG nicht einbezogen. Auch Ausgleichszahlungen für die Gewerbesteuerumlage, in Form des Gemeindeanteils an der Einkommenssteuer und des Gemeindeanteils an der Umsatzsteuer, werden nicht zur Bildung der FAG-Masse I herangezogen. Ebenso steuerähnliche Einnahmen aller Kommunen, wie z. B. Gebühren und Beiträge.

[122] Quelle: Eigene Darstellung, vgl. ThürFAG 2015, §3.

Zu den Einnahmen des Landes werden alle Landessteuern und alle Anteile des Landes an Steuern des Bundes und der Gemeinden sowie die Zuweisungen aus dem Länderfinanzausgleich an das Land hinzugerechnet. Den Kommunen steht etwa ein Drittel[123] dieser Summe aus eigenen Einnahmen der Kommunen und eigenen Einnahmen des Landes zu.[124] Die Höhe der verfügbaren FAG-Masse I schwankt also jährlich, vor allem in Abhängigkeit vom Steueraufkommen der Vorjahre. Auf Jahre mit geringen Steuereinnahmen folgen Jahre mit niedrigerer FAG-Masse I und umgekehrt.

3.3.2 Schlüsselzuweisungen

Um die FAG-Masse I ausschütten zu können, muss für jede Gemeinde ein kalkulatorischer Finanzbedarf ermittelt werden. Diesem Zweck dient vor allem die Hauptansatzstaffel, welche den Gemeinden in Abhängigkeit vom Bevölkerungsstand einen Multiplikator zuordnet. In Abbildung 3-4 ist der Zusammenhang, innerhalb des für kreisangehörige Gemeinden relevanten Bereiches, grafisch dargestellt. Mit steigendem Bevölkerungsstand erhöht sich auch der Multiplikator, d. h. einwohnerstärkere Gemeinden erhalten höhere Schlüsselzuweisungen. Diese Eigenschaft des Hauptansatzes wird auch als Einwohnerveredelung[125] bezeichnet und damit begründet, dass der Pro-Kopf-Finanzbedarf einer Gemeinde mit dem Bevölkerungsstand wachse, da diese überörtliche Funktionen erfülle und höhere Infrastrukturkosten aufweise.[126] Ob diese Argumentation tatsächlich zutrifft, spielt für die weitere Arbeit keine Rolle, da die progressive Struktur des Hauptansatzes im gesamten Beobachtungszeitraum bestand und daher stets in der Finanzkraft der Gemeinden wirksam war.

[123] Der genaue Anteil schwankt von Jahr zu Jahr.

[124] Da die Höhe der Steuereinnahmen für die Jahre der Zahlung in der Regel noch nicht vorliegen, wird das Steueraufkommen der vergangen drei Jahre beginnend mit dem vorletzten Jahr zur Berechnung herangezogen (vgl. ThürFAG 2015, §3 Abs. 2). Sollte das Steueraufkommen der Kommunen ein Drittel der Summe übersteigen, wären damit sogar Finanzausgleichszahlungen von den Kommunen an das Land möglich.

[125] Vgl. Rehm/Matern-Rehm 2010, S. 295.

[126] Vgl. Rehm/Matern-Rehm 2010, S. 305.

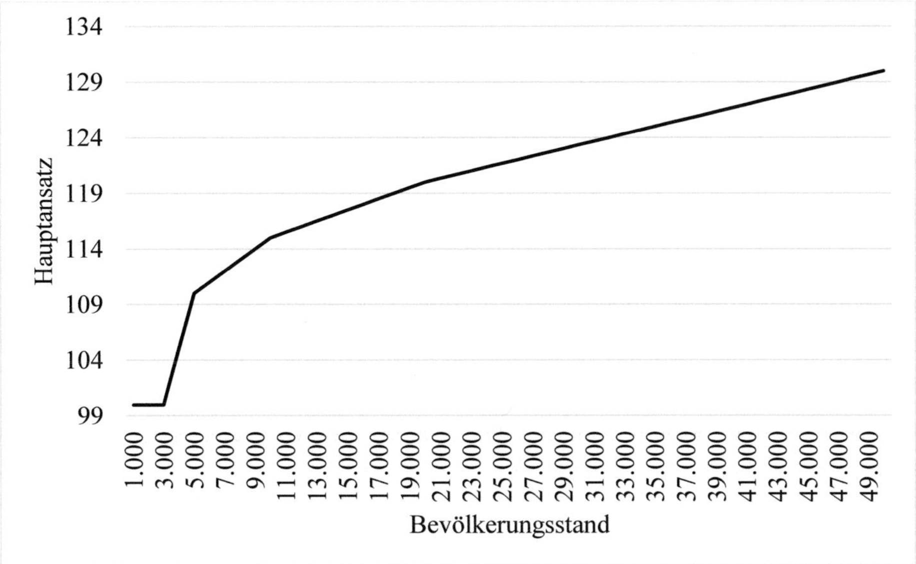

Abbildung 3-4: Ermittlung des Finanzbedarfs in Abhängigkeit vom Bevölkerungsstand mittels Hauptansatz[127]

Ergänzend zum Hauptansatz gab es im gesamten Zeitraum noch wechselnde Ergänzungsansätze, die dem Hauptansatz zugerechnet wurden. Von 1995 bis 2007 waren das einwohnerbezogene Vorwegzuweisungen, die an kreisfreie Städte und kreisangehörige Städte ausgeschüttet wurden, welche in der zentralörtlichen Gliederung Thüringens als Mittelzentrum mit Teilfunktion eines Oberzentrums eingeordnet waren.[128] Darüber hinaus gab es ab 2008 eine Anpassungshilfe für Gemeinden mit überörtlicher Funktion.[129] Und schließlich ab 2013 den Kinderansatz für jedes innerhalb des Gemeindegebietes zum Stichtag 31.12. gemeldete Kind unter 6 Jahren.[130] Der Hauptansatz und der jeweils gültige Ergänzungsansatz bilden zusammen den Gesamtansatz, welcher mit einem Grundbetrag multipliziert wird, sodass die FAG-Masse I aufgebraucht wird:[131]

[127] Quelle: Eigene Darstellung hier am Beispiel der Hauptansatzstaffel für das Jahr 2015 (vgl. ThürFAG 2015, §9 Abs. 1) für die Größenklassen der kreisangehörigen Gemeinden.

[128] Vgl. bspw. ThürFAG 2004, §8.

[129] Vgl. bspw. ThürFAG 2008, §9.

[130] Vgl. bspw. ThürFAG 2015, §9 Abs. 2.

[131] Vgl. ThürFAG 2015, §9 Abs. 4.

$$FAG1 = \sum_{i=1}^{n} GA_i * GB \tag{3.1}$$

In Gleichung (3.1) entspricht GA_i dem Gesamtansatz der Gemeinde i aus n Gemeinden und GB dem einheitlichen Grundbetrag. $FAG1$ repräsentiert die Summe der FAG-Masse I. Das Produkt aus Gesamtansatz und Grundbetrag für die einzelne Gemeinde wird als Bedarfsmesszahl bezeichnet.

Der Bedarfsmesszahl wird für jede Gemeinde eine Steuerkraftmesszahl gegenübergestellt, welche als kalkulatorische Steuerkraft einer Gemeinde aufgefasst werden kann. Sie entspricht dem um gemeindeindividuelle Hebesetze korrigierten Steueraufkommen der Gemeinden aus Gewerbesteuer, Grundsteuer A und Grundsteuer B.[132]

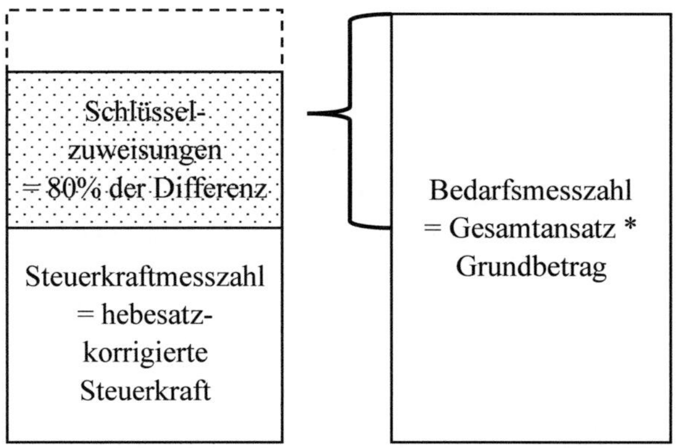

Abbildung 3-5: Ermittlung der Höhe der Schlüsselzuweisungen[133]

Aus dem Vergleich der Bedarfsmesszahl mit der Steuerkraftmesszahl, lässt sich die Differenz und damit der Zuschussbedarf durch Schlüsselzuweisungen ermitteln. Abbildung 3-5 verdeutlicht diesen letzten Schritt. Die Schlüsselzuweisungen werden in Höhe von 80

[132] Wiederum korrigiert um die Verrechnungen durch die Gewerbesteuerumlage und basierend auf mittleren Vergangenheitswerten von drei Jahren beginnend mit dem vorletzten Jahr. (vgl. ThürFAG 2015, §10).
[133] Quelle: Eigene Darstellung basierend auf ThürFAG 2015, §9ff.

Prozent der Differenz zwischen kalkulatorischem Bedarf und kalkulatorischer Steuerkraft gewährt.[134]

Obwohl sich der Gesamtansatz am Bevölkerungsstand als finanzbedarfsbestimmende Komponente orientiert, wird durch die Multiplikation mit dem Grundbetrag der Bedarf auf die Höhe der verfügbaren FAG-Masse I normiert. Auf der anderen Seite bleibt die Steuerkraftmesszahl von der Festlegung der tatsächlichen Hebesätze der Gemeinden unbeeinflusst. Hebesätze für einzelne Steuern können daher durch die Gemeinden beliebig verändert werden, ohne dass dies eine Auswirkung auf die Höhe der Schlüsselzuweisungen hat. Dennoch verfügen Gemeinden mit höherer Steuerkraftmesszahl tendenziell über eine bessere Finanzausstattung, da eine geringere Steuerkraftmesszahl nicht vollständig durch Schlüsselzuweisungen kompensiert wird.

3.3.3 Steuerkraftunabhängige Zuweisungen

Die zweite Komponente im kommunalen Finanzausgleich Thüringens sind die steuerkraftunabhängigen Zuweisungen. Sie dienen nicht dem Zweck finanzschwache Gemeinden allgemein finanziell besser auszustatten, sondern sollen die Gemeinden für konkrete Aufgaben finanziell kompensieren. Folgende Arten von Zuweisungen waren im Zeitraum 1995 bis 2017 für kreisangehörige Gemeinden relevant:

- Mehrbelastungsausgleich (vorher Auftragskostenpauschale) bemessen anhand des Bevölkerungsstandes,
- Zuweisungen zum Schullastenausgleich bemessen anhand der Schülerzahl,
- Zuweisungen für Kindertagesbetreuung bemessen anhand der bewilligten Kitaplätze,
- Zuweisung als Sonderlastenausgleich für Kurorte,
- Zuweisungen zum Unterhalt von Theatern, Orchestern, Museen und Musikschulen bemessen anhand der Anzahl der Einrichtungen,
- Zuweisungen für die Schülerspeisung bemessen anhand der Anzahl der Schulessen,
- Zuweisungen für Schuljugendarbeit und Winterdienst (Haushaltsansatz),[135]
- Sonderlastenausgleich für die Belastungen der Kurorte.[136]

Andere Zuweisungen, wie beispielsweise für die Schülerbeförderung oder für besondere Umweltlasten, wurden ausschließlich an die Landkreise und kreisfreien Städte ausgezahlt.

[134] Vgl. ThürFAG 2015, §11.

[135] Vorab aus der Finanzausgleichsmasse abgezogen wurden zudem Kosten für die Thüringer Verwaltungsschule (vgl. §19 ThürFAG 2015) und die Erhebung von Geobasisdaten (vgl. §20 ThürFAG 2015).

[136] Ab 01.01.2016 (vgl. §22b ThürFAG 2016).

3.3.4 Förderung freiwilliger Gemeindezusammenschlüsse

Seit 2006 gibt es schließlich eine finanzielle Förderung freiwilliger Gemeindezusammenschlüsse, die im Rahmen des kommunalen Finanzausgleichs geregelt ist. In vier Förderphasen sind die Bedingungen für die Förderung jeweils unterschiedlich gewesen:

1. Förderphase (2006-2007):[137]
   - 100 EUR einmalige Fusionsprämie pro Einwohner.
   - Mindestbevölkerungsstand bei Neubildungen: 5.000 Einwohner (Ausnahmen zulässig).
   - Bei Eingliederungen maximal 10.000 Einwohner bei der eingliedernden Gemeinde auf die Fusionsprämie anrechenbar.
   - Förderungshöchstsumme: 1 Mio. EUR pro Fusion.
   - Regelung gültig für selbstständige und erfüllende Gemeinden.
2. Förderphase (2008):[138]
   - 100 EUR einmalige Fusionsprämie pro Einwohner.
   - Mindestbevölkerungsstand bei Neubildungen: 5.000 Einwohner (Ausnahmen zulässig).
   - Bei Eingliederungen maximal 10.000 Einwohner bei der eingliedernden Gemeinde auf die Fusionsprämie anrechenbar.
   - Förderungshöchstsumme: 1 Mio. EUR pro Fusion.
   - Bei Fusionen innerhalb von Verwaltungsgemeinschaften mit einem neuen Mindestbevölkerungsstand von 1.000 Einwohnern bei der neu gebildeten Mitgliedsgemeinde: 30 EUR pro Einwohner Fusionsprämie.
3. Förderphase (2009-2012):[139]
   - 30 EUR einmalige Fusionsprämie pro Einwohner, wenn der Bevölkerungsstand der Neubildung mindestens 4.000 Einwohner erreicht.
   - 100 EUR einmalige Fusionsprämie pro Einwohner, wenn der Bevölkerungsstand der Neubildung mindestens 5.000 Einwohner erreicht.
   - Förderungshöchstsumme: 1 Mio. EUR pro Fusion.
4. Förderphase (2012-2017):[140]
   - 150.000 EUR Förderprämie, wenn der Bevölkerungsstand der Neubildung mindestens 5.000 Einwohner erreicht und eine der Vorfusionsgemeinden bereits zur Haushaltskonsolidierung ein Haushaltssicherungskonzept erstellt hat.

[137] Vgl. §35a ThürFAG 2006.
[138] Vgl. §36 ThürFAG 2008.
[139] Vgl. §36 ThürFAG 2012.
[140] Vgl. §24 Abs. 2 Nr. 4 ThürFAG 2013.

Die einmalige Inanspruchnahme einer Fusionsprämie schloss eine weitere Inanspruchnahme in Folgejahren bei etwaigen weiteren Fusionen aus.[141] Die Förderung schuf einen Anreiz für die bestehenden Gemeinden einmalig zu fusionieren und zur Maximierung der Fördersumme nach Möglichkeit Einheiten mit mindestens 5.000 Einwohnern zu bilden.

3.3.5 Fiskalische Bedeutung des Finanzausgleichs für die Gemeinden

Aus Abbildung 3-6 ist ersichtlich, dass die kreisangehörigen Gemeinden in Thüringen im Jahre 2017, unabhängig von ihrer Größe, nur etwa die Hälfte ihrer Einnahmen in der laufenden Rechnung aus eigenen Steuern und steuerähnlichen Einnahmen erzielten. Mit etwa einem Drittel der Gesamteinnahmen waren die laufenden Zuweisungen und Zuschüsse von erheblicher Bedeutung.

[141] Vgl. bspw. §24 Abs. 2 Nr.4 ThürFAG 2015.

Einnahmeart (EUR pro Einwohner)	Bevölkerungsstand in Einwohnern						
	gesamt	unter 1.000	1.000 bis 2.999	3.000 bis 4.999	5.000 bis 9.999	10.000 bis 19.999	20.000 bis 49.999
Steuern und steuerähnliche Einnahmen	733	656	674	675	816	798	770
Verwaltung und Betrieb	199	173	210	190	182	197	226
Laufende Zuweisungen und Zuschüsse	430	452	390	426	424	417	463
Gesamteinnahmen der laufenden Rechnung	1.321	1.211	1.231	1.243	1.388	1.386	1.431
Anteil der Zuweisungen und Zuschüsse an den Gesamteinnahmen	32,5 %	37,3 %	31,7%	34,3%	30,6%	30,1%	32,4%

Abbildung 3-6: Einnahmen pro Einwohner der kreisangehörigen Gemeinden in Thüringen (laufende Rechnung, Gemeindegrößenklassen, 2017)[142]

Abbildung 3-7 stellt die Zusammensetzung der Position laufende Zuweisungen und Zuschüsse detaillierter dar. Sie bestehen fast ausschließlich aus Schlüsselzuweisungen und sonstigen Zuweisungen vom Freistaat Thüringen. Der Bund ist zwar über die Gewerbesteuerumlage an der Stabilisierung der Steuereinnahmen der Gemeinden beteiligt,[143] leistet aber nur in sehr geringem Maße direkte Zuweisungen an die Gemeinden. Auch alle übrigen Zuweisungsquellen sind kaum von Bedeutung. Die Höhe der Zuweisungen vom Land an die kreisangehörigen Gemeinden wird fast ausschließlich durch die Regelungen des kommunalen Finanzausgleichs festgelegt.

[142] Vgl. Thüringer Landesamt für Statistik 2018a, S. 18f, ohne Berücksichtigung der Zuweisungen der Gemeinden und Gemeindeverbände untereinander. Auch Zinseinnahmen und Schuldendiensthilfen sind aufgrund der geringen Beträge nicht berücksichtigt. Differenzen können durch Rundung auf ganze Euro entstehen.

[143] Vgl. Bundesministerium der Finanzen 2017, 22ff.

Einnahmeart (EUR pro Einwohner)	Bevölkerungsstand in Einwohnern						
	gesamt	unter 1.000	1.000 bis 2.999	3.000 bis 4.999	5.000 bis 9.999	10.000 bis 19.999	20.000 bis 49.999
von Bund	2	2	2	2	2	1	2
Schlüsselzuweisungen Land	222	253	207	208	193	220	244
sonstige Zuweisungen Land	150	121	124	143	147	148	197
von Zweckverbänden	1	0	5	0	0	0	0
von gesetzlicher Sozialversicherung	3	3	3	5	3	3	5
von anderen Bereichen	3	3	2	2	2	2	5

Abbildung 3-7: Zusammensetzung der Zuweisungen und Zuschüsse pro Einwohner der kreisangehörigen Gemeinden (laufende Rechnung, Gemeindegrößenklassen, 2017)[144]

Zudem besteht noch der umgekehrte Zusammenhang zwischen der Höhe der gemeindeeigenen Steuereinnahmen und der Höhe der Schlüsselzuweisungen. Steuerkraftschwache Gemeinden erhalten höhere Schlüsselzuweisungen, um ihren Finanzbedarf decken zu können. Der entscheidende Unterschied zwischen Schlüsselzuweisungen und sonstigen Zuweisungen des Landes an die kreisangehörigen Gemeinden besteht also darin, dass Schlüsselzuweisungen steuerkraftabhängig ermittelt werden und alle anderen Zuweisungen zwar an andere Größen gekoppelt sind aber grundsätzlich steuerkraftunabhängig gewährt werden.

3.4 Zusammenfassung

Abbildung 3-8 fasst noch einmal die Zusammensetzung der Zahlungen aus dem kommunalen Finanzausgleich aus Sicht der kreisangehörigen Gemeinden im Zeitverlauf zusammen. Nach der Überarbeitung des Finanzausgleichsgesetzes ab 2005 bleiben im

[144] Vgl. Thüringer Landesamt für Statistik 2018a, S. 18f. Differenzen zu den aggregierten Werten entstehen durch Abzug der Zahlungen der Gemeinden und Gemeindeverbände untereinander.

Bereich der steuerkraftunabhängigen Zuweisungen nur der einwohnerbezogene Mehrbelastungsausgleich, der schülerzahlbezogene Schullastenausgleich und der kitaplatzbezogene Ausgleich für die Kindertagesbetreuung übrig und im gesamten Beobachtungszeitraum wirksam.[145]

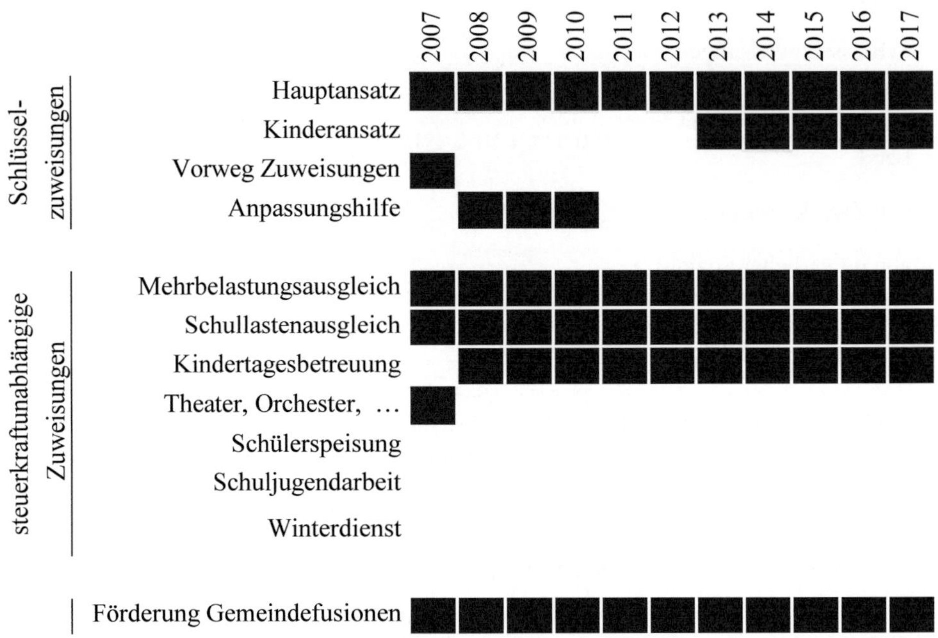

Abbildung 3-8: Zusammensetzung der Zahlungen des kommunalen Finanzausgleichs für kreisangehörige Gemeinden (2007-2017)[146]

Aus diesem Kapitel lassen sich sechs wesentliche Erkenntnisse mitnehmen:

- Gemeinden haben ein Aufgabenfindungsrecht, weshalb eine abschließende Identifikation aller kommunalen Outputs – unabhängig von ihrer quantitativen Messbarkeit – nicht möglich ist.

[145] Der ab 2016 wirksame Ausgleich für Mehrbelastungen der Kurorte ist in der Abbildung nicht enthalten, da er nur sehr wenige Gemeinden betrifft, in einem sehr kleinen Teil des Beobachtungszeitraumes wirksam ist und nur ein geringes Volumen hat.

[146] Quelle: Eigene Darstellung basierend auf den Regelungen des ThürFAG 1995-2017.

- Kreisfreie Städte haben dadurch, dass sie auch die Funktion eines Landkreises übernehmen, insbesondere im übertragenen Wirkungskreis, ein deutlich breiteres Aufgabenspektrum als kreisangehörige Gemeinden und können nicht in eine vergleichende Effizienzanalyse einbezogen werden.
- Mitgliedsgemeinden in Verwaltungsgemeinschaften sowie beauftragende Gemeinden wären in ihrer bestehenden Struktur alleine nicht arbeitsfähig. Dadurch, dass sie große Teile ihrer Aufgaben, Befugnisse und ihres Verwaltungspersonals an die Verwaltungsgemeinschaft oder eine erfüllende Gemeinde übertragen haben, sind sie als separates Vergleichsobjekt in der Effizienzanalyse ebenfalls ungeeignet.
- Die Thüringer Gemeinde- und Landkreisordnung verbietet Fusionen über Kreisgrenzen hinweg. Fusionen angrenzender Gemeinden in verschiedenen Landkreisen sind weder förderfähig noch erlaubt.
- Durch die Reform des kommunalen Finanzausgleichs zwischen 2005 und 2007 sind die Daten vor und nach der Anpassung nur noch eingeschränkt vergleichbar. Der Beobachtungszeitraum für die Effizienzanalyse verengt sich daher auf die Zeitreihe 2007 bis 2017.
- Die Anreize aus dem kommunalen Finanzausgleich sind für kreisangehörige Gemeinden sehr relevant. Einwohnerstärkere Gemeinden erhalten bei gleicher Steuerkraft höhere Schlüsselzuweisungen. Da Schlüsselzuweisungen aber nicht die komplette Differenz zwischen Finanzbedarf und Steuerkraft decken, verfügen steuerkraftstarke Gemeinden dennoch über eine bessere Finanzausstattung.

4 Literaturüberblick

Für die Schätzung der optimalen Konfiguration kreisangehöriger Gemeinden werden in Kapitel 5 erstmals zwei unterschiedliche methodische Ansätze zusammen geführt: Mittels einer deterministischen Effizienzanalyse ist es möglich, die optimale Gemeindekonfiguration zu schätzen. Mit einer Difference-in-Differences Analyse kann in einem quasiexperimentellen Design die Entwicklung der Effizienz fusionierter Gemeinden im Zeitverlauf beobachtet und die ermittelte Konfiguration überprüft werden. Beide Methoden wurden in der Literatur bereits vielfach einzeln angewendet.

Dieses Kapitel erhebt nicht den Anspruch die zahlreichen Publikationen zur Gemeindereform vollständig abzubilden, sondern konzentriert sich auf die für das Forschungsziel zentralen Aspekte. Einen aktuellen Literaturüberblick zu Performance und Management in Kommunen bieten Walker und Andrews (2014).[147] Holzer et al. (2009) fokussieren sich in ihrer Zusammenstellung auf Forschungen zu Economies of Scale bei Kommunen.[148] Einen aktuellen Überblick zu ex post Studien über Gemeindefusionen liefert Tavares (2018).[149] Narbón-Perpiñá und De Witte (2018a, 2018b) geben einen umfangreichen Überblick über Veröffentlichungen zur Gemeindeeffizienz.[150]

Im Kontext von Gemeindegebietsreformen wird gerne anhand der drei Zieldimensionen **Leistungsfähigkeit** der Gemeinden, **Wirtschaftlichkeit** und Auswirkungen von Reformen auf die **lokale Demokratie** argumentiert.[151] Die empirische Literatur zu Gemeindegebietsreformen bewegt sich vornehmlich in den Dimensionen Auswirkungen auf die lokale Demokratie und die Wirtschaftlichkeit von Gemeinden. Aufgrund der schwierigen Operationalisierbarkeit von Leistungsfähigkeit und Effektivität kommunalen Handelns beschränken sich die Publikationen hierzu auf Experteninterviews und Befragungen kommunaler Entscheidungsträger.[152] Auch wenn sich diese Arbeit auf die Zieldimension der Wirtschaftlichkeit konzentriert, ist eine Auswirkung von kommunalen Gebietsreformen auf die lokale Demokratie wahrscheinlich. Daher werden in diesem

[147] Vgl. Walker/Andrews 2014.
[148] Vgl. Holzer et al. 2009.
[149] Vgl. Tavares 2018.
[150] Vgl. Narbón-Perpiñá/De Witte 2018a; Narbón-Perpiñá/De Witte 2018b.
[151] Vgl. Kuhlmann/Seyfried/Siegel 2018, S. 29; Bogumil 2016, S. 7.
[152] Büchner und Franzke (2001) werten für ihre Analyse über die Veränderung der Leistungskraft von Landkreisen in Brandenburg Interviews mit kommunalen Akteuren aus (vgl. Büchner/Franzke 2001, S. 29). Aulich et al. (2014) untersuchen die Gemeindegebietsreform in Australien anhand von Fallstudien und Experteninterviews mit Führungskräften in Gemeindeverwaltungen. Sie identifizieren neben Skalenerträgen und Auswirkungen auf die Demokratie auch Verbundeffekte, die durch Gebietsreformen ausgenutzt werden könnten (vgl. Aulich/Sansom/McKinlay 2014, 10ff.). Auch Hesse (2015) stützt sich bei seiner Analyse für Mecklenburg-Vorpommern auf Ergebnisse von Befragungen (Hesse 2015, S. 111ff.). Ems/Greiner-Bild (2017) erfassen die Auswirkungen von Gebietsreformen auf Mandatsträger ebenfalls explorativ. Fathimath (2017) wertet Interviews mit verschiedenen Anspruchsgruppen im Umfeld der Gemeinden aus.

Kapitel zunächst einige Ergebnisse zur Auswirkung von Gebietsreformen auf die lokale Demokratie angeführt. Anschließend folgt in Kapitel 4.2 ein Überblick über den aktuellen Forschungsstand zu Wirtschaftlichkeit von Gemeindeneubildungen und erwarteten Skalenerträgen. Kapitel 4.3 konzentriert sich auf Forschungsarbeiten, die explizit das Skalenoptimum von Gemeinden bestimmen wollen. Die Kapitel 4.4 und 4.5 befassen sich detailliert mit der Spezifikation der Modelle, der Umsetzung der verschiedenen Forschungsdesigns und Problemen in den aktuellen Studien.

4.1 Auswirkungen auf die lokale Demokratie

Als Forschungsbeitrag zu den Auswirkungen von Gemeindegebietsreformen auf die lokale Demokratie sei zunächst exemplarisch die umfangreiche Arbeit von Ladner und Bühlmann (2007) erwähnt. Die Autoren untersuchen die Effekte von Gemeindefusionen auf die lokale Demokratie in schweizerischen Gemeinden. Die Auswertung ihrer Primärerhebung zeigt, dass sich mit zunehmender Gemeindegröße folgende Demokratieindikatoren negativ entwickeln:[153]

- Beurteilung der Kompetenz/Integrität der Lokalregierung,
- Vertrauen in die Lokalregierung,
- Möglichkeit zur Kontaktaufnahme mit Lokalpolitikern,
- Beurteilung der eigenen Kompetenz, sich in der Lokalpolitik zu engagieren.

In ihrer Synthese zeigen die Autoren, dass die Demokratiequalität mit steigender Gemeindegröße insgesamt abnimmt und raten von umfangreichen Gemeindefusionen ab.[154] Obwohl die Schweiz hinsichtlich ihrer gemeindlichen Strukturen nicht unbedingt mit Deutschland und im Speziellen mit Thüringen vergleichbar ist, sprechen womöglich demokratiebezogene Argumente gegen Gemeindefusionen. Coffé und Geys (2005) zeigen den positiven Einfluss von sozialem Kapital in Form von Vereinsleben, Wahlbeteiligung und einer niedrigen Kriminalitätsrate auf die Gemeindeeffizienz.[155] Cusack (1999) untersucht für Gemeinden in Deutschland den Zusammenhang zwischen Zentralisierungsgrad, sozialem Kapitel und Bürgerzufriedenheit und stellt einen engen Zusammenhang zwischen diesen Größen fest.[156] Lassen und Serritzlew (2011) kommen in einem quasiexperimentellen Design für Gemeinden in Dänemark zu ähnlichen Ergebnissen. Sie können für Beobachtungen vor und nach der Gemeindegebietsreform zeigen, dass die Bürger ihre **Kompetenz zur politischen Teilhabe** in den größeren

[153] Vgl. Ladner/Bühlmann 2007, S. 252.
[154] Vgl. Ladner/Bühlmann 2007, 261ff.
[155] Vgl. Coffé/Geys 2005, S. 496ff.
[156] Vgl. Cusack 1999.

Postfusionsgemeinden schlechter einschätzten als die Bürger in der (nicht fusionierten) Kontrollgruppe.[157]

Hansen et al. (2015) versuchen die Auswirkungen der dänischen Gemeindegebietsreform auf die **Zufriedenheit** der Bürger in einem quasiexperimentellen Design zu schätzen: Sie kommen zu dem Ergebnis, dass die Zufriedenheit durch die Fusionen insgesamt sinkt und diese sinkende Zufriedenheit nicht durch andere in das Modell einbezogene exogene Faktoren zu erklären ist.[158] Illy (2015) untersucht für Daten aus Sachsen-Anhalt die Zufriedenheit der Bürger und die Verbundenheit mit ihrer Gemeinde in Abhängigkeit vom Gemeindetyp und stellt fest, dass Einwohner in dezentralisierten Gemeindestrukturen – wie z. B. Verwaltungsgemeinschaften – signifikant zufriedener sind.[159]

Andere Autoren versuchen Fusionseffekte auf die lokale Demokratie anhand der **Wahlbeteiligung** bei Kommunalwahlen zu identifizieren: Kraaykamp (2001) findet für die Niederlande nur schwache, negative Auswirkungen der Gemeindezusammenschlüsse auf die Wahlbeteiligung.[160] Kjaer und Klemmensen (2015) untersuchen mit dem gleichen Forschungsziel die Gebietsreform in Dänemark: Sie kommen in ihrem quasiexperimentellen Design zu dem Ergebnis, dass Lokalregierungen, wenn sie von den gleichen Regierungsparteien geführt werden wie der Nationalstaat, für die zentralstaatliche angeordnete Gebietsreform in Wahlen mit deutlich schlechteren Wahlergebnissen abgestraft wurden.[161] Tavares und Rodrigues (2018) versuchen die Auswirkungen einer Gebietsreform auf die politische Partizipation der betroffenen Bürgerinnen und Bürger zu erfassen, indem sie die Wahlbeteiligung in verschiedenen Wahljahren untersuchen. Sie stellen fest, dass die Wahlbeteiligung nach Fusionen zunächst sinkt, um anschließend wieder zu steigen.[162] Auffällig ist, dass sich keine Befunde finden, die einen positiven Effekt von Gemeindefusionen auf die lokale Demokratie feststellen. Entweder sind die Ergebnisse nicht eindeutig oder negativ.

4.2 Wirtschaftlichkeit und Skalenerträge

Die Ergebnisse der Beiträge, die sich mit möglichen Größenvorteilen und Kosteneinsparungen beschäftigen, sind nicht eindeutig. Ein Teil der Forschungsergebnisse deutet darauf hin, dass **keine positiven Skalenerträge** vorliegen: Lüchinger/Stutzer (2002) können in ihrer explorativen Studie für vier Gemeindefusionen im schweizerischen Kanton

[157] Vgl. Lassen/Serritzlew 2011, S. 255.
[158] Vgl. Hansen/Houlberg/Holm Pedersen 2015, S. 385.
[159] Vgl. Illy 2015, S. 221f.
[160] Vgl. Kraaykamp 2001, 414ff.
[161] Vgl. Kjaer/Klemmensen 2015, S. 112.
[162] Vgl. Tavares/Rodrigues 2018, 10ff.

Solothurn keine steigenden Skalenerträge in Form sinkender Pro-Kopf-Ausgaben nachweisen.[163] Thater (2009) identifiziert in seinem Datensatz für Gemeinden in Sachsen je nach kommunaler Leistung steigende, konstante und fallende Skalenerträge.[164] Auch Eck et al. (2012) können für kreisangehörige Gemeinden in Sachsen lediglich Bereiche mit konstanten und fallenden Skalenerträgen identifizieren. Ihre Ergebnisse deuten sogar auf überdurchschnittliche Einsparpotentiale durch den demografisch bedingten Bevölkerungsrückgang hin.[165] Moisio und Uusitalo (2013) untersuchen die Gemeindegebietsreform in Finnland in den 1970ern und können ebenfalls insgesamt keine signifikant sinkenden Pro-Kopf-Ausgaben bei den fusionierten Gemeinden feststellen. Sie zeigen jedoch, dass die allgemeinen Verwaltungsausgaben pro Kopf gesunken sind.[166] Callanan et al. (2014) versuchen für ihren irischen Datensatz mittels Korrelationsanalysen für verschiedene Input- und Outputvariablen zu überprüfen, ob grundsätzlich Größenvorteile bei Gemeinden in Irland vorliegen, können dies jedoch nicht sicher bestätigen.[167] Allers/Geertsema (2016) können für die niederländische Gemeindegebietsreform weder kurzfristig noch langfristig signifikante Effekte auf die Ausgabenhöhe der neu gebildeten Gemeinden nachweisen.[168] Blom-Hansen et al. (2016) können mit ihrem dänischen Datensatz ebenfalls keine sinkenden Pro-Kopf-Ausgaben nachweisen.[169] Auch Studerus (2016) kann für schweizerische Gemeindefusionen keine signifikanten Größenvorteile nachweisen. Es scheinen nach den Fusionen lediglich niedrigere Ausgaben für die allgemeine Verwaltung anzufallen, die Gesamtausgaben ändern sich jedoch nicht signifikant. Auch eine Erhöhung der Leistungsqualität der Kommunen ist nicht nachweisbar.[170] Rösel (2017) analysiert die Kreisgebietsreform in Sachsen und kann ebenfalls keine positiven Skaleneffekte nachweisen.[171]

Andererseits gibt es auch einige Forschungsarbeiten, die **eindeutig Größenvorteile identifizieren**: Reingewertz (2012) kann für Gemeinden in Israel deutliche Kosteneinsparungen durch Fusionen nachweisen und bezieht dabei Pro-Kopf-Ausgaben, Pro-Kopf-Einnahmen und die Pro-Kopf-Verschuldung der Gemeinden mit ein.[172] Blom-Hansen et al. (2014) konzentrieren sich mit ihrem dänischen Datensatz auf die Verwaltungskosten. Ihre Ergebnisse deuten auf positive Skalenerträge durch Fusionen hin,

[163] Vgl. Lüchinger/Stutzer 2002, 40ff.
[164] Vgl. Thater 2009, S. 20.
[165] Vgl. Eck/Steinbrecher/Thater 2012, S. 17.
[166] Vgl. Moisio/Uusitalo 2013, 163f.
[167] Vgl. Callanan/Murphy/Quinlivan 2014, S. 389ff.
[168] Vgl. Allers/Geertsema 2016, 15ff.
[169] Vgl. Blom-Hansen et al. 2016, 819ff; Blom-Hansen 2010, S. 67.
[170] Vgl. Studerus 2016, 15ff.
[171] Vgl. Rösel 2017, S. 18.
[172] Reingewertz 2012, 10ff.

die in der allgemeinen Verwaltung auftreten.[173] Avellaneda und Gomes (2015) nutzten das Pro-Kopf-Steueraufkommen brasilianischer Gemeinden als abhängige Variable und stellen fest, dass einwohnermäßig größere Gemeinden besser in der Lage sind Steuern zu erheben.[174] Blesse/Baskaran (2016) untersuchen die Gemeindegebietsreform in Brandenburg. Sie zeichnen ein differenziertes Bild von den Fusionseffekten. Die Verwaltungsausgaben sinken signifikant. Das Gesamtpersonal der Gemeinden und die Höhe der laufenden Ausgaben nehmen jedoch nicht ab. Da es in Brandenburg sowohl freiwillige Zusammenschlüsse als auch Zwangsfusionen gab, unterscheiden die Autoren nach Fusionsart und stellen fest, dass vor allem Zwangsfusionen zu Einsparungen bei Verwaltungsausgaben geführt haben. Starke, aber nicht signifikante Kostensenkungen bei Zwangsfusionen stehen geringeren Kostensenkungen bei freiwilligen Fusionen gegenüber. Die Kosteneinsparungen sind größer, je mehr Fusionspartner beteiligt sind. Und schließlich konnten bei Eingliederungen stärkere Kostensenkungen realisiert werden als bei Neubildungen oder Mischfusionen.[175] Cobban (2017) findet heraus, dass auch im Falle der kanadischen Gebietsreform eine größere Gemeinden zu niedrigeren Pro-Kopf-Personalausgaben in der allgemeinen Verwaltung führten.[176]

Pickering et al. (2016) gehen einen völlig anderen Weg. Anstatt sich auf die Quantifizierung von Größenvorteilen zu konzentrieren, untersuchen sie für die Gebietsreform in Japan, ob sich die Ressourcenverteilung zwischen den Ortsteilen, die vor der Fusion selbstständige Gemeinden waren, verändert. Sie zeigen, dass insbesondere in ländliche Gemeinden, die in größere Städte eingegliedert wurden, die Höhe der öffentlichen Ausgaben abnimmt. Die Ausgaben innerhalb der Neubildungen konzentrieren sich auf die urbaneren Gebiete. Die Autoren raten daher von Eingliederungen ab, bei denen ländliche Umlandgemeinden in Städte integriert werden.[177] Frei et al. (2018) nutzen einen Datensatz mit allen deutschen Städten ab 20.000 Einwohnern und untersuchen für den Zeitraum 1950 bis 2012 die kommunalen Ausgaben. Sie stellen fest, dass mittelgroße Städte bei Bevölkerungsrückgang zu steigenden Pro-Kopf-Ausgaben neigen. Die Autoren führen dies jedoch nicht auf negative Skaleneffekte zurück, sondern auf Kostenremanenzen, also Verzögerungen beim Personalabbau und beim Abbau bestehender Infrastrukturen.[178] Boetti et al. (2012) stellen anhand von Gemeindedaten aus der italienischen Region Turin fest, dass Gemeinden, die eine höhere Finanzautonomie genießen, effizienter arbeiten.[179] Bhatti et al. (2015) untersuchen die Auswirkungen der strukturellen Umbrüche im Rahmen einer

[173] Vgl. Blom-Hansen/Houlberg/Serritzlew 2014, 797ff.
[174] Vgl. Avellaneda/Gomes 2015, S. 144f.
[175] Vgl. Blesse/Baskaran 2016, 19ff.
[176] Vgl. Cobban 2017, 17ff.
[177] Vgl. Pickering/Tanaka/Yamada 2016, 18ff.
[178] Vgl. Frei/Ragnitz/Rösel 2018, S. 59ff.
[179] Vgl. Boetti/Piacenza/Turati 2012, S. 298f.

Gemeindegebietsreform auf den Gesundheitszustand des Gemeindepersonals und können keine Verschlechterung feststellen.[180] Foged (2016) erforscht das Outsourcingverhalten von Gemeinden in Abhängigkeit von ihrer Größe und stellt fest, dass ein negativer Zusammenhang zwischen Bevölkerungstand und Ausgliederung von Dienstleistungen mit hohen Fixkosten besteht. Ein positiver Zusammenhang besteht bei Dienstleistungen, deren Output schwierig zu messen ist.[181]

Einige Arbeiten fokussieren auf räumliche Interaktion zwischen Gemeinden:[182] Allers und Elhorst (2005) führen eine räumliche Wechselwirkungsmatrix ein und zeigen, dass das Besteuerungsverhalten von Gemeinden in den Niederlanden abhängig ist vom Besteuerungsverhalten der angrenzenden Gemeinden.[183] Geys (2006) nutzt eine Effizienzanalyse für belgische Gemeinden und zeigt anhand der Effizienzwerte, dass Nachbarschaftseffekte existieren.[184] Gordon und Knight (2009) erfassen räumliche Abhängigkeiten, und entwickeln daraus einen Schätzer um geeignete Fusionspartner zu identifizieren.[185] Auch Bikker und van der Linde (2016) zeigen, dass es räumliche Abhängigkeiten zwischen den von ihnen ermittelten Effizienzwerten gibt.[186]

Schließlich gibt es noch einige Studien, die sich mit Common-Pool-Effekten beschäftigen und diese im Wesentlichen bestätigen: Gemeinden verändern ihr Ausgabe- und Verschuldungsverhalten in Erwartung einer Gemeindefusion. Diese Arbeiten untersuchen also vornehmlich den Fusionsprozess und etwaige zusätzliche Kosten, die durch Gemeindefusionen entstehen können. Jordahl/Liang (2009) zeigen für die Gemeindegebietsreform in Schweden in den 1950er Jahren, dass sich der Schuldenstand der Gemeinden in den letzten drei Vorfusionsjahren signifikant erhöht hat.[187] Hansen (2014) bestätigt dieses Ergebnis mit einem Datensatz für Dänemark für das letzte Vorfusionsjahr.[188] Feld und Fritz (2015) zeigen anhand der Gemeindegebietsreform in Baden-Württemberg in den 1970ern, dass Common-Pool-Effekte stärker sind, je mehr Fusionspartner beteiligt sind und dass sie bei Eingliederungen stärker sind als bei Neubildungen.[189] Auch Saarimaa/Tukianien (2015) resümieren für die finnische Gebietsreform, dass Gemeinden in der Vorfusionsphase Reserven aufbrauchten und ihre

[180] Vgl. Bhatti/Gørtz/Holm Pedersen 2015, 1197ff.
[181] Vgl. Foged 2016, 362ff.
[182] Für einen Überblick über die Empirie zu räumlichen Effekten vgl. Revelli 2005. Zur strategischen Interaktion zwischen Gemeinden vgl. Brueckner 2003.
Für räumliche Effekte bei Gemeindefusionen in Deutschland vgl. Egger/Koethenbuerger/Loumeau 2017.
[183] Vgl. Allers/Elhorst 2005, S. 501ff.
[184] Vgl. Geys 2006, S. 457f.
[185] Vgl. Gordon/Knight 2009, S. 763.
[186] Vgl. Bikker/van der Linde 2016, S. 459.
[187] Vgl. Jordahl/Liang 2009, 13ff.
[188] Vgl. Hansen 2014, 13ff.
[189] Vgl. Feld/Fritz 2015, 11ff.

Verschuldung erhöhten. Die Mittel wurden vor allem für zusätzliche Investitionen und im laufenden Budget eingesetzt.[190]

4.3 Bestimmung des Skalenoptimums

Die Diskussion um eine optimale Größe von Gemeinden ist nicht neu.[191] Rosenfeld et al. (2007) weisen darauf hin, dass in der Verwaltungswissenschaft durchaus Konsens darüber herrscht, dass die optimale Betriebsgröße einer Verwaltung existiert, sie aber in Abhängigkeit von der einzelnen Aufgabe bestimmt werden muss und sich daraus für jede Aufgabe ein separates Optimum ergibt. Darüber hinaus sei bei eindeutiger Zuordnung von Aufgabe und Verwaltungsmitarbeiter die Effizienz dann am größten, wenn der Mitarbeiter maximal ausgelastet ist.[192]

Konkrete Versuche, dieses Optimum empirisch zu bestimmen, unternehmen Solé-Ollé und Bosch (2005). Sie schätzen den Zusammenhang von Ausgaben spanischer Gemeinden in Abhängigkeit vom Bevölkerungsstand und beziehen dabei zahlreiche exogene Variablen ein. Sie finden einen u-förmigen Zusammenhang mit einem Minimum der Pro-Kopf-Ausgaben bei etwa 5.000 Einwohnern.[193] Breunig und Rocaboy (2008) versuchen mit Daten französischer Gemeinden ebenfalls ein Skalenoptimum zu schätzen, können aber lediglich eindeutig positive Skalenerträge für sehr kleine Gemeinden nachweisen.[194] Junkernheinrich et al. (2010) versuchen die optimale Größe für Verbandsgemeinden in Rheinland-Pfalz mittels Varianzanalyse zu schätzen. Sie identifizieren die Unterschiede in den Pro-Kopf-Zuschussbedarfen für die allgemeine Verwaltung einer Verbandsgemeinde, indem sie die Beobachtungen an jeder Gemeindegröße teilen. Die beiden entstehenden Gruppen werden hinsichtlich der Untersuchungsvariable auf Varianzunterschiede getestet. Es ergeben sich zwei Schwellwerte mit auffällig hoher Teststatistik bei etwa 10.000 Einwohnern und etwa 13.000 Einwohnern. Die Autoren folgern, dass sich zwischen beiden Bevölkerungsständen der skalenoptimale Bereich befindet.[195] Geys et al. (2013) führen eine parametrische Effizienzanalyse für Einheitsgemeinden in Baden-Württemberg durch und identifizieren ein Skalenoptimum zwischen 6.000 und 9.000 Einwohnern.[196] Haug (2013) führt eine DEA für Gemeinden und Gemeindeverbände in Sachsen-Anhalt durch und identifiziert den skalenoptimalen Bereich bei 8.000 bis 10.000 Einwohnern. Er zeigt ferner, dass die Verwaltungsgemeinschaften in Sachsen-Anhalt keinen signifikanten

[190] Vgl. Saarimaa/Tukianien 2015, 13ff.
[191] Bereits King (1994) entwickelt ein theoretisches Modell zu Bestimmung der optimalen Gemeindegröße.
[192] Vgl. Rosenfeld et al. 2007, S. 58.
[193] Vgl. Solé-Ollé/Bosch 2005, S. 376.
[194] Vgl. Breunig/Rocaboy 2008, S. 443.
[195] Vgl. Junkernheinrich et al. 2010, S. 111f.
[196] Vgl. Geys/Heinemann/Kalb 2013, S. 289.

Effizienzunterschied zu den Einheitsgemeinden aufweisen.[197] Widmer et al. (2013) nutzen ebenfalls eine DEA und bestimmen damit die optimale Größe schweizerischer Kantone.[198] Die Arbeiten von Widmer et al. (2013) und Haug (2013) analysieren die gewonnen Effizienzwerte bereits in Zeitreihen. Jedoch werden keine Werte vor und nach Gemeindefusionen verglichen, sondern ausschließlich Vorfusionsbeobachtungen verwendet. Auffällig ist zudem, selbst bei den Arbeiten, die eine DEA mit mehreren Outputs verwenden, der starke Fokus auf die Bestimmung des Optimums ausschließlich bezogen auf den Bevölkerungsstand.

4.4 Methodische Umsetzung der Difference-in-Differences Analysen

Um eine politische Maßnahme hinsichtlich ihrer Wirksamkeit auf eine bestimmte Zielvariable hin evaluieren zu können, wären die Bedingungen eines Laborexperimentes ideal. In der Laborforschung ist es möglich, Versuchs- und Kontrollgruppen zu bilden und Untersuchungseinheiten zufällig der einen oder anderen Gruppe zuzuordnen.[199] Im Zuge einer Gebietsreform würde dies bedeuten, dass die Landesregierung beschließt, einen Teil der kreisangehörigen Gemeinden in Thüringen zu fusionieren und einen anderen Teil unverändert zu lassen. Welche Gemeinden fusionieren müssten, würde durch das Los bestimmt werden. Da diese Bedingungen nicht erfüllt sind, können die bereits stattgefundenen Gemeindefusionen nicht als natürliches Experiment behandelt werden. Es existieren zwar fusionierte Gemeinden und nicht fusionierte Gemeinden, aus denen sich Versuchs- und Kontrollgruppe bilden lassen, aber ihre Verteilung genügt nicht den Ansprüchen an ein Experiment. In den folgenden Abschnitten werden die verschiedenen, in der Literatur verwendeten Modelle und der Umgang mit diesem grundsätzlichen Problem diskutiert.

4.4.1 Modellvarianten

Der Difference-in-Differences Ansatz wurde in Kapitel 2.4.4 bereits kurz intuitiv vorgestellt. Er lässt sich formal in einem Regressionsmodell beschreiben:

$$Y_{it} = \alpha + \beta_1 VG_i + \beta_2 Post_t + \beta_3 VG_i Post_t + \varepsilon_{it} \quad (4.1)$$

[197] Vgl. Haug 2013, S. 325.
[198] Vgl. Widmer/Elias/Zweifel 2013, S. 304f.
[199] Vgl. Meyer 1995, S. 9.

Y_i enthält die beobachtete, endogene Variable für Gemeinde i zu einem bestimmten Zeitpunkt. VG_i ist eine Dummy-Variable, welche den Wert Eins zugewiesen bekommt, falls die Gemeinde i zur Versuchsgruppe gehört und im Beobachtungszeitraum fusioniert hat. Ansonsten hat sie den Wert Null. Die Variable $Post_t$ ist ebenfalls eine Dummy-Variable, die den Wert Eins zugewiesen bekommt, wenn der Zeitpunkt der Beobachtung nach der Fusion liegt, ansonsten erhält sie den Wert Null. Der Koeffizient β_1 erfasst die Unterschiede zwischen den Mittelwerten der Versuchs- und Kontrollgruppe. Der Koeffizient β_2 hingegen erfasst die Unterschiede zwischen den Mittelwerten aller Beobachtungen vor der Fusion im Vergleich zum Zeitpunkt nach der Fusion. ε ist das Residuum. Der zum Interaktionsterm gehörende Koeffizient β_3 gibt den mittleren Fusionseffekt wieder. Er ist der eigentliche DiD-Schätzer.

Würden sowohl die Kontrollgruppe als auch die Versuchsgruppe aus Gemeinden bestehen, die niemals fusioniert haben, müsste β_3 den Wert Null annehmen. Alle von Null abweichenden Ergebnisse wären durch andere, unerwünschte Einflüsse entstanden.[200] Damit sowohl Versuchsgruppe als auch Kontrollgruppe den gemeinsamen Trend enthalten und sich der eigentliche Fusionseffekt im DiD-Schätzer isolieren lässt, muss die Zuordnung zur Versuchsgruppe entweder zufällig sein, sodass beide Gruppen statistisch durchmischt sind und dem gleichen Trend folgen oder die Gemeinden in beiden Gruppen müssen sehr ähnliche Eigenschaften aufweisen. Dieses Problem ist bei freiwilligen Gemeindezusammenschlüssen wie im Falle Thüringens nicht zu unterschätzen: Park (2013) untersucht in diesem Zusammenhang Gebietsreformen als Instrument zur finanziellen Konsolidierung von Gemeinden.[201] Es ist durchaus möglich, dass besonders finanzschwache oder besonders ineffiziente Gemeinden bereitwillig Gemeindezusammenschlüsse eingehen. Bruns et al. (2015) zeigen darüber hinaus am Beispiel der Gemeindegebietsreform in Brandenburg, dass die Mehrheitsverhältnisse in der lokalen Politik signifikanten Einfluss auf die Entscheidung zum freiwilligen Gemeindezusammenschluss ausüben.[202] Es ist also von großer Bedeutung, zu zeigen, dass zumindest der Trend vor der Fusion in Versuchs- und Kontrollgruppe gleich war und es müssen im Modell zeitvariante Eigenschaften der Gemeinden als Kontrollvariablen einfügt werden.[203]

[200] Modellbeschreibung vgl. Meyer 1995, 15f; Das grundlegende Modell wird verwendet von Lüchinger/Stutzer 2002, S. 41; Jordahl/Liang 2009, S. 11; Reingewertz 2012, S. 9; Moisio/Uusitalo 2013, 152f; Allers/Geertsema 2016, S. 10; Blesse/Baskaran 2016, S. 16; Pickering/Tanaka/Yamada 2016, 14f; Studerus 2016, S. 15; Steiner/Kaiser 2017, 240ff sowie Tavares/Rodrigues 2018, S. 9.

[201] Park (2013) untersucht in diesem Zusammenhang Gebietsreformen als Instrument zur finanziellen Konsolidierung von Gemeinden (Vgl. Park 2013, 208f.).

[202] Vgl. Bruns/Freier/Schumann 2015, S. 20ff.

[203] Vgl. Blesse/Baskaran 2016, S. 3.

Es besteht darüber hinaus die Gefahr, dass die Werte einer Gemeinde im Zeitverlauf eine starke Autokorrelation aufweisen. Daher wird in der Regel eine nach Gemeinden geclusterte OLS-Schätzung durchgeführt.[204] Zudem muss bei der Schätzung mit monetären Größen eine Inflationsbereinigung durchgeführt werden.[205]

Abbildung 4-1 stellt das Grundmodell einer DiD schematisch dar. Die Beobachtungsobjekte sind die Gemeinden A bis H, für die jeweils zu mehreren Zeitpunkten Beobachtungen vorliegen. Die Gemeinden A bis E sind der Versuchsgruppe zugeordnet. Die Gemeinden F bis H sind der Kontrollgruppe zugeordnet. Die unterschiedliche Anzahl von Gemeinden in beiden Gruppen hat keine Bedeutung und könnte auch beliebig anders ausfallen. Die verfügbare Zeitreihe erstreckt sich von Jahr t bis zum Jahr t+n. Jeder schwarze Punkt repräsentiert eine Beobachtung für eine bestimmte Gemeinde in einem bestimmten Jahr.

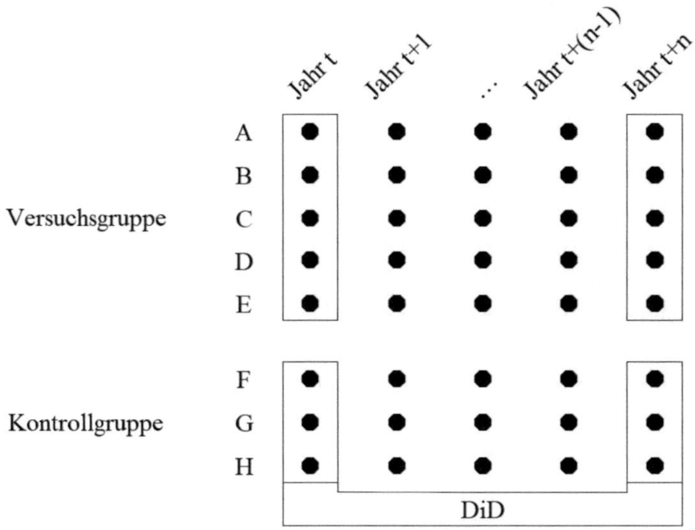

Abbildung 4-1: Grundschema DiD-Modell[206]

[204] Vgl. beispielhaft Blom-Hansen/Houlberg/Serritzlew 2014, S. 797; Feld/Fritz 2015, S. 8; Blesse/Baskaran 2016, S. 17.
[205] Vgl. Allers/Geertsema 2016, S. 13; Blom-Hansen et al. 2016, S. 819; Blesse/Baskaran 2016, S. 14; Cobban 2017, S. 15.
[206] Quelle: Eigene Darstellung.

Die Difference-in-Differences Methode bildet nun, wie schon in Kapitel 2.4.4 diskutiert, die doppelte Differenz aus den Mittelwerten der Beobachtungen von Kontroll- und Versuchsgruppe sowie zum Zeitpunkt t+n und t.

Im grundlegenden Modell aus Gleichung (4.1) werden nur zwei einzelne Zeitpunkte für die Differenzenbildung herangezogen. Wenn sich der Effekt jedoch über einen bestimmten Zeitraum erstreckt oder nicht klar ist, wann der zu ermittelnde Effekt eintritt, kann das Modell auf mehrere Beobachtungszeitpunkte vor und nach der Fusion erweitert werden:[207] Dazu wird für jeden zusätzlichen Zeitpunkt eine weitere Dummyvariable $Post_t$ eingeführt, die nur den Wert Eins annimmt, wenn die Beobachtung den erwünschten Zeitpunkt repräsentiert. Zudem muss für jeden zusätzlichen Beobachtungszeitpunkt ein Interaktionsterm $VG_i * Post_t$ ergänzt werden.[208] Diese Erweiterung hat den Nachteil, dass das Modell dann deutlich mehr Koeffizienten hat, da mit jedem zusätzlichen Beobachtungszeitpunkt zwei Koeffizienten hinzukommen.

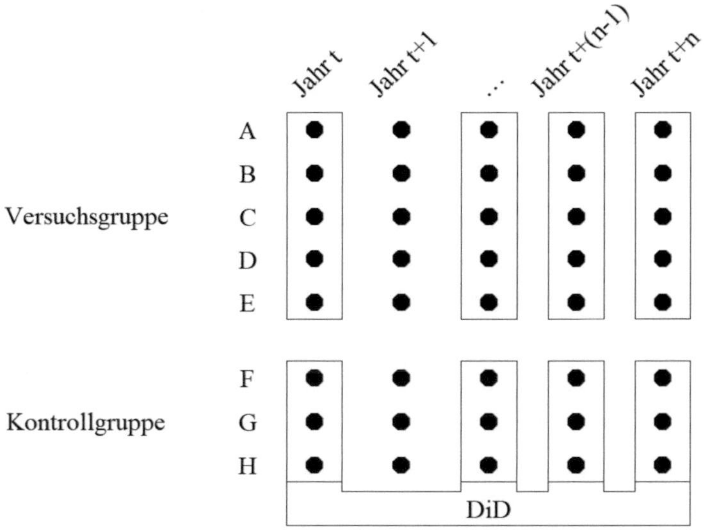

Abbildung 4-2: Schema DiD-Modell mit Jahresdummies[209]

[207] Vgl. Meyer 1995, 27f.
[208] Modelle mit Jahresdummies nutzen: Jordahl/Liang 2009, S. 13; Blom-Hansen/Houlberg/Serritzlew 2014, S. 795; Hansen/Houlberg/Holm Pedersen 2014, 202f; Blom-Hansen et al. 2016, 818f; Foged 2016, 357ff; Cobban 2017, S. 17.
[209] Quelle: Eigene Darstellung.

Abbildung 4-2 stellt das erweiterte Modell schematisch dar. Mit Ausnahme des Jahres t+1 sind in diesem Modell alle Jahre mit zusätzlichen Dummies und Interaktionsvariablen integriert. Es ergeben sich für alle einbezogenen Jahre DiD-Schätzer.

4.4.2 Bildung der Versuchsgruppe (Bildung der Vorfusionsgemeinden)

Bei der Bildung der Versuchsgruppe besteht das Problem darin, dass für aufgelöste Altgemeinden ab dem Zeitpunkt der Fusion keine Daten mehr vorliegen. Umgekehrt existieren für Neubildungen keine Daten für den Zeitraum vor der Fusion. Abbildung 4-3 veranschaulicht dieses Problem. Im ersten Fall schließen sich die Gemeinden C und D im Laufe des Beobachtungszeitraumes zur Gemeinde E zusammen. Für alle Beobachtungszeitpunkte nach der Fusion liegen für die Gemeinden C und D keine Beobachtungen mehr vor. Für die Neubildung E liegen erst Beobachtungen nach der Fusion vor. Im zweiten Fall gliedert die Gemeinde B im Laufe des Beobachtungszeitraumes die Gemeinde A ein. Für Gemeinde A liegen nach der Fusion keine Daten mehr vor. Für Gemeinde B liegen weiterhin Daten vor, die jedoch dem Input- und Outputvolumen der Altgemeinden A und B zusammen entsprechen und insofern ebenfalls nicht mehr mit den Beobachtungswerten der Altgemeinde B vergleichbar sind.

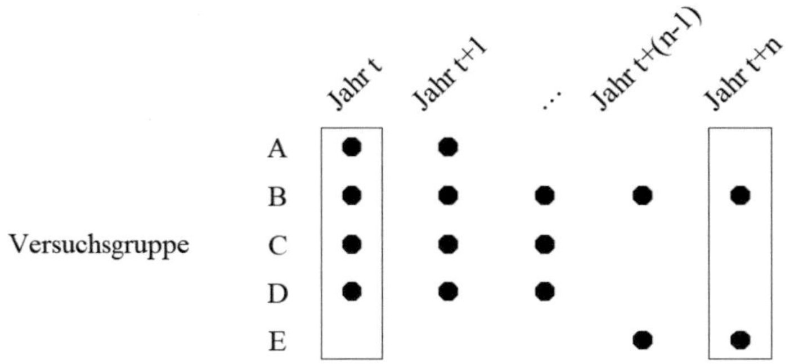

Abbildung 4-3: Bildung der Versuchsgruppe[210]

Es gibt verschiedene Möglichkeiten, mit diesem Problem umzugehen. Die einfachste Möglichkeit besteht darin, der Versuchsgruppe alle Gemeinden zuzuordnen, die im Beobachtungszeitraum an einem Fusionsprozess beteiligt waren. Zum Zeitpunkt t enthielte die Versuchsgruppe dann die Beobachtungswerte für die Altgemeinden A, B, C und D. Zum Zeitpunkt t+n wären in der Versuchsgruppe die Beobachtungswerte für die

[210] Quelle: Eigene Darstellung.

Neubildungen B und E enthalten. Diese Vorgehensweise ist geeignet, wenn die untersuchte Inputvariable hinsichtlich des Outputs der zugehörigen Gemeinde normiert ist. Dies erreichen die meisten Autoren durch die Verwendung von Pro-Kopf-Ausgaben in der DiD.[211] Tatsächlich basieren die Mittelwerte für den Zeitpunkt t vor der Fusion und den Zeitpunkt t+n nach der Fusion dadurch aber auf verschiedenen Einheiten, was zu einer Verzerrung der Ergebnisse führen kann.[212]

Eine andere Möglichkeit, die Versuchsgruppe zu bilden besteht darin, durchgehende Beobachtungen für einzelne Gemeinden zu generieren. Dies ist ohne Aggregationsaufwand möglich, indem die Werte der Postfusionsgemeinden ausschließlich mit den Werten der einwohnerstärksten Vorfusionsgemeinde verglichen werden. Insbesondere bei Eingliederungen ist zu erwarten, dass der größte Fusionspartner den Fusionsprozess dominiert und damit die Effekte für den überwiegenden Teil der betroffenen Bevölkerung erfasst werden können.[213] Am Beispiel von Abbildung 4-3 würde dies bedeuten, dass lediglich das beobachtete Merkmal von Altgemeinde B zum Vergleich mit der Postfusionsgemeinde B herangezogen würde. Im Falle der Fusion von C und D wäre bei einer einwohnerstärkeren Altgemeinde C nur diese die Vergleichsgemeinde für die Neubildung E. Die Versuchsgruppe enthielte im Jahr t also die Gemeinden B und C und im Jahr t+n die Gemeinden B und E. Der Nachteil dieser Vorgehensweise besteht darin, dass die Eigenschaften der kleineren Fusionspartner gar nicht mehr in die Analyse eingehen.

Um alle Fusionspartner einzubeziehen, können die Beobachtungswerte der Altgemeinden zusammengefasst werden. Dazu können die Beobachtungsvariablen nach Bevölkerungsstand der Altgemeinde gewichtet aggregiert werden.[214] Auch eine Gewichtung anhand anderer Kriterien – beispielsweise Gesamtausgabenvolumen – wäre denkbar. Dabei stellt der Gewichtungsfaktor aber stets eine implizite Annahme über den Output der Gemeinden dar.

Die dritte und in der aktuellen Forschung am häufigsten genutzte Möglichkeit der Zusammenfassung besteht in der Aufsummierung der beobachteten Merkmale der Altgemeinden für alle Zeitpunkte vor der Fusion.[215] Die Altgemeinden werden wie eine einzelne Vorfusionsgemeinde behandelt.

Neben der Aggregation von Daten in der Vorfusionphase ist es unabhängig davon möglich, eine kontinuierliche Variable für die Versuchsgruppe zu verwenden anstatt einer Dummy-

[211] Diese Vorgehensweise wählen Allers/Geertsema 2016.
[212] Vgl. dazu auch Fritz/Feld 2016, S. 9.
[213] Steiner/Kaiser 2017 argumentieren so und wählen diese Vorgehensweise.
[214] Vgl. Foged 2016, 357f.
[215] Vgl. für diese Vorgehensweise: Feld/Fritz 2015, S. 10; Blom-Hansen/Houlberg/Serritzlew 2014, S. 796; Hansen/Houlberg/Holm Pedersen 2014, 202f; Moisio/Uusitalo 2013, S. 155; Reingewertz 2012, 5ff.

Variable. Jordahl/Liang (2009) verwenden eine kontinuierliche Variable, die allerdings den Wert Null bekommt, wenn die beobachtete Einheit nicht zur Versuchsgruppe gehört.[216]

Hansen (2014) verwendet Subsamples innerhalb der Versuchsgruppe. D. h. er führt seine Schätzungen mit Teilmengen der Versuchsgruppe durch. Dies ist sinnvoll, wenn es innerhalb der Versuchsgruppen verschiedene Teilgruppen gibt, bei denen womöglich zu erwarten ist, dass der Fusionseffekt unterschiedlich stark ausfällt.[217] Dies kann sich sowohl auf die Art der Fusion (Eingliederung, Neubildung) als auch auf die Art der Gemeinde (selbstständige Gemeinde, Verwaltungsgemeinschaft) beziehen.

4.4.3 Bildung der Kontrollgruppe

Die einfachste Möglichkeit zur Bildung der Kontrollgruppe besteht darin, alle Gemeinden zusammenzufassen, die im Beobachtungszeitraum nicht fusioniert haben.[218] Es ist allerdings problematisch, dass die Zuordnung zur Versuchsgruppe und zur Kontrollgruppe in vielen Fällen nicht zufällig stattgefunden hat. Bei freiwilligen Fusionen kann es bestimmte Gründe geben, aus denen sich die Gemeinden für einen Zusammenschluss entscheiden. Es ist durchaus plausibel, dass insbesondere finanziell angeschlagene Gemeinden fusionieren, um sich finanziell zu konsolidieren.[219] Finanzielle Anreize seitens höherer staatlicher Ebenen könnten einen solchen Effekt noch verstärken. Bei Zwangsfusionen liegt die Entscheidung über die Verpflichtung zum Zusammenschluss von Gemeinden bei einer höheren staatlichen Ebene. Warum bestimmte Gemeinden fusionieren müssen und andere nicht, wird dennoch aufgrund von Kriterien festgelegt und nicht durch das Los bestimmt. In beiden Fällen besteht daher die Gefahr, dass Versuchs-und Kontrollgruppe sich statistisch unterscheiden und dadurch die Schätzung kausaler Effekte nicht möglich ist.[220]

Bei einigen Gebietsreformen wurden nicht alle Zwangsfusionen tatsächlich durchgeführt. Es existieren also Gemeinden, die bereits von der höheren staatlichen Ebene für eine Fusion ausgewählt wurden und bei denen es dann aber doch nicht zur Auflösung kam. Eine solche Gruppe von Gemeinden bildet unter Umständen eine sehr gute alternative Kontrollgruppe, da sie ja womöglich die gleichen Eigenschaften wie die tatsächlich aufgelösten Altgemeinden aufweist.[221]

---

[216] Vgl. Jordahl/Liang 2009, S. 12.
[217] Vgl. Hansen 2014, 8f; Meyer 1995, S. 29.
[218] Vgl. Jordahl/Liang 2009, 8f; Reingewertz 2012, 7f; Blom-Hansen/Houlberg/Serritzlew 2014, 796f; Hansen/Houlberg/Holm Pedersen 2014, 202f; Feld/Fritz 2015, 7f.
[219] Vgl. Cobban 2017, S. 3.
[220] Für eine kompakte Diskussion dieser Probleme vgl. Feld/Fritz 2015, S. 9.
[221] Vgl. Reingewertz 2012, S. 3; Allers/Geertsema 2016, S. 9.

Der dritte, von mehreren Autoren beschrittene, Weg besteht darin, mittels Matching-Verfahren aus der Menge der nicht-fusionierten Gemeinden eine Kontrollgruppe zu konstruieren, welche die gleichen statistischen Eigenschaften wie die Versuchsgruppe aufweist.[222]

Meyer (1995) regt an, grundsätzlich mit mehreren Kontrollgruppen zu arbeiten. Diese sollten sich nach Möglichkeit statistisch unterscheiden, um die geschätzten Effekte besser bewerten und vergleichen zu können. Eine Kontrollgruppe sollte hinsichtlich ihrer statistischen Eigenschaften eine möglichst große Ähnlichkeit zur Versuchsgruppe aufweisen und sich statistisch möglichst stark von den anderen verwendeten Kontrollgruppen unterscheiden. Je mehr solcher Kontrollgruppen gebildet werden können, desto besser lassen sich Verzerrungen im geschätzten Effekt ausschließen.[223]

Eine Besonderheit einiger Gebietsreformen, die auch die in dieser Arbeit untersuchten Fusionen in Thüringen betrifft, besteht darin, dass die Fusionszeitpunkte über eine längere Zeitperiode verteilt sind. Während Reformprojekte mit Zwangsfusionen oft zu einem einzigen Stichtag durchgeführt werden können, finden freiwillige Fusionen in der Regel zeitlich versetzt statt. Dies hat Auswirkungen auf die Bildung der Kontrollgruppe: Es gibt keinen einheitlichen Zeitpunkt, zu dem die Beobachtungen der Versuchsgruppe den Postfusionsstatus erreichen. Bei einem eins zu eins Matching, bei dem jeder Fusionsgemeinde eine einzelne Kontrollgemeinde zugeordnet ist, kann der Fusionszeitpunkt der Versuchsgruppengemeinde einfach für die zugehörige Kontrollgruppengemeinde übernommen werden. Ansonsten muss für die gesamte Kontrollgruppe ein Zeitpunkt festgelegt werden, ab dem die Beobachtungen als Postfusion gewertet werden. Blesse/Baskaran (2016) legen fest, dass der Postfusion-Dummy gleich Eins gesetzt wird, wenn die letzte Fusion stattgefunden hat, d. h. im ersten Jahr nach der letzten Fusion.[224] Allers/Geertsema (2016) bilden eine ihrer Kontrollgruppen aus Gemeinden, die nicht im selben Jahr wie die Versuchsgruppengemeinden fusioniert haben. Teil der Versuchsgruppe sind also immer nur Gemeinden, die in einem bestimmten Jahr

[222] Vgl. Lüchinger/Stutzer 2002, S. 36: „Händisches" Matching anhand der Merkmale Bevölkerungsstand, Ausländeranteil, Bevölkerung über 65 Jahre, Erwerbstätige, Anteil Auspendler, Anteil Einpendler und Pro-Kopf-Ausgaben in laufender Rechnung und Investitionsrechnung. Anschließend testen die Autoren auf gleiche Mittelwerte bei den Merkmalen. Einen Überblick zu statistischen Matching-Verfahren findet sich bei Caliendo/Kopeinig 2008. Solche Verfahren nutzen auch Moisio/Uusitalo 2013, 153f; Studerus 2016; Steiner/Kaiser 2017. Hainmueller (2012) schlägt das Entropy-Balancing-Verfahren vor, welches eine Kontrollgruppe konstruiert, die den gleichen Mittelwert, die gleiche Varianz und die gleiche Kurtosis aufweist wie die Versuchsgruppe (vgl. Hainmueller 2012).

[223] Vgl. Meyer 1995, 25f.

[224] Vgl. Blesse/Baskaran 2016, S. 17.

fusioniert haben und in der Kontrollgruppe alle Anderen.[225] Beide Vorgehensweisen sind ein Kompromiss, der zu Verzerrungen führen kann.

4.4.4 Erfassung gruppenspezifischer Charakteristika in Kontrollvariablen

Verzerrungen im DiD-Schätzer, die aus Unterschieden zwischen Versuchs- und Kontrollgruppe resultieren, können durch die Verwendung von exogenen Kontrollvariablen reduziert werden. Dazu wird das Grundmodell aus Gleichung (4.1) um einen Vektor verschiedener Variablen erweitert.[226]

$$Y_i = \alpha + \beta_1 VG_i + \beta_2 Post_i + \beta_3 VG_i * Post_i + \sum^{k} \beta_k X_k + \varepsilon_i \tag{4.2}$$

In der aktuellen Forschung lassen sich sechs Variablentypen identifizieren, die in DiD-Modellen oft als exogene Kontrollvariablen eingehen. Es handelt sich um Variablen, die

- **Größenunterschiede** der Gemeinden berücksichtigen,
- Besonderheiten der **Siedlungsstruktur** erfassen,
- mit der **Finanzkraft** der Gemeinden im Zusammenhang stehen,
- die **demografische Struktur** der Gemeindebevölkerung abbilden
- **Einkommen und soziale Probleme** innerhalb der Gemeinden erfassen,
- und Spezifika der **Lokalpolitik** berücksichtigen.

Die Größenunterschiede zwischen den Gemeinden werden in der Regel über den Bevölkerungsstand[227] abgebildet. In manchen Arbeiten wird auch die Änderung des Bevölkerungsstandes,[228] der logarithmierte Bevölkerungsstand[229] oder der quadrierte Bevölkerungsstand[230] verwendet.

---

[225] Vgl. Allers/Geertsema 2016, S. 9.
[226] Vgl. Meyer 1995, S. 22.
[227] Vgl. Jordahl/Liang 2009, S. 9; Reingewertz 2012, S. 9; Moisio/Uusitalo 2013, S. 156; Feld/Fritz 2015, S. 8; Allers/Geertsema 2016, S. 15 Blesse/Baskaran 2016, S. 17.
[228] Vgl. Jordahl/Liang 2009, S. 9.
[229] Vgl. Cobban 2017, S. 21.
[230] Vgl. Blesse/Baskaran 2016, S. 17.

Neben der Berücksichtigung von reinen Größenunterschieden werden zum Teil Variablen einbezogen, welche die Siedlungsstruktur genauer erfassen. Am häufigsten wird die Bevölkerungsdichte[231] verwendet. Es finden sich aber auch vereinzelt Modelle mit anderen Kontrollvariablen wie Bodenfläche, einem Dummy für Bergregionen, einer Variable für die Entfernung der Gemeinde zur Hauptstadt[232] und einem Index für die Zersiedlung[233] von Gemeinden.

Zu den Finanzkraftvariablen gehören insbesondere das Steueraufkommen[234] oder die Änderung des Steueraufkommens, das Verhältnis von Finanzbedarf und tatsächlichem Steueraufkommen,[235] die Höhe der Schlüsselzuweisungen,[236] die Höhe der zweckgebundenen Zuweisungen,[237] der Schuldenstand[238] und ob die Gemeinde unter Zwangsverwaltung[239] einer höheren staatlichen Ebene steht.

Als demografische Variablen wurden der Anteil älterer Menschen[240] und der Anteil jüngerer Menschen[241] in DiD-Modellen verwendet. Zu Erfassung der Einkommensstruktur und als Indikator für etwaige soziale Probleme wurden das Pro-Kopf-Einkommen,[242] die Anzahl der Auspendler,[243] die Anzahl der Erwerbstätigen,[244] die Arbeitslosenquote,[245] die Anzahl der Bezieher von Arbeitslosengeld und Sozialhilfe,[246] die Anzahl der Sozialwohnungen und die Anzahl Alleinerziehender auf Gemeindeebene[247] in Modelle als Kontrollvariablen integriert. Als lokalpolitische Kontrollvariablen finden sich in einigen

[231] Vgl. Feld/Fritz 2015, S. 10; Allers/Geertsema 2016, S. 15; Blesse/Baskaran 2016, S. 17; Foged 2016, S. 360 sowie mit der logarithmierten Bevölkerungsdichte auch Cobban 2017, S. 21.
[232] Alle drei Variablen ausschließlich bei Pickering/Tanaka/Yamada 2016, S. 18.
[233] Ausschließlich in zwei Modellen für die dänische Gemeindegebietsreform:
vgl. Blom-Hansen/Houlberg/Serritzlew 2014, S. 799; Blom-Hansen et al. 2016, S. 819.
[234] Vgl. Jordahl/Liang 2009, S. 9; Moisio/Uusitalo 2013, S. 156; Feld/Fritz 2015, S. 8; Blesse/Baskaran 2016, S. 17.
[235] Vgl. Blom-Hansen/Houlberg/Serritzlew 2014, S. 799; Hansen/Houlberg/Holm Pedersen 2014, S. 206; Blom-Hansen et al. 2016, S. 819; Foged 2016, S. 360.
[236] Vgl. Allers/Geertsema 2016, S. 15.
[237] Vgl. Blesse/Baskaran 2016, S. 17.
[238] Vgl. Jordahl/Liang 2009, S. 9; Moisio/Uusitalo 2013, S. 156;
[239] Vgl. Hansen/Houlberg/Holm Pedersen 2014, S. 206.
[240] Vgl. Feld/Fritz 2015, S. 8; Blesse/Baskaran 2016, S. 17; Cobban 2017, S. 21.
[241] Vgl. Cobban 2017, S. 21.
[242] Vgl. Reingewertz 2012, S. 9; Pickering/Tanaka/Yamada 2016, S. 18; Cobban 2017, S. 21.
[243] Vgl. Feld/Fritz 2015, S. 8.
[244] Vgl. Moisio/Uusitalo 2013, S. 156.
[245] Vgl. Reingewertz 2012, S. 9; Moisio/Uusitalo 2013, S. 156.
[246] Vgl. Allers/Geertsema 2016, S. 15. Wobei die Autoren explizit darauf hinweisen, dass sowohl das Arbeitslosengeld als auch die Sozialhilfe in den Niederlanden über die Gemeinden ausgezahlt werden. Es besteht also ein erheblicher Unterschied zur Situation in Deutschland.
[247] Vgl. Blom-Hansen/Houlberg/Serritzlew 2014, S. 799.

Studien der Anteil politisch linker Fraktionen oder Sitze im Lokalparlament,[248] vereinzelt auch der Grad der politischen Fragmentierung[249] und der Herfindahl-Index.[250]

4.5 Methodische Umsetzung der Effizienzanalysen

In Kapitel 2.3 wurde die deterministische DEA zusammen mit der stochastischen SFA eingeführt. Die beiden Verfahren bilden den überwiegenden Teil der Publikationen zu Effizienzanalysen. Die Aufgaben von Kommunen unterscheiden sich von Land zu Land zum Teil erheblich. Ein direkter Vergleich der Effizienzanalysen über Ländergrenzen hinweg ist daher problematisch. In Skandinavien haben Gemeinden beispielsweise deutlich umfangreichere Aufgaben als in Deutschland. In Finnland existiert nur ein zweistufiges staatliches System mit Gemeinden und Zentralregierung. Eine länderähnliche Zwischenebene ist nicht vorhanden. Die Gemeinden haben dadurch deutlich umfangreiche Aufgaben im sozialen Bereich, im Gesundheitswesen, im Kulturbereich, bei der Unterhaltung von Infrastrukturen und beim Umweltschutz. Zwei Drittel der Staatsausgaben werden in Finnland von den Gemeinden getätigt.[251] So ist beispielsweise der gesamte Kultusbereich, der in Deutschland den Ländern zugeordnet ist, in Finnland bei den Kommunen angesiedelt.

Die folgenden Unterkapitel geben daher zunächst einen Überblick über die verwendeten Input- und Ouputgrößen in Effizienzanalysen für Gemeinden weltweit. Auch die in diesen Modellen typischerweise verwendeten erklärenden Variablen in der zweiten Stufe der Effizienzanalyse werden diskutiert. Anschließend liegt der Fokus aber auf vorliegenden Studien für Gemeinden in Deutschland. Sie liefern wichtige Anhaltspunkte für die Spezifikation der DEA in Kapitel 5.

4.5.1 Input- und Outputgrößen

Der überwiegende Teil der Effizienzanalysen nutzt die monetären Ausgaben der Gemeinden als Inputgröße. Es finden sich

- Gesamtausgaben (laufende Rechnung),[252]

[248] Vgl. Allers/Geertsema 2016, S. 15; Blom-Hansen et al. 2016, S. 819; Blesse/Baskaran 2016, S. 17; Foged 2016, S. 360; Pickering/Tanaka/Yamada 2016, S. 18.

[249] Vgl. Hansen/Houlberg/Holm Pedersen 2014, S. 206; Blom-Hansen et al. 2016, S. 819;

[250] Der Herfindahl-Index misst hier die politische Zersplitterung in einem Parlament als Quotient aus Eins und der Anzahl der in Fraktionen vertretenen politischen Parteien und Wählervereinigungen (Vgl. Allers/Geertsema 2016, S. 14f).

[251] Vgl. Loikkanen/Susiluoto 2005, S. 6.

[252] Vgl. de Borger/Kerstens 1996a, S. 153; de Borger/Kerstens 1996b, S. 47; Loikkanen/Susiluoto 2005, S. 10; Geys 2006, S. 450; Geys/Moesen 2009a, S. 10; Geys/Moesen 2009b, S. 6; Kalb 2010, S. 70; Dorfard 2012, S. 93; Frei/Ragnitz/Rösel 2018, S. 24.

- Gesamtausgaben nach Ausgabenarten differenziert (Löhne und Gehälter, externe Dienstleistungen, Sachausgaben, Transfers an nachgeordnete Bereiche),[253]
- Kapitalkosten, Kapitalbestand der Gemeinde,[254]
- Zuweisungen für laufende Ausgaben und Investitionen,[255]
- Pro-Kopf-Ausgaben,[256]
- Schuldenstand,[257]
- Hebesätze für Grund- und Gewerbesteuer,[258]
- Personal in der Verwaltung und sonstiges Personal.[259]

Die in den Effizienzanalysen verwendeten Outputgrößen variieren je nach Autor stark, lassen sich aber in fünf grundsätzliche Gruppen einteilen:

- Bevölkerungsstand / Demografie,
- Flächen / Gemeinde- und Siedlungsstruktur,
- Bildung und Soziales,
- Wirtschafts- und Steuerkraft
- und andere Outputs.

Zu den Outputgrößen der ersten Gruppe gehören neben dem gesamten Bevölkerungsstand[260] vor allem nach Altersgruppen ausdifferenzierte Bevölkerungszahlen: Junge Bevölkerung im Alter unter 14 bzw. unter 20 Jahren,[261] Geburten,[262] Bevölkerung im Erwerbsalter und Bevölkerung im Alter von über 65 Jahren.[263] Auch Daten auf Basis der Haushalte einer Gemeinde wurden als Output verwendet.[264] Der Bevölkerungsstand im Verflechtungsbereich zentraler Orte stellt eine Mischform zwischen Bevölkerungsvariable und Flächenvariable dar.[265]

[253] Vgl. Athanassopoulos/Triantis 1998, S. 70; Balaguer-Coll/Prior/Tortosa-Ausina 2007, S. 8; Gimenez/Prior 2007, S. 129; Kriese 2008, S. 8; Montén 2009, S. 9; Bischoff et al. 2013, S. 18; Haug 2013, S. 317; Illy 2015, S. 131.
[254] Vgl. Balaguer-Coll/Prior/Tortosa-Ausina 2007, S. 8; Bischoff et al. 2013, S. 18; Illy 2015, S. 131.
[255] Vgl. Balaguer-Coll/Prior/Tortosa-Ausina 2007, S. 8; Haug 2013, S. 317.
[256] Vgl. Afonso/Fernandes 2006, S. 17; Afonso/Fernandes 2008, S. 1955.
[257] Vgl. Frei/Ragnitz/Rösel 2018, S. 24.
[258] Vgl. Frei/Ragnitz/Rösel 2018, S. 24.
[259] Vgl. de Borger et al. 1994, S. 345.
[260] Vgl. de Borger/Kerstens 1996a, S. 153; de Borger/Kerstens 1996b, S. 47; Balaguer-Coll/Prior/Tortosa-Ausina 2007, S. 7; Gimenez/Prior 2007, S. 129; Kalb 2010, S. 70; Haug/Illy 2011, S. 352; Hitzschke 2011, S. 8; Dorfard 2012, S. 92f; Nieswand 2012, S. 65; Bischoff et al. 2013, S. 18; Illy 2015, S. 131; Cordero et al. 2017, S. 9; Frei/Ragnitz/Rösel 2018, S. 24.
[261] Vgl. Kriese 2008, S. 8.
[262] Vgl. Frei/Ragnitz/Rösel 2018, S. 24.
[263] Vgl. de Borger/Kerstens 1996a, S. 153; de Borger/Kerstens 1996b, S. 47; Afonso/Fernandes 2008, S. 1955; Kriese 2008, S. 8; Kalb 2010, S. 70.
[264] Vgl. Athanassopoulos/Triantis 1998, S. 70.
[265] Vgl. Dorfard 2012, S. 93.

Die Gemeinde- und Siedlungsstruktur wird oft durch die Bodenfläche[266] aber auch durch Verkehrsfläche,[267] Erholungsfläche,[268] Gewerbefläche,[269] touristisch genutzte Fläche[270] oder dem Verhältnis von Bodenfläche zu Siedlungs- und Verkehrsfläche[271] beschrieben. Auch die Anzahl der Ortsteile einer Gemeinde[272] wurde bereits als Output verwendet.

In der Gruppe Bildung und Soziales dominieren Schülerzahlen,[273] Anzahl Schulen,[274] Unterrichtsstunden in verschiedenen Schulformen,[275] Kitaplätze,[276] Betreuungstage in Kindertageseinrichtungen[277] und die Anzahl der Personen, die Grundsicherung beziehen sowie Arbeitslosenzahl.[278]

Zur Messung der Wirtschafts- und Steuerkraft der Gemeinden werden sozialversicherungspflichtig Beschäftigte am Arbeitsort,[279] Pendlerdaten[280] und Steuereinnahmen[281] herangezogen.

Als sonstige Outputs wurden schon die Anzahl der angemeldeten Automobile und Gebäude in einer Gemeinde,[282] die Anzahl der Straßenlaternen[283] und der gesammelte Müll (in Tonnen) verwendet.[284]

Einige Autoren nutzen zudem selbst errechnete oder in dem jeweiligen Land verfügbare, standardisierte Outputindikatoren.[285]

[266] Vgl. Athanassopoulos/Triantis 1998, S. 70; Gimenez/Prior 2007, S. 129; Dorfard 2012, S. 93.
[267] Vgl. Balaguer-Coll/Prior/Tortosa-Ausina 2007, S. 8; Bischoff et al. 2013, S. 18; Illy 2015, S. 131.
[268] Vgl. de Borger/Kerstens 1996a, S. 153; de Borger/Kerstens 1996b, S. 47; Geys 2006, S. 450; Balaguer-Coll/Prior/Tortosa-Ausina 2007, S. 8; Kalb 2010, S. 70; Illy 2015, S. 131.
[269] Vgl. Athanassopoulos/Triantis 1998, S. 71; Bischoff et al. 2013, S. 18.
[270] Vgl. Athanassopoulos/Triantis 1998, S. 71.
[271] Vgl. Dorfard 2012, S. 93.
[272] Vgl. Dorfard 2012, S. 93.
[273] Vgl. de Borger et al. 1994, S. 345; de Borger/Kerstens 1996a, S. 153; de Borger/Kerstens 1996b, S. 47; Geys 2006, S. 450; Geys/Moesen 2009a, S. 10; Geys/Moesen 2009b, S. 6; Kalb 2010, S. 70; Illy 2015, S. 131.
[274] Vgl. Kriese 2008, S. 8; Cordero et al. 2017, S. 9.
[275] Vgl. Loikkanen/Susiluoto 2005, S. 10.
[276] Vgl. Kriese 2008, S. 8; Montén 2009, S. 9; Kalb 2010, S. 70; Bischoff et al. 2013, S. 18; Illy 2015, S. 131.
[277] Vgl. Loikkanen/Susiluoto 2005, S. 10.
[278] Vgl. de Borger et al. 1994, S. 345; de Borger/Kerstens 1996a, S. 153; de Borger/Kerstens 1996b, S. 47; Geys 2006, S. 450; Geys/Moesen 2009a, S. 10; Geys/Moesen 2009b, S. 6; Dorfard 2012, S. 93.
[279] Vgl. Kriese 2008, S. 8; Kalb 2010, S. 70; Haug/Illy 2011, S. 352; Illy 2015, S. 131.
[280] Vgl. de Borger et al. 1994, S. 345.
[281] Vgl. Dorfard 2012, S. 93; Frei/Ragnitz/Rösel 2018, S. 24.
[282] Vgl. Gimenez/Prior 2007, S. 129.
[283] Vgl. Balaguer-Coll/Prior/Tortosa-Ausina 2007, S. 8.
[284] Vgl. Balaguer-Coll/Prior/Tortosa-Ausina 2007, S. 8; Gimenez/Prior 2007, S. 129; Geys/Moesen 2009a, S. 8; Geys/Moesen 2009b, S. 6.
[285] Vgl. Balaguer-Coll/Prior-Jiménez/Vela-Bargues 2002, S. 9; Afonso/Fernandes 2006, S. 17; Balaguer-Coll/Prior/Tortosa-Ausina 2007, S. 7; Afonso/Fernandes 2008, S. 1955; Borge/Falch/Tovmo 2008, 477f.

4.5.2 Erklärende Variablen

Der zweistufige Ansatz in der DEA versucht durch exogene Variablen in einem Regressionsmodell die Effizienzwerte zu erklären. Auch dort lassen sich die in der Literatur verwendeten Variablen wieder zu Gruppen zusammenfassen. Die Effizienz in den Gemeinden steht im Zusammenhang mit:

- der **lokalen Wirtschaftskraft** und dem **Bildungsniveau**,
- der **Siedlungsstruktur, Demografie** und **räumlichen Effekten,**
- **fiskalischen** und **politischen Faktoren** sowie
- mit der durch Gebietsreform unmittelbar beeinflussbaren **Gemeindestruktur**.

Hinsichtlich des Einflusses der lokalen Wirtschaftskraft auf die Gemeindeeffizienz sind die bisherigen Ergebnisse unterschiedlich: Afonso/Fernandes (2008) zeigen einen positiven Zusammenhang zwischen Pro-Kopf-Kaufkraft innerhalb der Gemeinde und ihrer Effizienz.[286] Andere Autoren nutzen das Pro-Kopf-Einkommen und können dafür keinen positiven Zusammenhang oder sogar einen signifikant negativen Zusammenhang nachweisen.[287] Geys (2006) errechnet einen positiven Effekt der Eigenheimquote auf die Gemeindeeffizienz. Geys/Moesen (2009a) nutzen den gleichen Datensatz, können dieses Ergebnis in ihrem modifizierten Modell jedoch nicht bestätigen.[288] Gimenez/Prior (2007) differenzieren die Wirtschaftskraft durch verschiedene Indizes genauer aus und finden einen positiven Effekt für Gemeinden mit hohem Gewerbe- und Tourismusaufkommen. Gleichzeitig besteht ein negativer Zusammenhang mit dem Pro-Kopf-Einkommen in der Gemeinde.[289] Der Einfluss der lokalen Wirtschaftskraft auf die Gemeindeeffizienz wird zwar in der Literatur intensiv diskutiert, ein überzeugender empirischer Nachweis gestaltet sich jedoch schwierig. In den Effizienzanalysen für Bundesländer in Deutschland sind Wirtschaftskraftvariablen bisher kaum berücksichtigt worden. Illy (2015) bezieht die Arbeitslosenquote in ihr Regressionsmodell ein, kann aber keinen eindeutig positiven oder negativen Effizienzeffekt identifizieren.[290] Auch Kalb (2010) nutzt die Variable und stellt fest, dass Gemeinden mit hoher Arbeitslosenquote je nach Modell eine niedrigere Effizienz aufweisen oder der Effekt unklar bleibt.[291] Beim Bildungsniveau bleiben die Ergebnisse

[286] Vgl. Afonso/Fernandes 2008, 1961ff.
[287] Kein signifikanter Zusammenhang vgl. de Borger et al. 1994, S. 354; de Borger/Kerstens 1996b, S. 54; Geys 2006, S. 454; Geys/Moesen 2009a, S. 16. Signifikant negativer Zusammenhang vgl. de Borger/Kerstens 1996a, S. 164.
[288] Vgl. Geys 2006, S. 454; Geys/Moesen 2009a, S. 16.
[289] Vgl. Gimenez/Prior 2007, S. 133.
[290] Vgl. Illy 2015, S. 141.
[291] Vgl. Kalb 2010, S. 84/94/102.

ebenfalls uneindeutig.[292] Nur Afonso/Fernandes (2008) ermitteln in ihrem Modell einen positiven Effekt.[293]

Zahlreiche Autoren versuchen den Zusammenhang zwischen Effizienz und Siedlungsstruktur bzw. demografischer Merkmale zu erklären. Häufigster Ansatzpunkt ist dabei die Bevölkerungsdichte, die aber in den meisten Modellen einen unklaren Effekt hat.[294] Nur bei Geys/Moesen (2009a) und bei Illy (2015) werden Gemeinden mit zunehmender Bevölkerungsdichte signifikant ineffizienter.[295] Dort, wo demografische Variablen, wie der Anteil junger Einwohner unter 14 Jahren oder der Anteil von Senioren über 65 Jahren, zur Erklärung der Effizienzwerte herangezogen wurden, bleibt der Effekt unklar.[296] Geys (2006) weist bisher als einziger Autor einen positiven Effekt hoher Effizienzwerte der Nachbargemeinden auf die Effizienz der untersuchten Gemeinden nach.[297] Bei Afonso/Fernandes (2008) steigt die Effizienz der Gemeinden mit zunehmender Entfernung zur nächsten Bezirkshauptstadt.[298]

Häufig werden in den Modellen Variablen mit fiskalischem Bezug eingebunden. Es ist intuitiv naheliegend, dass Gemeinden mit hoher Steuerkraft und hohen Einnahmen anders wirtschaften als sehr arme Gemeinden. De Borger/Kerstens (1996a, 1996b) stellen fest, dass Gemeinden mit hohem Steuersatz auch höhere Effizienzwerte aufweisen.[299] Balaguer-Coll/Prior/Tortosa-Ausina (2007) können diesen Zusammenhang nicht bestätigen.[300] Auch der Nachweis eines positiven Einflusses der Höhe von Gebühren und Beiträgen auf die Gemeindeeffizienz gelingt mehreren Autoren nicht.[301]

Ein zweiter fiskalischer Aspekt ist der Umfang der Zuweisungen durch höhere staatliche Ebenen an die Gemeinden. Es wird unterstellt, dass höhere Mittelzuweisungen an die Gemeinden bei gleichbleibendem Outputvolumen zu höheren Ausgaben führen. Salopp formuliert: die Gemeinden finden einen Weg, Geld, das sie von höherer Ebene zugewiesen bekommen, auch auszugeben. Dieser als Flypaper-Effect diskutierte Zusammenhang würde einen negativen Einfluss der Höhe der Schlüsselzuweisungen auf die Effizienz

[292] Vgl. de Borger et al. 1994, S. 354 de Borger/Kerstens 1996a, S. 164 de Borger/Kerstens 1996b, S. 54 Gimenez/Prior 2007, S. 133 Geys/Moesen 2009a, S. 16.
[293] Vgl. Afonso/Fernandes 2008, 1961ff.
[294] Vgl. de Borger/Kerstens 1996a, S. 164; Athanassopoulos/Triantis 1998, S. 80; Geys 2006, S. 454; Gimenez/Prior 2007, S. 133; Afonso/Fernandes 2008, 1961ff; Kalb 2010, 84/94/102f.
[295] Vgl. Geys/Moesen 2009a, S. 16; Illy 2015, S. 131.
[296] Vgl. Gimenez/Prior 2007, S. 133; Worthington/Dollery 2002, S. 463.
[297] Vgl. Geys 2006, S. 458.
[298] Vgl. Afonso/Fernandes 2008, 1961ff.
[299] Vgl. de Borger/Kerstens 1996a, S. 165 de Borger/Kerstens 1996b, S. 55.
[300] Vgl. Balaguer-Coll/Prior/Tortosa-Ausina 2007, S. 19.
[301] Vgl. de Borger/Kerstens 1996b, S. 55; Athanassopoulos/Triantis 1998, S. 80; Balaguer-Coll/Prior/Tortosa-Ausina 2007, S. 19.

nahelegen.[302] Bei der überwiegenden Zahl der internationalen Effizienzanalysen zeigt sich tatsächlich ein negativer, wenn auch nicht immer signifikanter Effekt.[303] Nur bei den Analysen für Deutschland, für die Bundesländer Baden-Württemberg und Sachsen-Anhalt ist der Zusammenhang jeweils signifikant positiv.[304] Die Gemeinden in den beiden Bundesländern wirtschaften also effizienter, wenn sie höhere Zuweisungen erhalten.

Schließlich ist der dritte berücksichtigte fiskalische Aspekt die Verschuldung der Gemeinden. Balaguer-Coll et al. (2007) zeigen, dass nicht die tatsächliche Höhe der Neuverschuldung für die Effizienz der Gemeinden entscheidend ist, sondern die Höhe des Defizits (gemessen als Verhältnis von Gesamtausgaben zu Gesamteinnahmen). Ineffiziente Gemeinden weisen ein höheres Defizit auf.[305] In anderen Analysen ist der Effekt ebenfalls negativ aber nicht durchgehend signifikant.[306] Auch für Sachsen-Anhalt kann Illy (2015) einen signifikant negativen Zusammenhang zwischen Pro-Kopf-Verschuldung und Gemeindeeffizienz nachweisen.[307] Kalb (2010) nutzt in seinen Modellen für Baden-Württemberg einen Dummy für finanzschwache Gemeinden, der für die betroffenen Gemeinden allerdings einen positiven Zusammenhang zur Effizienz aufweist.[308]

Als politische Faktoren wurden von einigen Autoren die Anzahl der koalierenden Parteien im Lokalparlament, die ideologische Fragmentierung des Lokalparlaments und Variablen für die ideologische Position der Lokalregierung verwendet. Von politisch linken Parteien wird dabei eine expansivere Fiskalpolitik erwartet. Die Ergebnisse solcher Ansätze sind aber meist nicht signifikant und deuten in unterschiedliche Richtungen.[309]

Schließlich bleiben noch die Variablen der Gemeindestruktur, die sich durch Gebietsveränderungen in gewissem Umfang beeinflussen lassen: Eine direkte Regression des Bevölkerungsstandes führt je nach Modellspezifikation zu unterschiedlichen Ergebnissen.[310]

[302] Vgl. Courant/Gramlich/Rubinfeld 1978, S. 20.
[303] Einen negativen Effekt ermitteln: de Borger et al. 1994, S. 354; de Borger/Kerstens 1996a, S. 165; de Borger/Kerstens 1996b, S. 55; Athanassopoulos/Triantis 1998, S. 80; Balaguer-Coll/Prior/Tortosa-Ausina 2007, S. 19. Einen positiven, aber nicht in allen Modellen signifikanten Effekt finden: Geys 2006, S. 458; Geys/Moesen 2009a, S. 17.
[304] Vgl. Kalb 2010, S. 84; Illy 2015, S. 141.
[305] Vgl. Balaguer-Coll/Prior/Tortosa-Ausina 2007, S. 19.
[306] Vgl. Geys 2006, S. 454; Geys/Moesen 2009a, S. 19.
[307] Vgl. Illy 2015, S. 141.
[308] Vgl. Kalb 2010, S. 84, S.94.
[309] Vgl. de Borger et al. 1994, S. 354; de Borger/Kerstens 1996a, S. 164; de Borger/Kerstens 1996b, S. 54; Athanassopoulos/Triantis 1998, S. 80; Geys 2006, S. 454; Balaguer-Coll/Prior/Tortosa-Ausina 2007, S. 20; Borge/Falch/Tovmo 2008, S. 487; Geys/Moesen 2009a, S. 19; Kalb 2010, S. 84,94,102.
[310] Vgl. de Borger et al. 1994, S. 354; Gimenez/Prior 2007, S. 133; Geys/Moesen 2009a, S. 19.

Geys/Moesen (2009a) versuchen die Effizienzunterschiede anhand von verschiedenen Gemeindetypen zu identifizieren. Sie unterscheiden agrarisch geprägte Gemeinden, Wohngemeinden, industriell geprägte Gemeinden, urbane Gemeinden und touristische Gemeinden. Im Vergleich zu urbanen Gemeinden, weisen, mit Ausnahme von touristisch geprägten Gemeinden, alle nicht urbanen Gemeindetypen höhere Effizienzwerte auf.[311]

Illy (2015) führt in ihrer Effizienzanalyse für Sachsen-Anhalt Dummy-Variablen für die verschiedenen Typen von Einheitsgemeinden und Verwaltungsgemeinschaften ein und stellt fest, dass insbesondere Verwaltungsgemeinschaften mit Trägergemeinde[312] signifikant effizienter wirtschaften als Einheitsgemeinden. Verwaltungsgemeinschaften sind jedoch ineffizienter, je mehr Mitgliedsgemeinden sie haben. Mittel- und Oberzentren erreichen ebenfalls niedrigere Effizienzwerte.[313]

4.6 Effizienzanalysen für Gemeinden in Deutschland

Die studienübergreifende Analyse der Input- und Outputvariablen sowie der erklärenden Variablen kann helfen, Tendenzen zu erkennen und einen Überblick zu erhalten. Die Spezifikation der DEA und der Erklärungsgehalt der exogenen Variablen sind jedoch eng miteinander verbunden und je nach Land sehr unterschiedlich. Darum sollen im folgenden Abschnitt die vorliegenden globalen Effizienzanalysen für Gemeinden in Deutschland diskutiert werden.

Das Schema in Abbildung 4.4 visualisiert die zentralen Merkmale einer zweistufigen DEA kompakt: Es enthält im oberen Bereich Angaben über die Anzahl der Beobachtungen im Modell und über das Jahr oder die Jahre, aus denen die Beobachtungen stammen.

---

311 Vgl. Geys/Moesen 2009a, S. 12ff.

312 Eine Form der Verwaltungsgemeinschaft, die dem Modell der erfüllenden Gemeinde in Thüringen am ähnlichsten ist (vgl. §82 GO LSA (1993)).

313 Vgl. Illy 2015, S. 141.

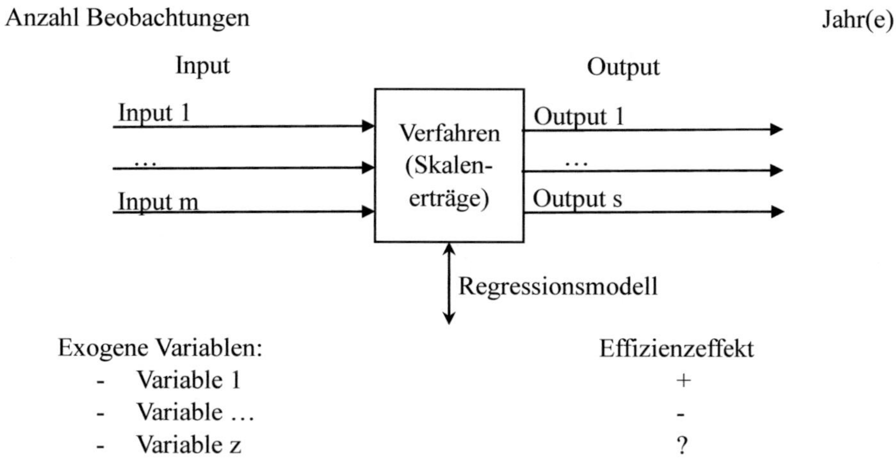

Abbildung 4-4: Grundschema Modellskizze Effizienzanalyse[314]

Im mittleren Teil des Schemas ist die eigentliche Effizienzanalyse für die Gemeinde mit ihren Inputs und Outputs als Blackbox dargestellt. Innerhalb der Box befinden sich Angaben zum verwendeten Verfahren und zu den Skalenerträgen. Schließlich enthält der untere Teil noch eine Kurzbeschreibung des verwendeten Regressionsmodells, die exogenen Variablen und eine Darstellung der ermittelten Auswirkung der einzelnen exogenen Variablen auf das Effizienzniveau der Gemeinden. Die Auswirkung kann signifikant positiv (+), signifikant negativ (-) oder unklar (?) sein.

Kriese (2008) führt vergleichend eine DEA und eine SFA für sächsische Gemeinden durch. Das Modell ist in Abbildung 4-5 visualisiert. Sie argumentiert mit Altersstrukturkostenprofilen, die besagen, dass bei den Gemeinden in Sachsen die höchsten Kosten für Dienstleistungen anfallen, welche von Einwohnern unter 20 Jahren in Anspruch genommen werden. Daher differenziert sie in der DEA auf der Outputseite den Bevölkerungsstand nach Altersgruppen und ergänzt zusätzlich einen Output Kitaplätze pro Kind und die absolute Anzahl an Schulen pro Gemeinde.[315] Die sozialversicherungspflichtig Beschäftigten am Arbeitsort (SV-Beschäftigte Arbeitsort) gehen ebenfalls als Output in die Effizienzanalyse ein. Die Autorin argumentiert, dass diese als Proxy für die durch die Gemeinden bereit gestellten wirtschaftsnahe Dienstleistungen und Infrastruktur dienen.[316] Eine Analyse in einem Regressionsmodell mit exogenen

[314] Quelle: Eigene Darstellung.
[315] Vgl. Kriese 2008, 7f.
[316] Vgl. Kriese 2008, S. 7.

Variablen findet nicht statt. Die Autorin kommt zu dem Ergebnis, dass Gemeinden mit stärkerem Bevölkerungsrückgang niedrigere Effizienzwerte aufweisen.

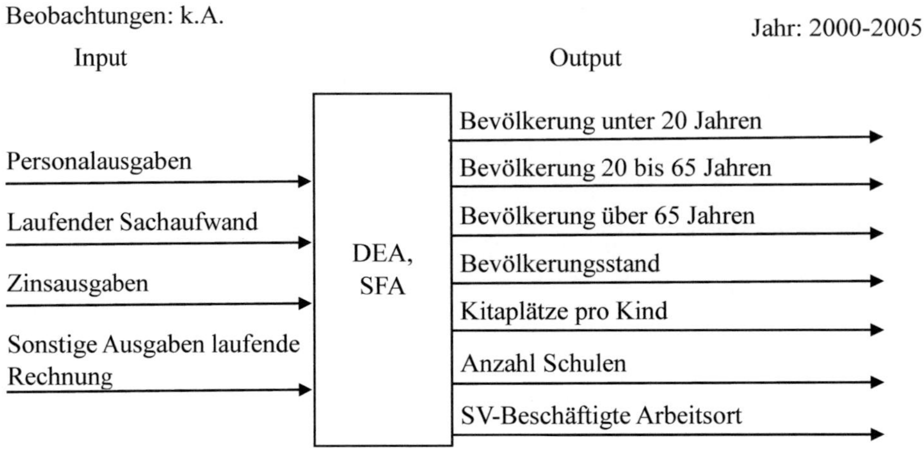

Abbildung 4-5: Kriese - Effizienzanalyse für sächsische Gemeinden[317]

[317] Quelle: Eigene Darstellung basierend auf dem Modell von Kriese 2008.

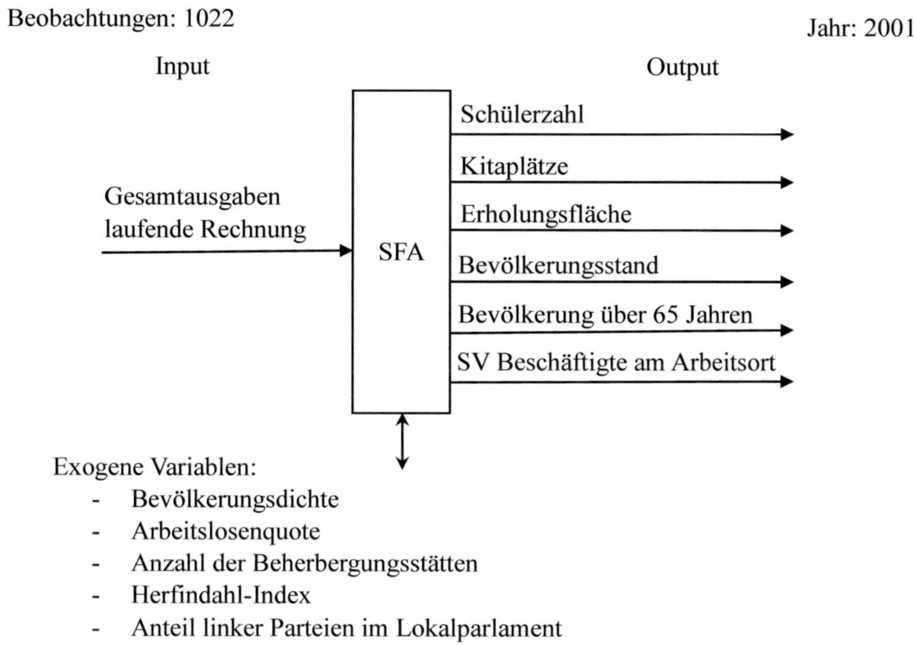

Abbildung 4-6: Kalb – Demografischer Wandel und Skalenerträge[318]

Kalb (2010) untersucht Gemeinden in Baden-Württemberg. Er führt globale Schätzungen mit drei verschiedenen Modellen durch, um unterschiedliche Aspekte kommunaler Effizienz zu untersuchen. In einer ersten Schätzung („Demografischer Wandel und Skalenerträge“) nutzt er Daten von 1022 Kommunen aus dem Jahre 2001. Das Modell ist in Abbildung 4-6 schematisch dargestellt. Er verwendet die Anzahl der Schüler in Grund- und Hauptschulen sowie die Anzahl der Kitaplätze als Output. Als Flächenvariable bezieht er die Erholungsfläche jeder Gemeinde ein. Zusätzlich werden der Bevölkerungsstand, der Bevölkerungsstand ab 65 Jahren und die Anzahl der SV-Beschäftigten am Arbeitsort als Output aufgenommen. Er kommt zu dem Ergebnis, dass Gemeinden mit weniger als 3.000 Einwohnern besonders niedrige Effizienzwerte erreichen. Gemeinden mit Bevölkerungsständen zwischen 6.000 und 9.000 Einwohnern erreichen die höchsten Effizienzwerte.[319]

[318] Quelle: Eigene Darstellung basierend auf dem Modell von Kalb 2010, S. 67.
[319] Vgl. Kalb 2010, S. 70; Geys/Heinemann/Kalb 2013, S. 289.

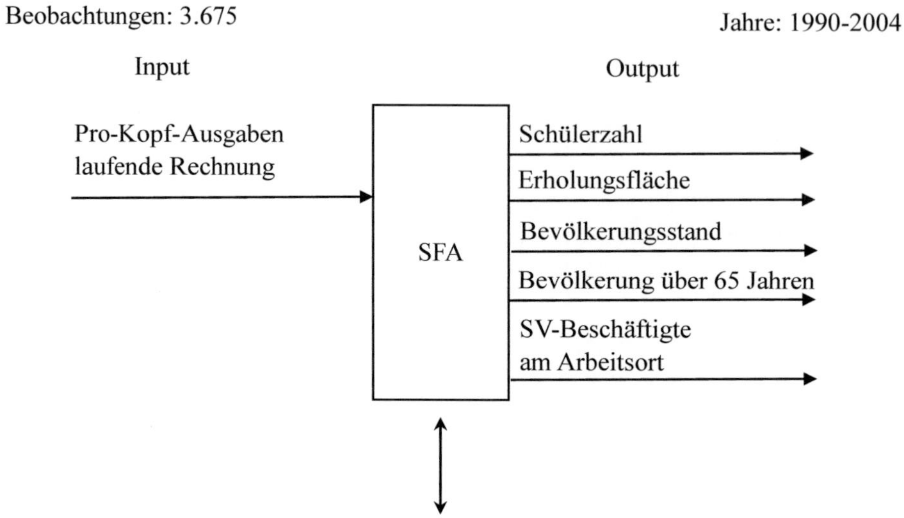

Exogene Variablen:	Effizienzeffekt
- Zuweisungen pro Kopf	-
- Finanzstarke Gemeinde (Dummy)	-
- Finanzschwache Gemeinde (Dummy)	-
- Sehr finanzschwache Gemeinde (Dummy)	?
- Bevölkerungsdichte	+
- Arbeitslosenquote	+
- Anzahl Studenten an der Universität	?
- Anzahl der Beherbergungsstätten	-
- Herfindahl-Index	-
- Anteil linker Parteien im Lokalparlament	-

Abbildung 4-7: Kalb - Zuweisungen und Kosteneffizienz[320]

In seiner zweiten Schätzung („Zuweisungen und Kosteneffizienz“) nutzt Kalb (2010) ein Panel mit 3675 Beobachtungen, welches 15 Beobachtungsjahre für 245 Kommunen enthält. Abbildung 4-7 stellt das Modell schematisch dar. Auffällig ist, dass finanzstarke Gemeinden, finanzschwache Gemeinden und auch Gemeinden mit hohen Pro-Kopf-Zuweisungen in der Effizienzanalyse als ineffizienter eingestuft werden. Es überrascht, dass alle Koeffizienten in die gleiche Richtung weisen und somit kein eindeutiger Effekt aus der Finanzkraft der Gemeinden erkennbar ist. Die dritte Schätzung („Politische Partizipation“) untersucht die Wahlbeteiligung und die politische Teilhabe im Rahmen

[320] Quelle: Eigene Darstellung basierend auf dem Modell von Kalb 2010, S. 82.

einer Effizienzanalyse genauer. Abbildung 4-8 fasst das Modell zusammen. In den verschiedenen Teilspezifikationen ist der Effizienzeffekt einer hohen Wahlbeteiligung und der Aktivität von Freiwählervereinigungen überwiegend negativ.

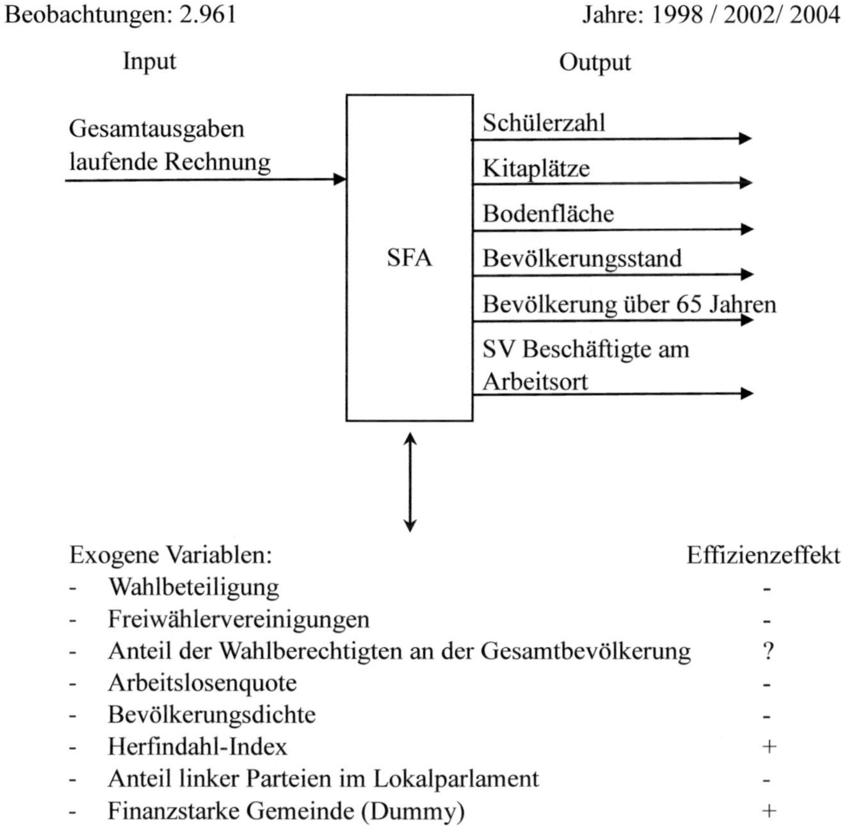

Abbildung 4-8: Kalb - Politische Partizipation[321]

Dorfard (2012) untersucht die Gemeindegebietsreform in Rheinland-Pfalz. Abbildung 4-9 fasst sein Modell zusammen. Er versucht ex-ante die finanziellen Auswirkungen von Gemeindezusammenschlüssen zu bestimmen. Dazu schätzt er eine Kostenfunktion aus der effizienten Teilmenge der vorhandenen Beobachtungen, summiert die Outputs der zu

[321] Quelle: Eigene Darstellung basierend auf dem Modell von Kalb 2010, S. 91.

fusionierenden Einheiten auf und ermittelt daraus die zu erwartenden neuen Kosten der Postfusionsgemeinde. Die Differenz der zu erwartenden Kosten und der Summe der Kosten der Altgemeinden weist er als Einsparpotential aus.

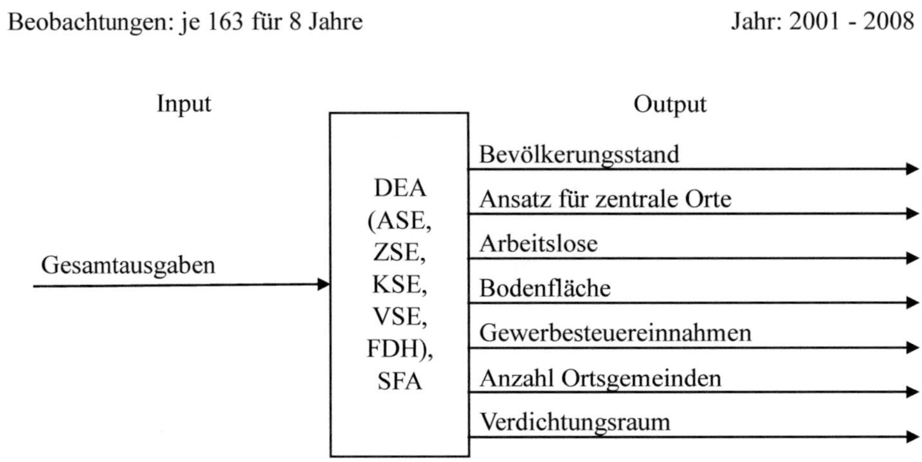

Abbildung 4-9: Dorfard – Einsparpotentiale[322]

Besonders interessant sind die verwendeten Outputs und die Begründung für deren Verwendung. Dorfard nutzt zur Identifikation von Outputs die Regelungen zur Bestimmung der Bedarfsmesszahl und des Hauptansatzes im kommunalen Finanzausgleich des Landes Rheinland-Pfalz.[323] Daraus leitet er den Bevölkerungsstand, den Ansatz für zentrale Orte, die Arbeitslosenzahl und die Bodenfläche als Output ab. Darüber hinaus nutzt er die Gewerbesteuereinnahmen als Output. Die Fähigkeit einer Gemeinde Steuereinnahmen zu generieren als Output zu honorieren, ist in den bisherigen Effizienzanalysen einmalig. Da die Steuereinnahmen als Output direkt auf den Input Gesamtausgaben zurückwirken, könnte dies den Effekt vermindern, dass arme Gemeinden als besonders effizient eingestuft werden. Als siedlungsstrukturellen Output erfasst der Autor zudem die Anzahl der Ortsgemeinden, und ob es sich um einen Verdichtungsraum handelt.

Nieswand (2012) nutzt einen Datensatz aus Gemeinden mit mehr als 10.000 Einwohnern in neun verschiedenen Bundesländern. Neben der Bodenfläche, der öffentlichen

[322] Quelle: Eigene Darstellung basierend auf dem Modell von Dorfard 2012, S. 93.
[323] Vgl. Dorfard 2012, S. 92.

Verkehrsfläche, dem Bevölkerungsstand, der Anzahl der Kitaplätze und der Anzahl der Schulgebäude nimmt die Autorin die Anzahl der Sportvereine als Output auf, um Leistungen im Bereich freiwilliger Aufgaben zu erfassen. Wenngleich sie damit freiwillige kommunale Leistungen nicht umfassend abbilden kann, ist die Sportförderung doch häufig anzutreffen (vgl. Kapitel 3.2) und macht überhaupt erst eine Differenzierung zwischen Gemeinden, die im freiwilligen Bereich aktiv sind, möglich. Die Zahl der sozialversicherungspflichtig Beschäftigten am Arbeitsort geht in ihrem Modell nur indirekt über den Pendlersaldo als exogene Variable in die Schätzung ein. Abbildung 4-10 fasst ihr Modell zusammen.

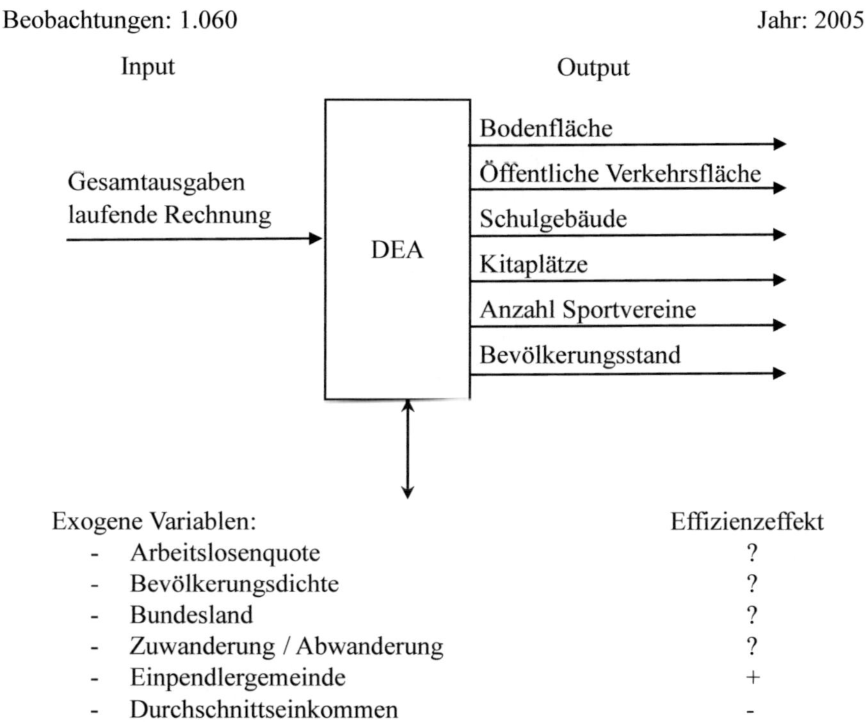

Abbildung 4-10: Nieswand - Gemeindevergleich neun Länder[324]

Die Autorin stellt fest, dass sich die Effizienzwerte je nach Bundesland deutlich unterscheiden.[325] Eine mögliche Interpretation wäre, dass die Randbedingungen in den

[324] Quelle: Eigene Darstellung basierend auf dem Modell von Nieswand 2012, S. 64.
[325] Es sind in ihrem Datensatz keine Beobachtungen für Gemeinden aus Thüringen enthalten.

jeweiligen Ländern sehr verschieden sind und daraus unterschiedlich starke Ineffizienzen bei den Gemeinden resultieren.[326] Womöglich lässt sich ein Teil der Effizienzunterschiede aber auch damit erklären, dass sich die Aufgaben der Gemeinden in den Ländern zum Teil unterscheiden und die Finanzierung der Aufgaben unterschiedlich geregelt ist. Eine Effizienzanalyse über alle Bundesländer mit den gleichen Input- und Outputgrößen – zumindest mit dem Ziel Effizienzwerte zwischen Ländern zu vergleichen – ist dann nicht sinnvoll. Illy (2015) führt eine Effizienzanalyse für Gemeinden in Sachsen-Anhalt durch. Der Datensatz enthält Inputs und Outputs für 204 Gemeinden aus dem Jahre 2004.[327] Die Autorin wählt ihre Outputs für die Effizienzanalyse nach fiskalischer Relevanz.[328]

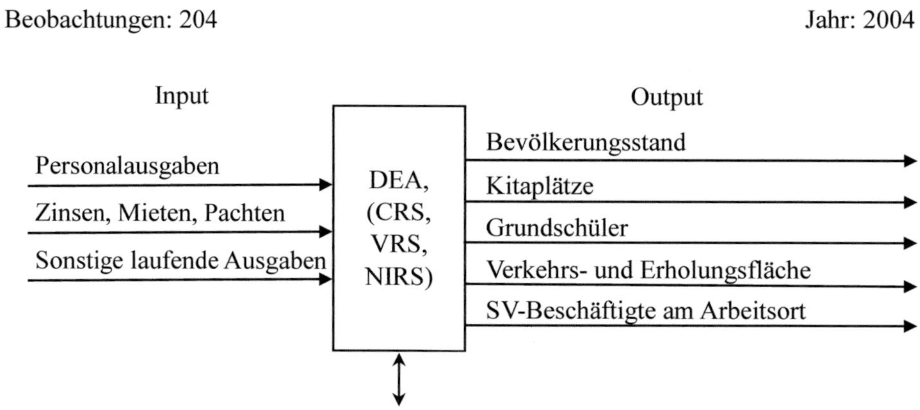

Exogene Variablen:	Effizienzeffekt
- Gemeindetyp	+-
- Dezentralisierungsindex	+
- Zentralisierungsindex	-
- Zentrum	-
- Bevölkerungsdichte	+
- Anteil Senioren	-
- Bevölkerungsänderung (1995-2004)	?
- Verschuldung pro Einwohner	-
- Arbeitslosenquote	?
- Zuweisungen	+

Abbildung 4-11: Illy – Gemeindetypen und Effizienz[329]

[326] Vgl. Nieswand 2012, S. 69f.
[327] Mit dem gleichen Datensatz und variierenden Modellspezifikationen arbeiten auch Bischoff et al. 2013, Bönisch et al. 2011 und Haug 2013.
[328] Vgl. Illy 2015, S. 128-131.
[329] Quelle: Eigene Darstellung basierend auf dem Modell von Illy 2015, S. 131f.

Besonders interessant ist ihre Analyse der Gemeindetypen. Von den drei in Sachsen-Anhalt zu diesem Zeitpunkt existierenden Gemeindetypen - Einheitsgemeinde, Verwaltungsgemeinschaft und Verwaltungsgemeinschaft mit Trägergemeinde - weist die Letztere im Mittel die höchste Effizienz auf.[330] Ihr gelingt es erstmals, neben dem Skalenbereich, ein weiteres Merkmal von Gemeinden zu identifizieren, das durch Gemeindefusionen beeinflussbar ist.

Asatryan und de Witte (2015) prüfen mit ihrem Datensatz für bayerische Gemeinden den Zusammenhang zwischen direkter Demokratie und Gemeindeeffizienz und kommen zu dem Ergebnis, dass hier ein positiver Zusammenhang besteht. Sie nutzen dazu eine Dummyvariable für Bürgerbegehren innerhalb der Gemeinde und die Wahlbeteiligung bei Bürgerentscheiden. Abbildung 4-12 fasst das Modell zusammen.

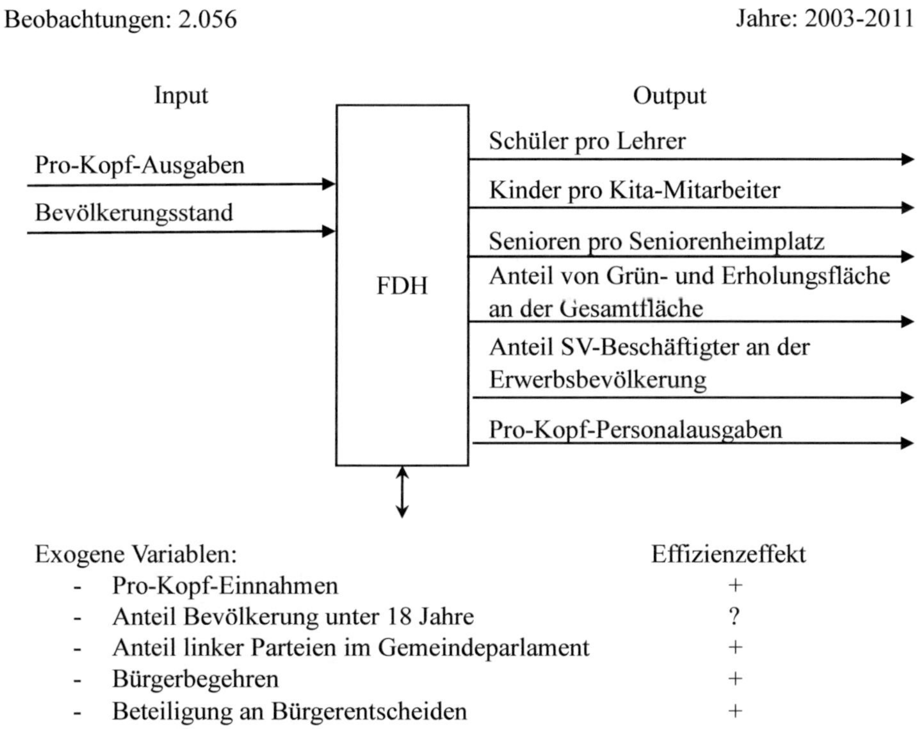

Abbildung 4-12: Asatryan und de Witte – Direkte Demokratie[331]

[330] Vgl. Illy 2015, S. 141.
[331] Quelle: Eigene Darstellung basierend auf dem Modell von Asatryan/de Witte 2015, S. 14.

Lampe et al. (2015) nutzen einen Datensatz mit 396 Gemeinden in Nordrhein-Westfalen und untersuchen den Zusammenhang zwischen dem Rechnungslegungssystem und der Gemeindeeffizienz. Sie finden Hinweise darauf, dass ein doppisches Rechnungslegungssystem zu einer höheren Gemeindeeffizienz führt.[332] Abbildung 4-13 fasst ihr Modell zusammen.

Beobachtungen: je 396 für 3 Jahre — Jahre: 2006-2008

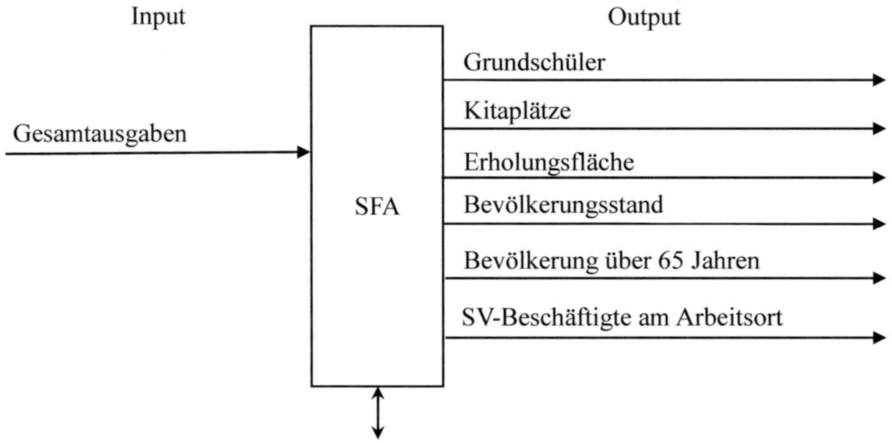

Exogene Variablen:	Effizienzeffekt
- Jahresdummies	+
- Arbeitslosenquote	?
- Bevölkerungsdichte	-
- Beherbergungsbetriebe	?
- Zuwanderung / Abwanderung	?
- Dummy Doppik	+

Abbildung 4-13: Lampe et al. – Rechnungslegungssystem und Gemeindeeffizienz[333]

4.7 Zusammenfassung

In anderen Staaten haben Gemeinden zum Teil erheblich andere Aufgaben als Gemeinden in Deutschland. Direkte Vergleiche der Modellspezifikationen hinsichtlich der

[332] Vgl. Lampe/Hilgers/Ihl 2015, S. 4359f.

[333] Quelle: Eigene Darstellung basierend auf dem Modell von Lampe/Hilgers/Ihl 2015, S. 4358.

verwendeten Outputs sind nur mit Arbeiten aus Deutschland sinnvoll. Die in internationalen Studien verwendeten exogenen Variablen können aber einen guten Orientierungsrahmen für das Regressionsmodell in dieser Arbeit liefern.

Die Effizienzanalysen für Gemeinden in Deutschland nutzen bisher ausschließlich die laufenden Gesamtausgaben als Inputvariable. Es handelt sich bei den Schätzungen daher stets um Kosteneffizienzen. Auch bei der Festlegung der Outputs haben sich bestimmte Variablen durchgesetzt. Es existieren aber Hinweise darauf, dass mit dieser typischen Spezifikation dennoch nur eine begrenzte Vergleichbarkeit zwischen Gemeinden verschiedener Bundesländer herstellbar ist.

Alle Studien, die bisher die Auswirkungen von Gemeindegebietsreformen auf die lokale Demokratie untersucht haben, finden entweder unklare oder negative Effekte größerer Gebietskörperschaften. Auswirkungen von Gemeindefusionen auf die lokale Demokratie in Thüringer Gemeinden können und sollen mit den Modellen in Kapitel 5 nicht überprüft werden. Die Ergebnisse in der Literatur können jedoch so gedeutet werden, dass Fusionen nur durchgeführt werden sollten, wenn sich eindeutig Skalenerträge identifizieren lassen. Bis ein etwaiger Schaden für demokratische Strukturen durch weitere Forschungen belegt werden kann, sollte zumindest auf Fusionen verzichtet werden, deren ökonomischer Nutzen ebenfalls nicht belegbar ist.

Mit der Difference-in-Differences Methode steht ein sehr nützliches Werkzeug zur Analyse der ökonomischen Auswirkungen von Gemeindegebietsreformen zur Verfügung. Die Methode ist jedoch nicht in der Lage, die optimale Konfiguration für eine Gemeinde zu bestimmen. Nur in Verbindung mit der deterministischen DEA ist es möglich, zunächst eine optimale Konfiguration zu ermitteln und die Performance der optimal konfigurierten Gemeinden anschließend im quasiexperimentellen Ansatz zu überprüfen. Umgekehrt lässt sich mit der DEA zwar eine optimale Konfiguration ermitteln, aber die Güte der verwendeten DEA kann aufgrund ihres deterministischen Charakters nicht bestimmt werden. Dieser Nachteil wird in den folgenden Kapiteln in Kauf genommen, da die DEA mit einem Minimum an Annahmen über die Produktionstechnologie der Gemeinden auskommt und ihre Ergebnisse strikt endogen aus realen Beobachtungen ermittelt werden.

5 Schätzung der optimalen Konfiguration

In diesem Kapitel werden die Hypothesen formuliert. Anschließend erfolgt die Spezifikation der DEA und die deskriptive Beschreibung der Input- und Outputdaten im Modell. Kapitel 5.3 beschreibt die Ergebnisse der statischen Effizienzanalyse und die skalenoptimale Konfiguration. In Kapitel 5.4 wird die Konfiguration in einer dynamischen Analyse getestet. Alle Berechnungen wurden mit der Software STATA[334] durchgeführt. Für die statischen Effizienzanalysen wurden vergleichend die Pakete TERADIAL[335] und DEA[336] genutzt. Bei den dynamischen Effizienzanalysen kamen TERADIAL für die Effizienzwerte sowie NPTESTRTS für den Test auf die Form der Skalenerträge zum Einsatz.[337]

5.1 Hypothesen

Ausgangspunkt für die Formulierung der Forschungshypothesen soll nochmals das in Kapitel 2.3.3 bereits diskutierte Konzept der Skaleneffizienz von Färe und Grosskopf (1985) sein.[338] Abbildung 5-1 visualisiert die Situation am Beispiel eines 1-Input-1-Output-Modells. Beim Vergleich des effizienten Randes unter Annahme konstanter Skalenerträge (CRS) und variabler Skalenerträge (VRS) lässt sich je ein Outputbereich mit steigenden Skalenerträgen, ein skalenoptimaler Bereich und ein Bereich mit fallenden Skalenerträgen identifizieren. Der skalenoptimale Bereich ist durch eine Untergrenze (UG) und eine Obergrenze (OG) charakterisiert, die in Outputeinheiten angegeben werden kann. Sowohl an der Obergrenze als auch an der Untergrenze befinden sich tatsächlich existierende Beobachtungen, d. h. reale Gemeinden, welche die höchste Durchschnittsproduktivität aufweisen. Innerhalb jedes Skalenbereiches liegen zahlreiche Beobachtungen, die unterschiedliche Effizienzniveaus aufweisen. Ihr horizontaler Abstand zur CRS-Effizienzgrenze und zur VRS-Effizienzgrenze ist größer, je mehr Input sie einsetzen.

Für alle Beobachtungen im skalenoptimalen Bereich sind diese Ineffizienzen vollständig technisch bedingt. Selbst wenn die eingesetzten Inputmengen über einen großen Bereich streuen, können Gemeinden mit Outputmengen im Bereich steigender Skalenerträge technologisch bedingt keine Effizienzniveaus links von der VRS-Grenze erreichen. Wenn die mittlere Distanz d1 im skalenoptimalen Bereich (SOK) zur CRS-Effizienzgrenze kleiner ist als die mittlere Distanz d2 zur CRS-Effizienzgrenze im Bereich steigender Skalenerträge, ist der Skaleneffekt stark genug, dass Fusionen ökonomisch sinnvoll sind.

[334] StataCorp 2017.
[335] Vgl. Badunenko/Pavlo 2016, S. 11; Barber/Dobkin/Huhdanpaa 1996.
[336] Vgl. Ji/Lee 2010.
[337] Vgl. Badunenko/Pavlo 2016, S. 16ff.
[338] Vgl. Färe/Grosskopf 1985.

Sollten sich die mittleren Distanzen und damit die mittleren Effizienzwerte für die Gemeinden in beiden Bereichen kaum unterscheiden, dominieren technische Ineffizienzen, die weder durch Größenunterschiede erklärbar noch durch Fusionen behebbar sind. In einer solchen Situation wären Gebietsveränderungen wahrscheinlich der falsche Reformansatz.

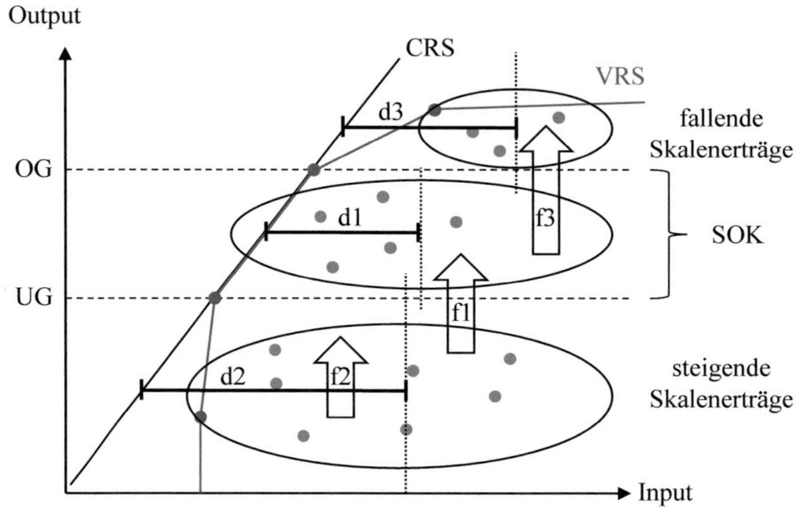

Abbildung 5-1: Mittlere Effizienz pro Skalenbereich und Fusionseffekte[339]

Eine Fusion innerhalb des Bereiches steigender Skalenerträge - in der Visualisierung als f2 gekennzeichnet - kann aufgrund von Änderungen der technischen Effizienz zu Effizienzgewinnen führen. Gründe für den Effizienzzuwachs können dabei beispielsweise in der Ablösung veralteter Verwaltungspraktiken im Zuge des Fusionsprozesses liegen.[340] Diese Veränderungen der technischen Effizienz könnten bei jeder Fusionsart auftreten. Gleichzeitig kann bei f2-Fusionen auch schon ein Teil Skalenerträge realisiert werden. Maximal ausschöpfen lassen sich diese Skalenerträge jedoch nur, wenn eine Fusion bis in den skalenoptimalen Bereich hinein durchgeführt wird. In diesem Fall liegt eine Fusion vor, die in der Visualisierung als f1 gekennzeichnet ist.

[339] Quelle: Eigene Darstellung.
[340] Vgl. Allers/Geertsema 2016, S. 7.

Bei einer Fusion über den skalenoptimalen Bereich hinaus - f3-Fusion - entstehen hingegen im Vergleich zum optimalen Bereich Skalenverluste, welche möglichen Verbesserungen der technischen Effizienz entgegenlaufen. Wie stark sich die technische Effizienz im Zuge einer Fusion verändert, lässt sich nicht ohne Weiteres vorhersagen. Allers und Gertsemaa (2016) vermuten, dass bei Erweiterungen bestehender Gemeinden durch Eingliederungen meist keine neuen Verwaltungsstrukturen bei der Postfusionsgemeinde geschaffen werden müssen und daher die Kosten des Reformprozesses womöglich niedriger sind, gleichzeitig aber auch kaum Änderungen in der Arbeitsweise der Gemeinde zu erwarten sind.[341] Eine solche Fusion sollte kaum einen Effekt auf die technische Effizienz haben. Sie ist allerdings – wenn die beiden Altgemeinden vorher selbstständig waren – sehr wohl skalenwirksam und kann Skalenerträge generieren. Bikker und van der Linde (2016) stellen für ihren Datensatz fest, dass das Ausmaß der technischen Ineffizienz mit bis zu 30 Prozent, den Umfang der größenbedingten Ineffizienz (Abweichung von Skaleneffizienz) mit fünf bis zehn Prozent bei Weitem übersteigt.[342] Auch Illy (2015) schätzt den Anteil der größenbedingten Ineffizienzen als gering ein.[343] Aus diesen Überlegungen lässt sich eine erste Hypothese ableiten:

H1: Die mittlere Gesamteffizienz der Gemeinden (CRS Effizienz) im skalenoptimalen Bereich unterscheidet sich von der mittleren Gesamteffizienz der Gemeinden im Bereich steigender und fallender Skalenerträge.

Diese Hypothese lässt sich anhand der ermittelten Effizienzwerte überprüfen. Der Vergleich der Effizienzwerte unter der Annahme variabler und konstanter Skalenerträge ermöglicht es außerdem, eine erste Orientierung über die mögliche Stärke von Fusionseffekten zu erhalten. Darüber hinaus wäre es nützlich, zunächst zu überprüfen, ob es strukturelle Gründe für technische Ineffizienzen gibt. Insbesondere der Einfluss der Gemeindeart auf die technische Effizienz ist dabei von Interesse, da diese sich im Gegensatz zu vielen anderen strukturellen Eigenschaften im Zuge von Fusionen ändern kann. Die zweite Hypothese lautet daher:

H2: Einheitsgemeinden erreichen im Mittel eine höhere Gesamteffizienz als Verwaltungsgemeinschaften und erfüllende Gemeinden.

Auch in der Zeitreihe müssten sich Effekte, die aus der Änderung des Gemeindetyps resultieren, erfassen lassen.

[341] Vgl. Allers/Geertsema 2016, S. 6.
[342] Vgl. Bikker/van der Linde 2016, 456f.
[343] Vgl. Illy 2015, S. 137.

H3: Die Auflösung von Verwaltungsgemeinschaften und erfüllenden Gemeinden zugunsten von Einheitsgemeinden, führt zu einer höheren Effizienz bei den neu gebildeten Gebietskörperschaften.

Wenn sich durch Überprüfung von H2 und H3 ausschließen lässt, dass die Gemeindeart einen Einfluss auf die Gesamteffizienz hat, ändert sich im Zuge einer Fusion darüber hinaus nur noch der Skalenbereich. Es ergibt sich die Hypothese für die skalenoptimale Konfiguration:

H4: Die Entwicklung der mittleren Gesamteffizienz der Gemeinden, die in den optimalen Skalenbereich hinein fusioniert haben, unterscheidet sich im Beobachtungszeitraum von der Entwicklung der mittleren Gesamteffizienz der Gemeinden, die in den Bereich steigender und fallender Skalenerträge hinein fusioniert haben.

Unter der Annahme, dass die Auswirkung einer Fusion auf die technische Effizienz unabhängig vom Skalenbereich immer gleich stark ist, lässt sich der reine Skaleneffekt isolieren, indem skalenwirksame und skalenneutrale Fusionen verglichen werden. Bei einer skalenwirksamen Fusion erhöht sich die Outputmenge im Zuge der Gebietsveränderung. Dies ist beispielsweise beim Zusammenschluss zweier selbstständiger Gemeinden der Fall. Im Modell sind für die Beobachtungsjahre vor der Fusion ausschließlich die Summen der Input- und Outputgrößen der Altgemeinden berücksichtigt. Es existieren für alle Vorfusionsjahre synthetische Effizienzwerte auf Basis des Gebietsstandes der Neubildung, so als hätte diese bereits vorher existiert (vgl. Kapitel 2.4.3). Schließen sich die zwei Altgemeinden zusammen, sind nicht mehr zwei Gemeindeverwaltungen für je ihren Teil der Gebietsfläche zuständig. Es bleibt nur eine Gemeindeverwaltung übrig, die für die Gesamtgebietsfläche beider ehemaliger Altgemeinden zuständig ist. Dieser Vorgang lässt sich so interpretieren, als würde eine Gemeindeverwaltung aufgelöst werden und die Zweite wäre nun auch für die Gebietsfläche der zweiten Altgemeinde verantwortlich. Die Fusion ist skalenwirksam, da aus Sicht der verbleibenden Gemeindeverwaltung die Outputmenge größer geworden ist. Es gibt auch Fälle skalenneutraler Fusionen: Dies ist zum Beispiel bei Eingliederungen von beauftragenden Gemeinden in ihre erfüllenden Gemeinden der Fall. Die Gemeindeverwaltung der erfüllenden Gemeinde hat vor der Fusion bereits alle wesentlichen Aufgaben für die beauftragende Gemeinde übernommen. Die beauftragende Gemeinde verfügt üblicherweise über keine eigene Gemeindeverwaltung mehr. In die synthetische Vorfusionsgemeinde geht daher auch nur der Ressourcenverbrauch für die Gemeindeverwaltung der erfüllenden Gemeinde ein. Im Zuge der Fusion ändert sich die von ihr zu verantwortende Outputmenge nicht. Wenn ausreichend starke Skalenerträge bei Gemeinden existieren und die Gemeinden nicht in den Bereich fallender Skalenerträge hinein fusionieren, dann lässt sich folgende Hypothese formulieren:

H5: Skalenwirksame Fusionen, welche die Obergrenzen der skalenoptimalen Konfiguration
nicht überschreiten, führen zu größeren Effizienzveränderungen als skalenneutrale Fusionen.

Die Skalenwirksamkeit ist am Konzept der selbstständigen Arbeitsfähigkeit einer Gemeinde orientiert. Wenn Gemeinden fusionieren, die vorher in keiner der beiden Formen von Gemeinschaften (VG, EG) verbunden waren, ist die Fusion skalenwirksam. Fusionen von Gemeinden innerhalb einer Verwaltungsgemeinschaft, Eingliederungen von beauftragenden Gemeinden in ihre erfüllende Gemeinde, Zusammenschlüsse aller Mitgliedsgemeinden einer Verwaltungsgemeinschaft zu einer Einheitsgemeinde, Zusammenschlüsse aller beauftragenden und erfüllenden Gemeinden zu einer Einheitsgemeinde und die Bildung von erfüllenden Gemeinden ausschließlich aus Mitgliedsgemeinden einer Verwaltungsgemeinschaft sind dagegen skalenneutrale Fusionen.

5.2 Spezifikation der DEA

Im nächsten Schritt wird die DEA spezifiziert. Von zentraler Bedeutung ist dabei die überlegte Auswahl von Input- und Ouputgrößen. Da die DEA als deterministisches Verfahren für jede beliebige Spezifikation Effizienzwerte generiert, müssen die gewählten Größen gut begründet werden. Die Wahl der Inputs und Outputs stellt den normativen Kern aller folgenden Analyseschritte dar.

5.2.1 Input- und Outputgrößen

Die ausschließliche Verwendung des Bevölkerungsstandes als Output bildet die Strukturen innerhalb kreisangehöriger Gemeinden nur unzureichend ab. Es besteht zwar bei vielen kommunalen Pflichtaufgaben ein starker Zusammenhang zwischen Einwohnerzahl und benötigten Ressourcen bei der Gemeinde, und auch der kommunale Finanzausgleich vergütet über die Hauptansatzstaffel den Bevölkerungsstand, jedoch spielt die demografische Struktur innerhalb der Gemeinde darüber hinaus eine entscheidende Rolle. [344]

In dieser Arbeit wird zur Bestimmung der Outputgrößen in der DEA der kommunale Finanzausgleich in Thüringen herangezogen. Da die kreisangehörigen Gemeinden in Thüringen nicht in der Lage sind, ihren Finanzbedarf aus eigenem Steueraufkommen zu decken, sind sie auf diese Ausgleichszahlungen angewiesen. Der Freistaat entfaltet mit den

[344] Vgl. Köller 2013 für einen knappen Überblick der Herausforderungen für Kommunen im Zuge des demografischen Wandels.

konkreten Regelungen für die Ermittlung der Zuweisungen an die Gemeinden eine Lenkungswirkung hinsichtlich der aus seiner Sicht zur finanzierenden und damit zu erfüllenden Aufgaben. Färber et al. (2012) untersuchen in ihrer Arbeit den reformierten kommunalen Finanzausgleich in Thüringen nachdem dieser in seiner alten Fassung vom Thüringer Verfassungsgericht für nicht verfassungskonform erklärt wurde.[345] Sie stellen in Einklang mit der Rechtsprechung des Verfassungsgerichts fest, dass die Finanzausgleichsmasse im neuen Finanzausgleich bezogen auf die Finanzkraft und die Kostenbelastung der Kommunen gebildet und verteilt wird und der allgemeine Finanzausgleich nun an den kommunalen Aufgaben orientiert sei.[346]

Eck et. al. (2015) stellen für Thüringen fest, dass die Kommunalhaushalte vor allem Jugendhaushalte sind. Sie ordnen die kommunalen Ausgaben den Altersgruppen innerhalb der Bevölkerung zu. Die Ergebnisse ihrer Berechnungen sind in Abbildung 5-2 visualisiert. Die höchsten Pro-Kopf-Ausgaben der Kommunen entfallen auf die Altersgruppe der unter Sechsjährigen. Als Hauptgrund hierfür führen die Autoren die hohen Ausgaben für Kindertagesstätten an. In der Altersgruppe der 6 bis 19-Jährigen werden ebenfalls noch hohe Ausgaben getätigt. Hierbei ist zu beachten, dass in der genannten Studie alle Kommunen betrachtet wurden, d. h. beispielsweise Aufgaben der Jugendhilfe, die von den Landkreisen übernommen werden, sind hier mit eingerechnet. Auf die kreisangehörigen Gemeinden entfallen in dieser Altersgruppe jedoch zumindest die Kosten für Schulträgerschaften. Für alle höheren Altersgruppen nehmen die Pro-Kopf-Ausgaben der Kommunen kontinuierlich ab.[347]

[345] Vgl. Thüringer Verfassungsgerichtshof 2005.
[346] Vgl. Färber et al. 2012, S. 49; Thüringer Verfassungsgerichtshof 2011, S. 17.
[347] Vgl. Eck et al. 2015, S. 117ff.

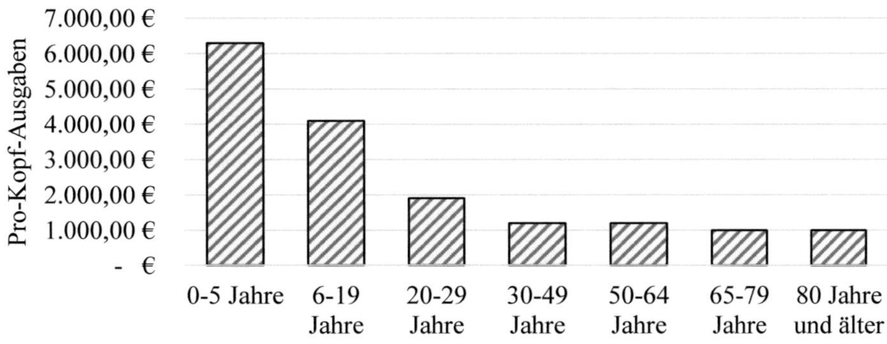

Abbildung 5-2: Pro-Kopf-Ausgaben der Gemeinden nach Altersgruppen (2011)[348]

Wenn sich die Ausgaben der Gemeinden je nach Altersgruppe unterschiedlich verteilen, sind theoretisch zwei Gemeinden denkbar, die bei exakt gleichem Bevölkerungsstand sehr verschiedene Pro-Kopf-Ausgaben aufweisen. Wäre beispielsweise eine der beiden Gemeinden am Rande einer größeren Stadt ein attraktives Zuzugsgebiet für junge Familien, hätte sie dadurch erheblich höhere Pro-Kopf-Ausgaben als eine zweite, abgelegene Gemeinde mit einem hohen Seniorenanteil und wenigen Kindern. Bei einer Effizienzanalyse die ausschließlich den Bevölkerungsstand als Output einbezieht, würde der Kinderreichtum der ersten Gemeinde als Ineffizienz gewertet werden.

Wenn es also möglich ist, die kostenbestimmenden Bestandteile in den verschiedenen Altersgruppen als Output zu berücksichtigen, kann damit die individuelle demografische Situation jeder Gemeinde besser erfasst werden. Der kommunale Finanzausgleich in Thüringen trägt den besonderen Belastungen für die Gemeinden mit höherem Bevölkerungsanteil in jungen Altersgruppen Rechnung, indem gesonderte Mittel für jeden bewilligten Kitaplatz und pro Schüler an die Gemeinden ausgezahlt werden (vgl. Kapitel 3.3.3). Bei den Schlüsselzuweisungen existiert seit 2013 ein gesonderter Kinderansatz (vgl. Kapitel 3.3.2).

Allerdings sieht der Finanzausgleich in Thüringen keinen expliziten Demografieansatz für Gemeinden mit einer ungünstigen demografischen Situation vor. In anderen Bundesländern werden bei der Berechnung der Ausgleichszahlungen Bevölkerungsveränderungen in Gemeinden mit ungünstiger demografischer Struktur gesondert berücksichtigt. In den besagten Ländern wird seitens des Gesetzgebers angenommen, dass bei Bevölkerungsrückgang die vorhandenen Infrastrukturen und das Personal erst nach einer

[348] Quelle: Eck et al. 2015, S. 121.

gewissen Zeit abgebaut werden können.[349] Diese Anpassungsleistung an den demografischen Wandel kann auf Grundlage des Thüringer Finanzausgleichs nicht als Output berücksichtigt werden. Kostenremanenzen bei Gemeinden, die unter starkem demografischen Druck stehen, werden als Ineffizienz gewertet.

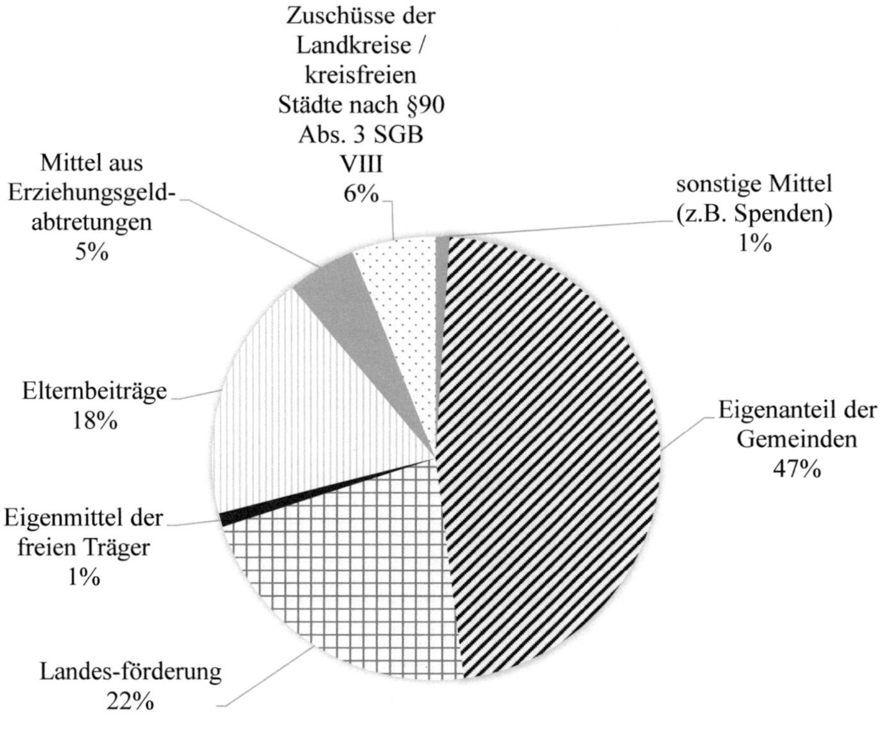

Abbildung 5-3: Finanzierung der Kindertagesbetreuung in Thüringen (2007)[350]

Abbildung 5-3 verdeutlicht nochmals am Beispiel der Kindertagesbetreuung, dass sich Gemeinden bei Pflichtaufgaben überwiegend im Bereich einer Mischfinanzierung befinden.[351] Die Position Landesförderung setzt sich aus Zuweisungen aus dem

[349] Vgl. Bauer/Frei 2017, S. 22.
[350] Quelle: Gemeinde- und Städtebund Thüringen (Hrsg.) 2009, S. 431.
[351] Vgl. auch Rehm/Matern-Rehm 2010, 72f.

kommunalen Finanzausgleich und weiteren Zuschüssen zusammen.[352] Die Zuweisung der Mittel aus dem Finanzausgleich für die Kindertagesbetreuung erfolgt zwar bezogen auf die Anzahl der bewilligten Plätze, die Gelder müssen von der Gemeinde jedoch nicht zwingend auch zweckgebunden eingesetzt werden.[353] Ist es einer Gemeinde also beispielsweise möglich, durch Anpassung der Elternbeiträge einen höheren Grad der Eigenfinanzierung zu erreichen, werden nicht benötigte Gelder aus dem Finanzausgleich im Gemeindehaushalt für andere Verwendungen frei. Sparsames Wirtschaften schafft also Möglichkeiten, einen Teil der verfügbaren Finanzmittel in freiwillige Aufgaben umzuleiten.

Merkmal	Ausprägung
Bevölkerungsstand	6.369
Kitaplätze	302
Kitaplätze pro 100 Einwohner	4,74
Verwaltungshaushalt	7.948.584 EUR
Personalausgaben (gesamt)	4.070.917 EUR
Personalintensität	51,22 %
Personalausgaben Kindertagesstätten	2.098.718 EUR
Anteil Kita-Personal am Gesamtpersonal	51,55 %
Anteil Kita-Personal am Gesamthaushalt	26,40 %

Tabelle 5-1: Kitapersonalintensität am Beispiel der Gemeinde Wutha-Farnroda (2017)[354]

Die Bedeutung der Kindertagesbetreuung in den Haushalten der kreisangehörigen Gemeinden soll hier nochmals am Beispiel einer konkreten Gemeinde verdeutlicht werden. Tabelle 5-1 stellt die Situation der Gemeinde Wutha-Farnroda im Wartburgkreis für das Jahr 2017 dar. Die Gemeinde weist eine Kitaplatzdichte von 4,74 Plätzen pro 100 Einwohner auf. Das entspricht in etwa dem Durchschnitt der kreisangehörigen Gemeinden in Thüringen.[355] Der Gesamthaushalt[356] der Gemeinde Wutha-Farnroda belief sich in 2017 auf knapp acht Millionen Euro. Davon entfiel etwa die Hälfte auf Personalkosten. Die Personalkosten in den Kindertagesstätten betrugen mit gut zwei Millionen Euro etwa 52 Prozent der gesamten Personalkosten. Damit ist die Kindertagesbetreuung für die

[352] Vgl. §24 Thüringer Kindertagesbetreuungsgesetz (ThürKitaG) 2017.

[353] Vgl. §16 ThürFAG 2013.

[354] Quelle: Eigene Berechnungen basierend auf der Jahresrechnungsstatistik des Thüringer Landesamtes für Statistik (2017); Personalausgaben Kindertagesstätten aus Gemeindeverwaltung Wutha-Farnroda 2018.

[355] Mittelwert der Kitaplätze pro 100 Einwohner aller kreisangehörigen Gemeinden in Thüringen 2017: 4,84. Quelle: Eigene Berechnungen basierend auf der Jahresrechnungsstatistik 2017 des Thüringer Landesamtes für Statistik.

[356] Hier der Verwaltungshaushalt ohne Investitionsmittel.

Gemeinde die mit Abstand personalintensivste und dadurch auch kostenintensivste Einzelaufgabe.[357]

Unabhängig von Altersgruppen gibt es die Nachfrage nach einem bestimmten Umfang an öffentlicher Infrastruktur der Gemeinden, wie z. B. Straßen, Wegen, Plätzen, öffentlichen Gebäuden, Parks, Friedhöfen und spezifischer technischer Infrastruktur.[358] Diese Nachfrage steht nicht unbedingt in unmittelbarem Zusammenhang mit dem Bevölkerungsstand. Sie muss in unterschiedlich dicht besiedelten Gemeinden befriedigt werden, obwohl sich die Pro-Kopf-Ausgaben dafür gegebenenfalls deutlich unterscheiden.[359] In Effizienzanalysen wird daher, wie in Kapitel 4.5.1 bereits geschildert, oft ein Flächenmaß als Output einbezogen. Am einfachsten ist es dabei, die Bodenfläche zu verwenden.[360] Da diese Arbeit, wie oben geschildert, einen stärkeren Fokus auf die ausgabenbestimmenden Komponenten legt, bietet sich die Siedlungs- und Verkehrsfläche als Alternative an: Sie umfasst bebaute und unbebaute Flächen die grundsätzlich für Wohnzwecke vorgesehen sind, Industrie- und Gewerbeflächen, Sport-, Freizeit- und Erholungsflächen, bebaute und nicht bebaute Flächen, die dem Verkehr dienen sowie Friedhofsflächen.[361] Andere Flächen, wie beispielsweise Wälder, Wasserflächen und dergleichen sind nicht enthalten. Die Siedlungs- und Verkehrsfläche deckt daher am besten die von den Gemeinden bewirtschafteten und daher ausgabenwirksamen Flächenarten ab.[362]

Folgende Outputvariablen gehen in die Effizienzanalyse ein:

- Bevölkerungsstand,
- Kitaplätze,
- Schüler,
- sowie die Siedlungs- und Verkehrsfläche.

[357] Vgl. Gemeindeverwaltung Wutha-Farnroda 2018.

[358] Vgl. Eck et al. 2015, S. 116.

[359] Rösel 2016, S. 31 vermutet einen Zusammenhang zwischen Bevölkerungsdichte und Ausgaben der Kommunen. Rosenfeld et al. 2007, S. 58 führen als Beispiele für gebietsbezogen überproportional wachsende Kosten die Straßenbaulast und den Brandschutz an.

[360] Holcombe/Williams (2009) gelingt es, zu zeigen, dass die kommunalen Pro-Kopf-Ausgaben von Gemeinden stärker von der Bevölkerungsdichte – also dem Quotienten aus Bevölkerungsstand und Bodenfläche – als vom alleinigen Bevölkerungsstand abhängen (Vgl. Holcombe/Williams 2009, S. 428ff). Dieser Nachweis gelingt Büttner et al. (2004) auf Ebene der Bundesländer jedoch nicht (vgl. Büttner/Schwager/Stegarescu 2004, S. 11f).

[361] Vgl. Thüringer Landesamt für Statistik 2018b, S. 10.

[362] Leistungen der Gemeinden mit Bezug zur Siedlungs- und Verkehrsfläche können beispielsweise die Instandhaltung der Gemeindestraßen sein: Frühjahrs- und Herbstflickung, Bordstein und Fugensanierung, Oberflächenversieglung, Pflasteraustausch, Sanierung von Straßeneinläufen usw. (Quelle: Gemeindeverwaltung Wutha-Farnroda 2018).

Der Bevölkerungsstand wird über die Hauptansatzstaffel des kommunalen Finanzausgleichs direkt mit Schlüsselzuweisungen honoriert. Die Zuweisungen pro Kitaplatz und pro Schüler sind als einzige über den gesamten Beobachtungszeitraum und für alle kreisangehörigen Gemeinden im kommunalen Finanzausgleich wirksam. Sie tragen darüber hinaus der in Abbildung 5-2 dargestellten altersgruppenbezogenen Ungleichheit der Ausgaben von Gemeinden Rechnung. Die Siedlungs- und Verkehrsfläche erfasst alle flächenmäßigen gemeindlichen Infrastrukturen und berücksichtigt - zusammen mit dem Bevölkerungsstand - siedlungsstrukturelle Besonderheiten jeder Gemeinde.

Die oben beschriebenen Output-Variablen stehen als quantitative Merkmale zur Verfügung. Eine Beurteilung der Qualität der kommunalen Dienstleistungen ist damit nicht möglich. Outputs von Kommunen sind im Pflichtbereich allerdings stark reguliert,[363] sodass bereits die gesetzlichen Vorgaben und Regelungen gewisse Qualitätsstandards sichern und der Fokus im Weiteren auf einer quantitativen Analyse liegt.

Zur Durchführung einer Effizienzanalyse wird neben den Outputs zudem ein unverzerrte Inputgröße benötigt. Der einfachste und in der Forschung sehr häufig gewählte Weg, den Ressourcenverbrauch in Effizienzanalysen abzubilden, besteht darin, die laufenden Ausgaben der Gemeinden als Input in die DEA aufzunehmen (vgl. Kapitel 4.5.1). Es handelt sich dabei um alle vermögensunwirksamen Ausgaben.[364] Es erscheint plausibel alle Ausgaben einer Gemeinde, die zum laufenden Betrieb notwendig sind, als deren Ressourcenverbrauch zu definieren. Dennoch gibt es einige Argumente, die gegen die Verwendung der laufenden Ausgaben als Input in der DEA sprechen. Zunächst spielt die Ermittlung der Schlüsselzuweisungen im kommunalen Finanzausgleich über die Hauptansatzstaffel eine Rolle (vgl. Kapitel 3.3.2). Unter Vernachlässigung des gemeindeindividuellen Steueraufkommens erhalten einwohnerstärkere Gemeinden durch die Staffelung des Hauptansatzes höhere Schlüsselzuweisungen. Bei ansonsten vergleichbaren Gemeinden haben jene mit einem höheren Bevölkerungsstand auch größere finanzielle Mittel zur Verfügung, die nicht im Pflichtaufgabenbereich gebunden sind. Diese Gelder können die Gemeinden selbstverständlich zum Schuldenabbau verwenden oder davon Rücklagen bilden. Es ist aber durchaus möglich, dass ein Teil dieser Mittel in die Bereitstellung von Dienstleistungen im Bereich freiwilliger Aufgaben fließt. Da es durch das Aufgabenfindungsrecht der Gemeinden rein praktisch nicht möglich ist, alle denkbaren Aufgaben als Outputs einzubeziehen, würde das Engagement finanzstärkerer Kommunen im freiwilligen Bereich als Ineffizienz gewertet werden. Gleiches gilt für Gemeinden mit hohem Steueraufkommen: Bei höheren Steuereinnahmen sinken zwar die Schlüsselzuweisungen, dennoch verfügen steuerkraftstarke Gemeinden über einen

363 Vgl. beispielsweise für die Kindertagesbetreuung §14-§19 ThürKitaG.

364 Vgl. Thüringer Landesamt für Statistik 2018b, S. 14.

größeren finanziellen Spielraum. Der kommunale Finanzausgleich ist so angelegt, dass der Finanzbedarf der Gemeinden mit niedriger Steuerkraft eben nicht vollständig durch Zuweisungen gedeckt werden soll. Durch diese Regelung können Fehlanreize für das Besteuerungsverhalten der Gemeinden vermieden werden.[365] Kurz gesagt, ein Modell mit laufenden Ausgaben als Input würde bevorzugt kleine, arme Gemeinden als besonders effizient erscheinen lassen. Insbesondere wenn diese aufgrund ihrer schwierigen Finanzlage keinerlei freiwillige Aufgaben mehr übernehmen können. Abbildung 5-4 fasst den Zusammenhang der verschiedenen Einnahmequellen und deren Auswirkung auf die Höhe des Verwaltungshaushaltes einer Gemeinde vereinfacht in einem Stock-and-Flow-Diagramm[366] zusammen.[367] Die Gesamtausgaben der laufenden Rechnung als Input in einer DEA würden dem Volumen des Verwaltungshaushaltes entsprechen.

Neben der Steuerkraft, die ja über den kommunalen Finanzausgleich rückgekoppelt ist, erwirtschaften Gemeinden noch in unterschiedlichem Umfang Einnahmen aus Verwaltung und Betrieb (Einnahmen VB). Diese Einnahmen werden im Finanzausgleich nicht einbezogen und stehen direkt für freiwillige Aufgaben zur Verfügung.

Ein zweites Argument gegen laufende Ausgaben als Input betrifft die spätere Verwendung der ermittelten Effizienzwerte in der dynamischen Analyse. Damit es bei der Betrachtung mehrerer Beobachtungsjahre nicht zu einer Verzerrung durch Veränderungen der Inputpreise kommt, müssten die Ausgaben inflationsbereinigt werden. Die Annahme, dass sich die Inputpreise über den Beobachtungszeitraum von 11 Jahren nicht ändern, ist kaum realistisch. Allerdings setzt eine wirksame Inflationsbereinigung die Kenntnis eines repräsentativen „Warenkorbs" einer Gemeinde oder die Verfügbarkeit eines Preisindex für Kommunen voraus. Beides ist nicht gegeben.

---

[365] Beispielweise bestünde dann ein Anreiz, Hebesätze auf ein möglichst niedriges Niveau abzusenken und sich die verringerten Steuereinnahmen vom Land über den kommunalen Finanzausgleich kompensieren zu lassen.

[366] Vgl. Sterman 2000, S. 191ff.

[367] Hier exemplarisch für eine kamerale Gemeinde auf Basis der Thüringer Gemeindehaushaltsverordnung (GemHVO).

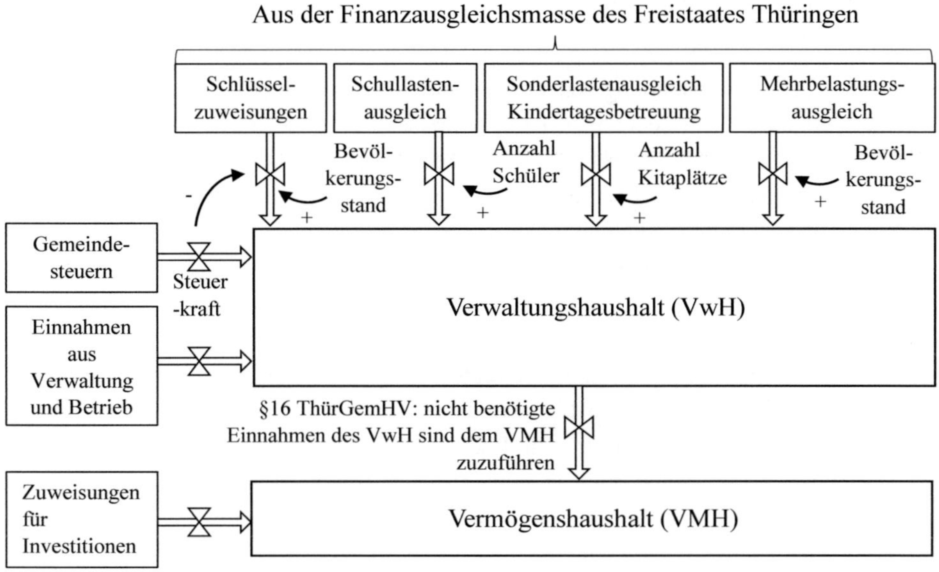

Abbildung 5-4: Einnahmestruktur und Verwaltungshaushalt von Gemeinden[368]

Anstatt die Kosteneffizienz unter Einbezug der Gemeindeausgaben als Input zu ermitteln, wird in dieser Arbeit eine technische Effizienz berechnet. Dazu müssen alle Inputfaktoren erfasst werden: Da die Effizienzanalyse für den laufenden Betrieb der Gemeinden unter Ausschluss von Investitionsmaßnahmen durchgeführt wird, sind das einerseits der Personaleinsatz und andererseits der Einsatz laufender Sachmittel. Das Thüringer Landesamt für Statistik erfasst Daten zum Personalbestand im öffentlichen Dienst auf Gemeindeebene. Dazu gehören unter anderem Daten über Vollzeitäquivalente in den Kernhaushalten der Gemeinden. Sie umfassen für eine Gemeinde alle Vollzeitbeschäftigten zuzüglich aller Beschäftigten in Teilzeit, deren Stellenanteil über einen Arbeitszeitfaktor auf Vollzeitbeschäftigung umgerechnet wird. Auszubildende werden als Vollzeitbeschäftigte eingerechnet und Personen in Altersteilzeit mit der Hälfte ihrer regulären Arbeitszeit.[369] Damit liegen Daten zum Personalbestand als nichtmonetäre Inputgröße vor. Grundsätzlich unterliegen Daten zum Personalbestand im öffentlichen Dienst auf Ebene der erhebenden Einheit einer statistischen Rundung.[370] Aufgrund der

[368] Quelle: Eigene Darstellung.
[369] Vgl. Thüringer Landesamt für Statistik 2018b, S. 15.
[370] Vgl. Finanz- und Personalstatistikgesetz (FPStatG).

Aggregation der Beobachtungen für diese Arbeit, wird die daraus resultierende Unschärfe in Kauf genommen.

Ein Problem bei der Verwendung von Vollzeitäquivalenten als Inputgröße betrifft das Outsourcing-Verhalten. Den Gemeinden ist es grundsätzlich möglich, bestimmte Aufgaben auszulagern und die zugehörigen Dienstleistungen von externen Organisationen erbringen zu lassen. Personal, das bei anderen Organisationen beschäftigt ist, wird den Vollzeitäquivalenten der Gemeinde nicht zugerechnet, auch wenn es Pflichtaufgaben der Gemeinde erfüllt. Das Thüringer Kitagesetz (ThürKitaG) lässt es beispielsweise zu, dass die Gemeinden selbst kommunale Kindertagesstätten betreiben oder aber Kindertagesstätten von freien Trägern, von Elterninitiativen oder von privaten Unternehmen als Betriebskindergärten betreiben lassen.[371] Unabhängig vom Träger einer solchen Einrichtung ist die Wohnsitzgemeinde der betreuten Kinder an der Finanzierung der Kindertagesbetreuung beteiligt.[372] Im Falle einer Trägerschaft durch die Gemeinde ist das kommunale Kitapersonal auch in den erfassten Vollzeitäquivalenten eingerechnet. Liegt die Trägerschaft nicht bei der Gemeinde, erhält der Träger einen Zuschuss in Form von Geldzahlungen von der Gemeinde. Personal in Kindertagesstätten, die in freier Trägerschaft sind, wird den Vollzeitäquivalenten der Gemeinde daher nicht hinzugerechnet, obwohl die Gemeinde es über den Zuschuss mitfinanziert. Bei Verwendung von Vollzeitäquivalenten in der DEA sind die Ergebnisse darum verzerrt. Gemeinden mit Kitas in freier Trägerschaft erbringen ihre Kinderbetreuungsleistungen offenbar ohne Personaleinsatz und werden dadurch als deutlich effizienter eingestuft. Dies betrifft aber nicht nur die Kindertagesbetreuung. Die Anzahl der Vollzeitäquivalente in der Gemeinde ist verzerrt, je nachdem, ob die Gemeinde bestimmte Leistungen outsourct oder nicht. Dorfard (2012) schließt mit genau dieser Argumentation alle auslagerbaren Aufgaben von seiner Effizienzanalyse aus.[373]

Für die Identifikation einer skalenoptimalen Konfiguration spielen aber gerade diese Aufgaben eine zentrale Rolle. Auch bevölkerungsmäßig kleine Gemeinden haben die Möglichkeit, bestimmte Aufgaben an nicht gewinnorientierte oder private Dienstleister auszulagern[374] oder sie in interkommunaler Zusammenarbeit mit anderen Gemeinden zu bewältigen.[375] Gelingt ihnen dies, können sie dadurch ihre Dienstleistungen mit einer ähnlichen Produktivität anbieten wie einwohnerstärkere Gemeinden. Sie können also Skalenerträge durch die Zusammenarbeit mit externen Organisationen generieren. Foged

[371] Vgl. §6 ThürKitaG.
[372] Vgl. §21 ThürKitaG.
[373] Vgl. Dorfard 2012, S. 86f.
[374] Beispielsweise die Pflege von Park- und Grünanlagen. Aktuelle Daten zum Outsourcing-Verhalten von Gemeinden und Landkreisen in Deutschland finden sich bei Brand/Steinbrecher 2019.
[375] Vgl. Cobban 2017, 5f.

(2016) findet heraus, dass ein negativer Zusammenhang zwischen Bevölkerungstand und Ausgliederung von Dienstleistungen mit hohen Fixkosten besteht. Größere Gemeinden gliedern also nicht so viele kapitalintensive Leistungen aus, sondern realisieren die Skalenvorteile innerhalb der Gemeinde.[376] Auslagerbare Aufgaben von der Analyse auszuschließen, könnte demnach dazu führen, dass der skalenoptimale Bereich falsch geschätzt wird.

Alle Gemeinden haben jedoch gemeinsam, dass sie über eine nicht auslagerbare Kernverwaltung verfügen. Von ihr werden sowohl die staatlichen Aufgaben wahrgenommen, bei denen Outsourcing nicht erlaubt oder möglich ist, als auch die Erfüllung der auslagerbaren Aufgaben koordiniert. Die Kernverwaltung stellt darüber hinaus die Arbeitsfähigkeit der politischen Organe der Gemeinde sicher.[377] Genau in diesem zwingend von den Gemeinden selbst zu betreibenden Bereich identifizieren zahlreiche Autoren wissenschaftlicher Studien die Möglichkeit Skalenerträge zu generieren.[378] Wenn es sich bei diesen Aufgaben – den Ergebnissen von Foged (2016)[379] folgend – vor allem um personalintensive Dienstleistungen handelt – kann sich die Effizienzanalyse inputseitig auf den Personaleinsatz in der allgemeinen Kernverwaltung konzentrieren. Ein solches Modell weist dann jene Gemeinden als effizient aus, denen es gelingt, ihre Outputs mit dem geringsten Personaleinsatz in der allgemeinen Verwaltung zu generieren. Und dies unabhängig davon, ob konkrete Pflichtaufgaben von der Gemeinde selbst erstellt werden oder an andere Organisationen ausgelagert sind.[380]

Ein zweites Argument spricht dafür, auf der Inputseite ausschließlich Vollzeitäquivalente in der allgemeinen Verwaltung (Vollzeitäquivealente AV; VZÄ-AV) einzubeziehen: Die eingesetzten laufenden Sachmittel als zweiter Inputfaktor liegen ausschließlich als monetäre Größe vor, was zu den gleichen Problemen wie in der oben beschriebenen Situation bei den laufenden Gesamtausgaben führt. Allerdings ist es bei der Haushaltsplanung bei Bund und Ländern üblich, Personalkosten und laufende Sachmittel für Verwaltungspersonal in einem festen Verhältnis zueinander anzusetzen. Haushälter gehen davon aus, dass sich jedem Verwaltungsmitarbeiter ein fester, jährlicher Sachmittelsatz zuordnen lässt. Dieser variiert zwar je nach Bundesland, ist aber stets als Pro-Mitarbeiter-Pauschale vorgesehen.[381] Wenn jedem Verwaltungsmitarbeiter ein fester

[376] Vgl. Foged 2016, S. 378.
[377] Vgl. Cobban 2017, S. 6.
[378] Vgl. Andrews/Boyne 2009, S. 755; Moisio/Uusitalo 2013, S. 163; Blom-Hansen/Houlberg/Serritzlew 2014, S. 797ff; Allers/Geertsema 2016, S. 29; Blesse/Baskaran 2016, S. 20; Studerus 2016, S. 15ff; Cobban 2017, 17ff.
[379] Vgl. Foged 2016, S. 378.
[380] Die ressourcenschonendere Variante würde sich dann in einer höheren technischen Effizienz niederschlagen.
[381] Vgl. Bundesministerium der Finanzen 2018; Finanz- und Wirtschaftsministerium Baden Württemberg 2016; Hessisches Ministerium der Finanzen 2016; Finanzministerium Mecklenburg Vorpommern 2016;

Sachmittelbetrag zugeordnet werden kann, sollte die Effizienzanalyse mit und ohne den Sachmittelbetrag zum gleichen Ergebnis führen.

Eine Effizienzanalyse mit dem Personalbestand in der allgemeinen Verwaltung auf der Inputseite, welche vergleichbare Ergebnisse erzeugen soll, setzt allerdings voraus, dass alle Gemeinden sich auch innerhalb eines Beobachtungsjahres mit konstanten Inputpreisen konfrontiert sehen. Dieses Kriterium kann als erfüllt angesehen werden, da die Thüringer Kommunalordnung festschreibt, dass – neben den Besoldungskriterien für kommunale Beamte - die Eingruppierung der Angestellten und die Einreihung der Arbeiter einer Gemeinde nur im Rahmen des Tarifvertrags zulässig sind.[382] Für alle Gemeinden in Thüringen ist der gleiche Tarifvertrag gültig.[383] Etwaige Unterschiede in den Inputpreisen sollten also nur geringfügig auftreten. Die Verwendung des Personalbestandes als Inputgröße hat darüber hinaus den Vorteil, dass bei der Betrachtung der Effizienzwerte im Zeitverlauf keine Inflationseffekte berücksichtigt werden müssen. Änderungen in der Produktivität können damit ausschließlich durch Veränderungen in der Produktionstechnologie oder durch den Auf- und Abbau von skalenbedingten oder technischen Ineffizienzen verursacht sein. Als Inputgröße gehen daher ausschließlich die Vollzeitäquivalente in der Allgemeinen Verwaltung in die Effizienzanalyse ein.

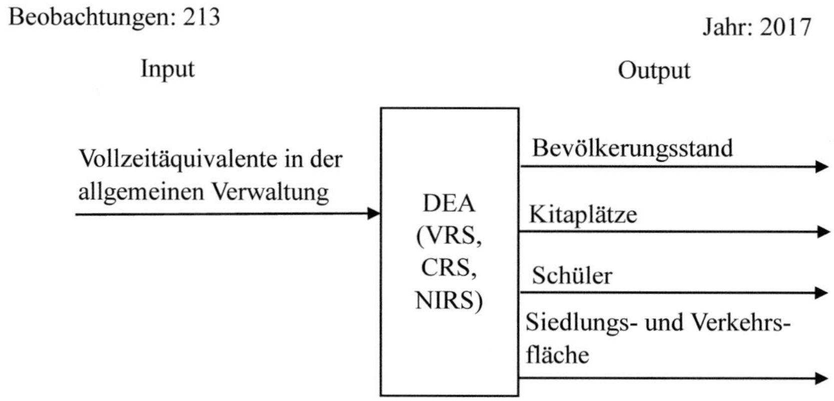

Abbildung 5-5: DEA Spezifikation[384]

Landesamt für Finanzen Rheinland-Pfalz 2015; Finanzministerium des Landes Schleswig-Holstein 2013. Die Sachmittelpauschalen basieren jeweils auf Erfahrungswerten vorangegangener Jahre.

[382] Vgl. §23 Abs. 3 ThürKO.

[383] Vgl. Vereinigung der kommunalen Arbeitgeberverbände (VKA) 2018, S. 6.

[384] Quelle: Eigene Darstellung.

Abbildung 5-5 fasst die Spezifikation der DEA nach dem in Kapitel 4 eingeführten Darstellungsschema zusammen. In der statischen Analyse wurden die Effizienzwerte für 213 Beobachtungen aus dem Jahr 2017 unter konstanten, variablen und nicht steigenden Skalenerträgen inputorientiert geschätzt.

Die Daten zu den Vollzeitäquivalenten in der allgemeinen Verwaltung sind in der öffentlich zugänglichen Datenbank des Thüringer Landesamtes für Statistik (TLS) auf Aggregationsebene der selbstständigen Gemeinden und Gemeindeverbände verfügbar.[385] Auch die Siedlungs- und Verkehrsflächen[386] und der Bevölkerungsstand[387] sind auf dieser Aggregationsebene verfügbar. Die Daten zu Kitaplätzen und Schülerzahlen für die kreisangehörigen Gemeinden stammen aus einer Sonderaufbereitung des Thüringer Landesamtes für Statistik, die in zwei Schritten in den Jahren 2017 und 2019 koordiniert durch den Auskunftsdienst des TLS durchgeführt wurde.[388]

5.2.2 Deskriptive Daten zu den formal selbstständigen Gemeinden

Zum Gebietsstand 2017 existierten im Freistaat Thüringen 843 selbstständige, kreisangehörige Gemeinden. Die große Anzahl formal selbstständiger Einheiten erfasst nicht, dass ein großer Teil der Gemeinden in Verwaltungsgemeinschaften verbunden ist. 738 kreisangehörige Gemeinden – das entspricht einem Anteil von 87,5 Prozent – waren entweder Mitgliedsgemeinden in Verwaltungsgemeinschaften (MGVG), beauftragende Gemeinden (BG) oder selbstständige Gemeinden, die als erfüllende Gemeinden (SEG) Verwaltungsaufgaben für andere Gemeinden wahrnahmen. Hauptgrund dafür ist die in Kapitel 3.1 beschriebene Regelung in der Thüringer Kommunalordnung, die alle Gemeinden mit einem Bevölkerungsstand von weniger als 3.000 Einwohnern zwingt, entweder in einer Verwaltungsgemeinschaft einzutreten oder eine erfüllende Gemeinde zu beauftragen. Letzteres kommt nur in Frage, wenn sich im näheren geografischen Umfeld eine ausreichend große Stadt befindet, die bereit ist, sich als erfüllende Gemeinde zur Verfügung zu stellen. Die fünf großen kreisangehörigen Städte (GKS) sind in keiner verwaltungsbezogenen Gemeinschaft mit anderen Gemeinden verbunden. Sie haben jedoch in geringem Umfang Landkreisaufgaben übertragen bekommen (vgl. Tabelle 3-1). Die

385 Vgl. Thüringer Landesamt für Statistik 2019g.
386 Vgl. Thüringer Landesamt für Statistik 2019e; Thüringer Landesamt für Statistik 2019d.
387 Vgl. Thüringer Landesamt für Statistik 2019b.
388 Vgl. Thüringer Landesamt für Statistik 2019a.

sechs Landgemeinden (LG)[389] sind Neubildungen innerhalb des Beobachtungszeitraums[390] und ebenfalls unverbunden. Schließlich verbleiben 94 selbstständige Gemeinden im eigentlichen Sinne (SGieS), die in keiner verwaltungsbezogenen Gemeinschaft mit anderen Gemeinden verbunden sind.

Tabelle 5-2 fasst deskriptive Daten gegliedert nach Gemeindetyp im Sinne der Thüringer Kommunalordnung für verschiedene Merkmale zusammen. Die mit Abstand größte Gruppe bilden die Mitgliedsgemeinden in den Verwaltungsgemeinschaften. Sie weisen zum überwiegenden Teil sehr kleine Bevölkerungsstände auf. Nur 15 der 601 MGVG haben mehr als 3.000 Einwohner. Da die Verwaltungsgemeinschaften über eine eigene Verwaltungskörperschaft verfügen (vgl. Kapitel 3.1), haben die Mitgliedsgemeinden selbst typischerweise kein eigenes Verwaltungspersonal. Das Personal der zugehörigen Verwaltungskörperschaft stellt die Arbeitsfähigkeit der ehrenamtlichen Gemeinderäte und Bürgermeister in den Mitgliedsgemeinden sicher und erfüllt auch darüber hinaus alle weiteren Aufgaben für die Mitgliedsgemeinden. Die Verwaltungskörperschaft stellt jedoch keine Gemeinde im Sinne der Thüringer Kommunalordnung dar und hat demnach weder Bevölkerungsstand noch Kitaplätze, Schüler oder Siedlungs- und Verkehrsfläche. Sie ist eine Art Dienstleister, der Personal beschäftigt. Sie hat ihren Sitz in einer der Mitgliedsgemeinden, ist aber rechtlich von der Sitzgemeinde getrennt. Verwaltungskörperschaften sind daher in Tabelle 5-2 auch nicht als Gemeinden aufgeführt.

Während sich in Verwaltungsgemeinschaften ausschließlich kleine Gemeinden zusammenschließen, unterscheidet sich das Größenverhältnis von beauftragenden und erfüllenden Gemeinden erheblich. Im Mittel hat die erfüllende Gemeinde die zehnfache Einwohnerzahl ihrer beauftragenden Gemeinde. Es existieren gar keine beauftragenden Gemeinden mit mehr als 3.000 Einwohnern.[391] Auch diese Gruppe von Gemeinden beschäftigt üblicherweise kein eigenes Verwaltungspersonal. Die erfüllende Gemeinde, welche die Aufgaben der kleineren Partner übernimmt, muss entsprechend mehr Verwaltungspersonal vorhalten. Sie fungiert als eine Art Trägergemeinde in diesem Verbund.

Sowohl die Verwaltungsgemeinschaften mit Mitgliedsgemeinden und Verwaltungskörperschaft als auch der Verbund aus beauftragenden und erfüllenden Gemeinden stellen Formen der Verwaltungsgemeinschaft dar.

---

389 Die Stadt Heringen/Helme ist seit 2010 sowohl Landgemeinde als auch gleichzeitig erfüllende Gemeinde. Sie ist in dieser Arbeit aufgrund der im folgenden Abschnitt vorgenommenen Aggregation der Gruppe der erfüllenden Gemeinden zugeordnet und wird bei den Landgemeinden nicht mitgezählt.

390 Die Möglichkeit zur Bildung von Landgemeinden wurde ab 2008 als §6 Abs. 5 ThürKO neu eingeführt (vgl. Wieser/Dewaldt/Buchholz 2017, S. 55).

391 Den maximalen Bevölkerungsstand einer beauftragenden Gemeinde hatte im Jahr 2017 die Gemeinde Wipfratal mit 2907 Einwohnern und war damit bereits ein Ausreißer.

Etwa 700 formal selbstständige Gemeinden in Thüringen verfügen damit nicht über eine eigenständig arbeitsfähige Kernverwaltung. Eine separate Betrachtung dieser Einheiten ist nicht sinnvoll: Die betreffenden Gemeinden nehmen den überwiegenden Teil ihrer Aufgaben nicht mehr selbst wahr. Sie haben dadurch geringere Ausgaben und den Outputs stehen weder realistische Vollzeitäquivalente noch realistische laufende Ausgaben gegenüber. Die Effizienz dieser Gemeinden würde stark überschätzt werden. Und das, obwohl sie als tatsächlich selbstständige Einheiten ohne ihre Verwaltungsgemeinschaften nicht arbeitsfähig wären. Anderseits sind die Gemeinschaften als Ganzes sehr wohl arbeitsfähig und möglicherweise können im Verbund Skalenerträge generiert werden, welche den Einzelgemeinden verwehrt bleiben würden. Es ist also plausibel, alle Formen von Verwaltungsgemeinschaften als zusammengefasste Einheiten zu betrachten.

Selbstständige Gemeinden im eigentlichen Sinne, Landgemeinden, selbstständige Gemeinden, die als erfüllende Gemeinden tätig sind und große kreisangehörige Städte verfügen über eine eigenständig arbeitsfähige Kernverwaltung. Die Anzahl der Vollzeitäquivalente entspricht im Wesentlichen den unterschiedlich großen Outputvolumina der jeweiligen Gemeindetypen. Selbstständige Gemeinden, die als erfüllende Gemeinden tätig sind, werden mit ihren beauftragenden Gemeinden zu aggregierten erfüllenden Gemeinden (EG) zusammengefasst. Eine Trennung des Ressourceneinsatzes zwischen SEG und BG ist nicht möglich, da alle Leistungen von einer einzigen Kernverwaltung erbracht werden. Wenn sich bei den GKS die zusätzlichen Landkreisaufgaben auf den Personalbestand in der Verwaltung auswirken, wird dies als Ineffizienz gewertet. Darüber hinaus sind SGieS, LG und GKS aber gut vergleichbar und können zur Gruppe der tatsächlich selbstständigen Gemeinden (SG) zusammengefasst werden.

Selbstständige Gemeinden (SGieS, 94 Beobachtungen)				
	Mittelwert	Std. Abw.	Min.	Max
Bevölkerungsstand	6.500	5.493	1.634	24.789
Kitaplätze	299	249	68	1.246
Schüler	597	673	0	2.886
Siedlungs- und Verkehrsfläche (in ha)	583	349	124	2.238
Vollzeitäquivalente AV	14	14	5	75

Landgemeinden (LG, 6 Beobachtungen)				
	Mittelwert	Std. Abw.	Min.	Max.
Bevölkerungsstand	4.557	875	3.557	5.951
Kitaplätze	233	49	177	326
Schüler	395	254	109	844
Siedlungs- und Verkehrsfläche (in ha)	568	158	335	740
Vollzeitäquivalente AV	8	3	5	10

Mitgliedsgemeinden in Verwaltungsgemeinschaften (MGVG, 601 Beobachtungen)				
	Mittelwert	Std. Abw.	Min.	Max.
Bevölkerungsstand	754	835	37	7.802
Kitaplätze	38	48	0	344
Schüler	52	123	0	1.141
Siedlungs- und Verkehrsfläche (in ha)	91	86	6	759
Vollzeitäquivalente AV	0	1	0	5

Beauftragende Gemeinden (BG, 98 Beobachtungen)				
	Mittelwert	Std. Abw.	Min.	Max.
Bevölkerungsstand	680	625	54	2.907
Kitaplätze	34	38	0	170
Schüler	27	61	0	301
Siedlungs- und Verkehrsfläche (in ha)	91	82	8	486
Vollzeitäquivalente AV	0	1	0	5

Fortsetzung:

Große kreisangehörige Städte (GKS, 5 Beobachtungen)				
	Mittelwert	Std. Abw.	Min.	Max.
Bevölkerungsstand	35.816	7.903	25.975	45.589
Kitaplätze	1.494	407	1.028	1.951
Schüler	3.943	1.040	2.953	5.507
Siedlungs- und Verkehrsfläche (in ha)	1.695	580	1.080	2.480
Vollzeitäquivalente AV	79	27	45	115

Selbstständige Gemeinden als erfüllende Gemeinden (SEG, 39 Beobachtungen)				
	Mittelwert	Std. Abw.	Min.	Max.
Bevölkerungsstand	6.488	5.554	1.871	24.409
Kitaplätze	305	254	82	1.145
Schüler	714	620	91	2.604
Siedlungs- und Verkehrsfläche (in ha)	514	300	200	1.403
Vollzeitäquivalente AV	15	11	5	60

Tabelle 5-2: Deskriptive Daten zu den formal selbstständigen Gemeinden (2017, n=843)[392]

5.2.3 Deskriptive Daten zu den aggregierten Gemeinden

In allen folgenden Abschnitten wird der Begriff Gemeinde also nochmals enger definiert. Unter einer Gemeinde werden jetzt nur noch selbstständige Gemeinden (SG), zusammengefasste erfüllende Gemeinden (EG) und zusammengefasste Verwaltungsgemeinschaften (VG) verstanden. Tabelle 5-3 fasst die Merkmale der aggregierten Gemeinden zusammen. Die sich ergebenden 213 Beobachtungsobjekte können jeweils selbstständig alle Aufgaben einer kreisangehörigen Gemeinde erfüllen. Nur sie bilden die Datengrundlage für die folgende Effizienzanalyse.

[392] Quelle: Eigene Berechnungen auf Basis von Daten des Thüringer Landesamtes für Statistik. Kreisfreie Städte sind im Datensatz nicht enthalten.

	Verwaltungsgemeinschaften (VG, 69 Beobachtungen)			
	Mittelwert	Std. Abw.	Min.	Max.
Bevölkerungsstand	6.563	1.937	3.336	11.137
Kitaplätze	334	113	154	601
Schüler	453	275	90	1.224
Siedlungs- und Verkehrsfläche (in ha)	797	287	343	1.568
Vollzeitäquivalente AV	12	5	5	25
	Erfüllende Gemeinden (EG, 39 Beobachtungen)			
	Mittelwert	Std. Abw.	Min.	Max.
Bevölkerungsstand	8.196	5.946	2.654	27.316
Kitaplätze	390	281	115	1.312
Schüler	781	631	91	2.745
Siedlungs- und Verkehrsfläche (in ha)	742	368	290	1.656
Vollzeitäquivalente AV	15	11	5	60
	Selbstständige Gemeinden (SG, 105 Beobachtungen)			
	Mittelwert	Std. Abw.	Min.	Max.
Bevölkerungsstand	7.785	8.324	1.634	45.589
Kitaplätze	352	358	68	1.951
Schüler	745	984	57	5.507
Siedlungs- und Verkehrsfläche (in ha)	635	424	124	2.480
Vollzeitäquivalente AV	17	20	5	115

Tabelle 5-3: Deskriptive Daten zu den aggregierten Gemeinden (2017, n=213)[393]

5.3 Optimale Konfiguration und statische Analyse

Die Effizienz der kreisangehörigen Gemeinden in Thüringen wurde für das Jahr 2017 mit einer inputorientierten DEA, unter Annahme konstanter und variabler Skalenerträge bestimmt. Tabelle 5-4 fasst die Ergebnisse deskriptiv zusammen. Im Falle konstanter Skalenerträge gibt es sechs vollständig effiziente Einheiten. Das entspricht einem Anteil

[393] Quelle: Eigene Berechnungen.

von 2,8 Prozent aller Gemeinden. Im Modell mit variablen Skalenerträgen werden 18 Gemeinden als vollständig effizient eingestuft. Ihr Anteil beträgt 8,4 Prozent.

Die Effizienzwerte geben mit der hier verwendeten DEA-Spezifikation an, mit wie viel Prozent des vorhandenen Verwaltungspersonals (in Vollzeitäquivalenten) eine Gemeinde ihre aktuellen Outputmengen herstellen müsste, um die gleiche Durchschnittsproduktivität wie ihre Referenzgemeinde zu erreichen und damit vollständig effizient zu wirtschaften.[394] Die Referenzgemeinde ist sowohl im Falle konstanter Skalenerträge als auch im Falle variabler Skalenerträge eine Linearkombination bzw. eine Konvexkombination aus realen Beobachtungen oder eine reale Beobachtung.

Variable	Mittelwert	Std. Abw.	Min.	Max.
Effizienz unter konstanten Skalenerträgen (CRS)	0,570	0,169	0,191	1,000
Effizienz unter variablen Skalenerträgen (VRS)	0,679	0,196	0,249	1,000

Tabelle 5-4: Deskriptive Statistik für die Gesamteffizienz (2017, n=213)[395]

Zu beachten ist, dass die Effizienzwerte unter konstanten Skalenerträgen Anteile von skalenbedingter Ineffizienz und technischer Ineffizienz beinhalten, wohingegen die Effizienzwerte unter variablen Skalenerträgen nur die technische Ineffizienz abbilden. Darum erhalten Gemeinden unter variablen Skalenerträgen, wenn sie nicht als vollständig effizient eingestuft werden, höhere Effizienzwerte und es gibt mehr VRS-effiziente Einheiten. Die Unterschiede in den Effizienzwerten unter VRS-Technologie und unter CRS-Technologie können nur durch Skaleneffekte verursacht sein.

394 Vgl. Hirschauer/Musshoff 2014.
395 Quelle: Eigene Berechnungen.

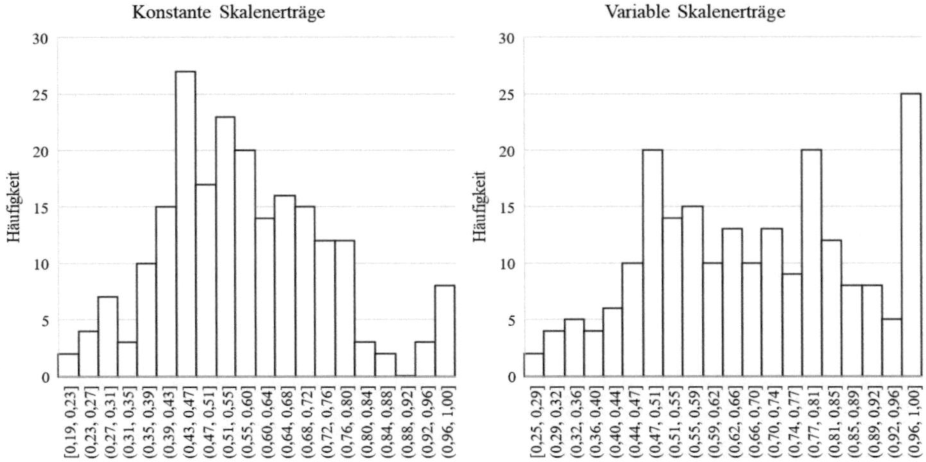

Abbildung 5-6: Histogramm Gesamteffizienz (2017, n=213)[396]

Bezogen auf die Durchschnittsgemeinde ließe sich also feststellen, dass diese vollständig technisch effizient werden würde (VRS-effizient), wenn sie ihren Ressourceneinsatz bei konstanten Outputmengen um 32,1 % reduzieren könnte. Weitere 10,9 % Ressourceneinsparung könnten durch Anpassung der Outputmengen in den skalenoptimalen Bereich hinein realisiert werden. In Abbildung 5-6 sind Histogramme für die beiden Formen von Skalenerträgen dargestellt. Die deutlich niedrigeren Effizienzwerte unter konstanten Skalenerträgen deuten ebenfalls auf das Vorliegen von Skaleneffekten hin.

5.3.1 Skalenoptimale Konfiguration

Der in Kapitel 2.3.4 und Kapitel 2.5.4 diskutierte Ansatz[397] zur Bestimmung des skalenoptimalen Outputbereiches führt für das Beobachtungsjahr 2017 zu den in Tabelle 5-5 dargestellten Intervallen. Die Spalten Untergrenze (UG) und Obergrenze (OG) entsprechen den Minima und Maxima für jeden Output bei den CRS-effizienten Gemeinden. Innerhalb dieser Intervallgrenzen ist skaleneffizientes Arbeiten möglich. Skaleneffizientes Arbeiten im Sinne der DEA-Spezifikation heißt, dass innerhalb der Intervalle die geringste Anzahl von Vollzeitäquivalenten in der allgemeinen Verwaltung pro Einwohner, Kitaplatz, Schüler

[396] Quelle: Eigene Darstellung.
[397] Vgl. Färe/Grosskopf 1985 in Verbindung mit Banker/Thrall 1992.

und Hektar Siedlungs- und Verkehrsfläche benötigt wird. Die durchschnittliche Verwaltungsproduktivität ist dort am größten. Eine Gemeinde weist die skalenoptimale Konfiguration auf, wenn sie hinsichtlich all ihrer Outputs im skalenoptimalen Intervall liegt.

	Mittelwert	Standardabweichung	**Untergrenze (UG)**	**Obergrenze (OG)**
Bevölkerungsstand	6.476	1.606	**4.995**	**8.893**
Kitaplätze	288	58	**185**	**358**
Schüler	556	441	**174**	**1.215**
Siedlungs- und Verkehrsfläche (in Hektar)	721	204	**485**	**1.083**

Tabelle 5-5: Skalenoptimale Outputintervalle deskriptiv (2017, n=6)[398]

Die Effizienzwerte einer deterministischen DEA sind potentiell verzerrt, da der effiziente Rand nur aus tatsächlichen Beobachtungen gebildet wird. Diese realen Referenzgemeinden arbeiten unter Umständen selbst nicht vollständig effizient. Ob dies so ist, lässt sich mit der DEA nicht überprüfen. Die reale Effizienzgrenze kann daher nicht beobachtet werden. Es muss davon ausgegangen werden, dass alle Effizienzwerte verzerrt sind. Es gibt in der Literatur Vorschläge für Verfahren, die angewendet werden, um diese Verzerrungen zu korrigieren.[399] Bei der Bestimmung der Skaleneffizienz wird jedoch zunächst darauf verzichtet. Der hier verwendete Ansatz nutzt einen Quotienten aus zwei Effizienzwerten als Maß für die Skaleneffizienz. Beide Effizienzwerte beruhen auf demselben Datensatz und sind damit in die gleiche Richtung verzerrt. Es ist zu erwarten, dass die Korrektur das Ergebnis für die Skaleneffizienz kaum verändern würde.[400] Dennoch werden in Kapitel

[398] Quelle: Eigene Berechnungen.
[399] Vgl. Simar/Wilson 2007; Banker/Chang/Zheng 2017.
[400] Vgl. Haug/Illy 2011, S. 354.

5.3.2 die Skalenbereiche für die Gemeinden als eine Art Robustheitstest nochmals mittels eines statistischen Verfahrens bestimmt.

Das Skalenoptimum wird durch die CRS-effizienten Einheiten vollständig bestimmt. Der Wert für die Skaleneffizienz entspricht dem Quotienten aus CRS-Effizienz und VRS-Effizienz. Er nimmt nur den Wert Eins an, wenn beide Komponenten den Wert Eins annehmen oder die beobachtete Gemeinde im skalenoptimalen Bereich lediglich technisch ineffizient ist. In letzterem Fall sind beide Werte ebenfalls gleich groß. Die betroffenen Gemeinden liegen aber stets innerhalb der Intervallgrenzen. Für die Bestimmung des Skalenoptimums sind sie daher nicht nötig. Da das Konvexitätsaxiom gilt (vgl. Gleichung (2.15)), müssen innerhalb der skalenoptimalen Intervalle an jedem Punkt eine Konvexkombinationen existieren, die skaleneffizientes Arbeiten ermöglichen.

In Abbildung 5-7 sind die Werte für die Skaleneffizienz in Abhängigkeit vom Output einzeln dargestellt. Die Interpretation der Daten ist nicht mehr ganz so intuitiv wie im 1-Output-Fall aus Kapitel 2.3.4 möglich. Die Visualisierung zeigt zwar für jeden Output grundsätzlich den erwarteten u-förmigen Verlauf, allerdings kann es vorkommen, dass nun innerhalb des skalenoptimalen Bereiches für einen bestimmten Output einige Beobachtungen als nicht skaleneffizient klassifiziert werden.

Dieses Phänomen soll nochmals am Beispiel der Tabelle 5-6 erläutert werden. Sie enthält die Outputwerte und den Wert für die Skaleneffizienz für alle VRS-effizienten Gemeinden des Beobachtungsjahres 2017. Die Beobachtungen sind nach Bevölkerungsstand aufsteigend sortiert. Sechs Gemeinden weisen einen Skaleneffizienz-Wert von Eins auf. Sie sind unter konstanten Skalenerträgen vollständig effizient und determinieren die Intervallgrenzen für den skalenoptimalen Bereich. D. h. alle Gemeinden in der Tabelle arbeiten technisch effizient, könnten ihre Gesamteffizienz aber trotzdem noch steigern, wenn einzelne Outputs sich in das optimale Intervall hinein verschieben ließen.

Für den Output Bevölkerungsstand werden die Intervallgrenzen von Drei Gleichen als mit 4.995 Einwohnern bevölkerungsmäßig kleinster vollständig effizienter Gemeinde und von der Stadt Bad Frankenhausen/Kyffhäuser mit 8.893 Einwohnern als bevölkerungsmäßig größter vollständig effizienter Gemeinde gebildet. Die Gemeinde Hörselberg/Hainich und die Verwaltungsgemeinschaft Wünschendorf/Elster liegen beide innerhalb des skalenoptimalen Bereiches für den Bevölkerungsstand, werden aber dennoch nicht als skaleneffizient klassifiziert. Sie haben beide eine zu hohe Anzahl von Kitaplätzen und eine zu große Siedlungs- und Verkehrsfläche. Sie befinden sich also hinsichtlich dieser beiden Outputs in einem Bereich, in dem bereits überproportional viel Verwaltungspersonal benötigt wird.

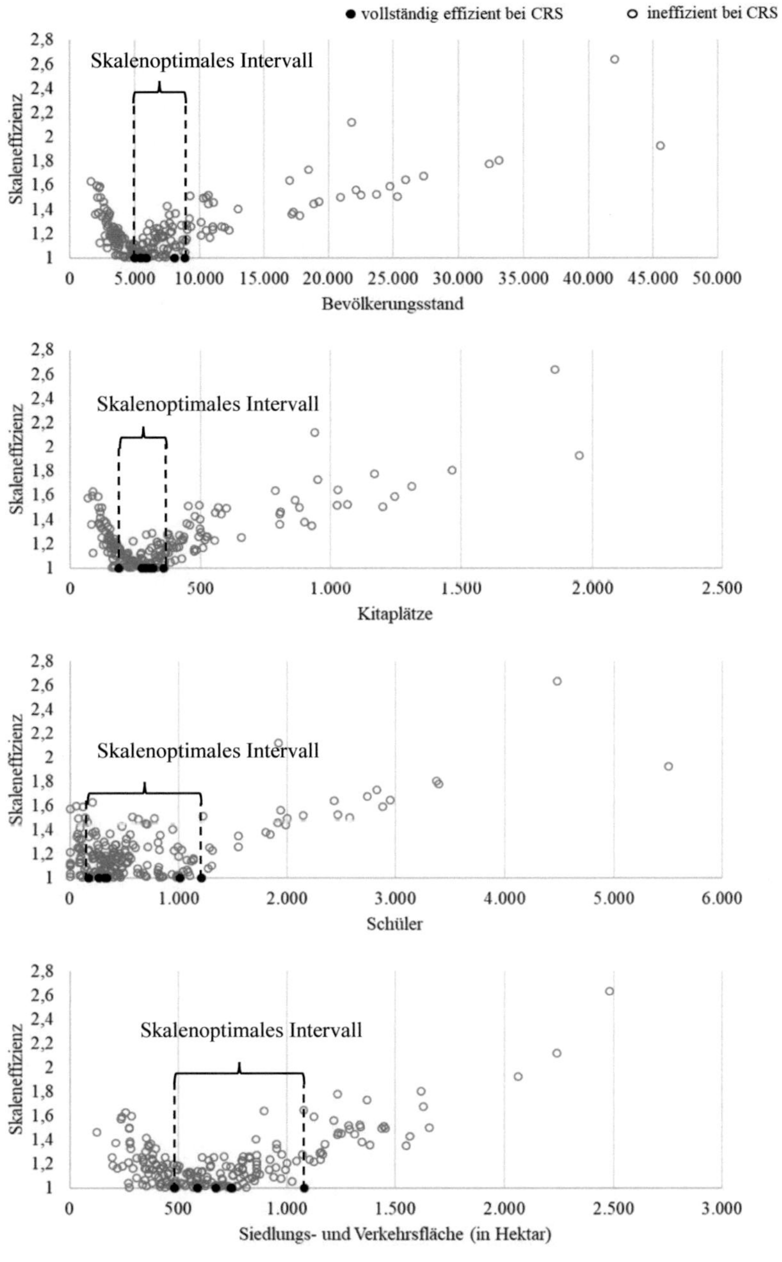

Abbildung 5-7: Skalenoptimale Outputintervalle (2017, n=213)[401]

[401] Quelle: Eigene Darstellung.

Gemeinde	Bevöl-kerungs-stand	Kitaplätze	Schüler	Siedlungs- und Ver-kehrsflä-che (in ha)	Skalen-effizienz
Judenbach	2.365	110	79	274	1,50
Themar, Stadt	2.888	197	478	306	1,08
Am Ohmberg	3.681	228	448	335	1,03
Drei Gleichen	**4.995**	305	174	591	**1,00**
VG: Oppurg	5.478	185	341	675	**1,00**
EG: Vogtei	5.500	287	323	485	**1,00**
Unterwellenborn	5.906	274	268	745	**1,00**
Hörselberg-Hainich	6.147	**376**	416	**1.166**	**1,28**
VG: Wünschen-dorf/Elster	7.499	**478**	477	**1.568**	**1,43**
EG: Schleusingen, Stadt	8.085	318	1.017	1.083	**1,00**
Bad Frankenhausen/Kyff-häuser, Stadt	**8.893**	358	1.215	748	**1,00**
EG: Bad Salzungen, Stadt	17.176	805	1.848	952	1,36
EG: Zeulenroda-Triebes, Stadt	17.773	928	1.556	1.550	1,35
Sondershausen, Stadt	21.768	939	1.919	2.238	2,12
EG: Meiningen, Stadt	25.344	1.202	2.581	1.656	1,50
Ilmenau, Stadt	25.975	1.028	2.953	1.080	1,64
Nordhausen, Stadt	42.014	1.857	4.478	2.480	2,63
Gotha, Stadt	45.589	1.951	5.507	2.060	1,93

Tabelle 5-6: Effiziente Gemeinden unter variablen Skalenerträgen (2017, n=18)[402]

[402] Quelle: Eigene Berechnungen.

An diesem knappen Beispiel wird noch einmal das Problem der optimalen Konfiguration deutlich. Da die Höhe eines jeden Outputs für die einzelne Gemeinde nicht beeinflussbar ist, stellen Gebietsveränderungen die einzige Möglichkeit dar, die Outputs zu variieren. Gebietsveränderungen führen aber stets zur Änderung aller Outputgrößen gleichzeitig, sodass eine Fusion mit einer Nachbargemeinde nur zu einer skalenoptimalen Konfiguration führt, wenn alle Outputs nach der Fusion im optimalen Bereich liegen. In der Anwendung der skalenoptimalen Konfiguration auf real existierende Gemeinden, wird es daher nur eine sehr begrenzte Anzahl von Neubildungen geben, die hinsichtlich aller Outputs im skalenoptimalen Bereich liegen. Einige Gemeinden werden bei manchen Outputs etwas oberhalb oder unterhalb der Intervallgrenzen liegen. Da die Intervallgrenzen durch die oben beschriebenen Eigenschaften der DEA verzerrt sind, beschreiben sie die optimale Konfiguration nicht exakt. Kleinere Abweichungen realer Gemeinden vom Skalenoptimum sollten daher nicht problematisch sein.

Deskriptive Analyse der skalenoptimalen Konfiguration

Hypothese 1 soll anhand der Ergebnisse der statischen Analyse überprüft werden. Die Tatsache, dass die vollständig effizienten Einheiten die Intervallgrenzen für die skalenoptimale Konfiguration bestimmen, sagt noch nichts darüber aus, welches Effizienzniveau alle anderen Gemeinden innerhalb der Intervallgrenzen erreichen. Es könnte sich bei den vollständig effizienten Einheiten um Ausreißer handeln, die aufgrund exogener Faktoren eine hohe Produktivität aufweisen. In diesem Fall ist es durchaus möglich, dass andere Einheiten innerhalb des durch die Ausreißer determinierten skalenoptimalen Intervalls deutlich niedrigere Effizienzwerte erreichen. Damit wäre schlicht das gesamte Intervall falsch geschätzt. Wenn allein durch Größenveränderungen eine höhere Gesamteffizienz erreichbar ist, sollten Gemeinden, die innerhalb der optimalen Konfiguration arbeiten, im Mittel ein höheres Effizienzniveau aufweisen als die Gemeinden außerhalb des Optimums.

Skalenerträge	Anzahl Beobachtungen	Mittelwert	Std. Abw.	Min.	Max.
steigend	100	0,537	0,169	0,191	0,972
skalenoptimal	46	0,635	0,209	0,249	1,000
fallend	67	0,575	0,120	0,360	0,800

Tabelle 5-7: Skalenbereiche (CRS, 2017, n=213)[403]

Tabelle 5-7 stellt die mittleren Effizienzwerte in Abhängigkeit von den ermittelten Skalenbereichen dar. 46 Gemeinden weisen zum Gebietsstand 2017 die skalenoptimale Konfiguration auf. Sie erreichen im Mittel eine um etwa zehn Prozent höhere Gesamteffizienz als die 100 Gemeinden in Bereich steigender Skalenerträge. Auch im Vergleich zu den 67 Gemeinden im Bereich fallender Skalenerträge beläuft sich der mittlere Effizienzvorteil der skalenoptimal konfigurierten Einheiten noch auf etwa sechs Prozent. Dies deutet darauf hin, dass die geschätzten Intervalle nicht auf Ausreißern basieren. Zu beachten ist, dass neben der Tatsache, dass die Gemeinden im Bereich steigender Skalenerträge die geringste durchschnittliche Effizienz aufweisen, auch die Gemeinden mit der niedrigsten Gesamteffizienz innerhalb dieser Gruppe liegen. Hypothese 1 kann daher anhand der deskriptiven Analyse bestätigt werden.

Im Boxplot (Abbildung 5-8) ist allerdings ersichtlich, dass Gemeinden im Bereich fallender Skalenerträge homogener sind. Ihre Effizienzwerte liegen näher beieinander und die Extremwerte liegen weit weniger vom Median entfernt, als es bei den Gemeinden in anderen Skalenbereichen der Fall ist. Gerade im skalenoptimalen Bereich streuen die Effizienzwerte erheblich. Er umfasst zwar die effizientesten Gemeinden, beinhaltet aber auch Beobachtungen, die große technische Ineffizienzen aufweisen. Die Effizienzwerte der Gemeinden im Bereich steigender Skalenerträge streuen ebenfalls stark.

Die Gemeinden in den verschiedenen Skalenbereichen wurden mittels t-Test auf Unterschiede in zwischen den Gruppen getestet: Der Mittelwert der Gesamteffizienz der Gemeinden unter steigenden Skalenerträgen unterscheidet sich signifikant vom Mittelwert der skalenoptimal konfigurierten Gemeinden (p-Wert 0,0012).

403 Quelle: Eigene Berechnungen.

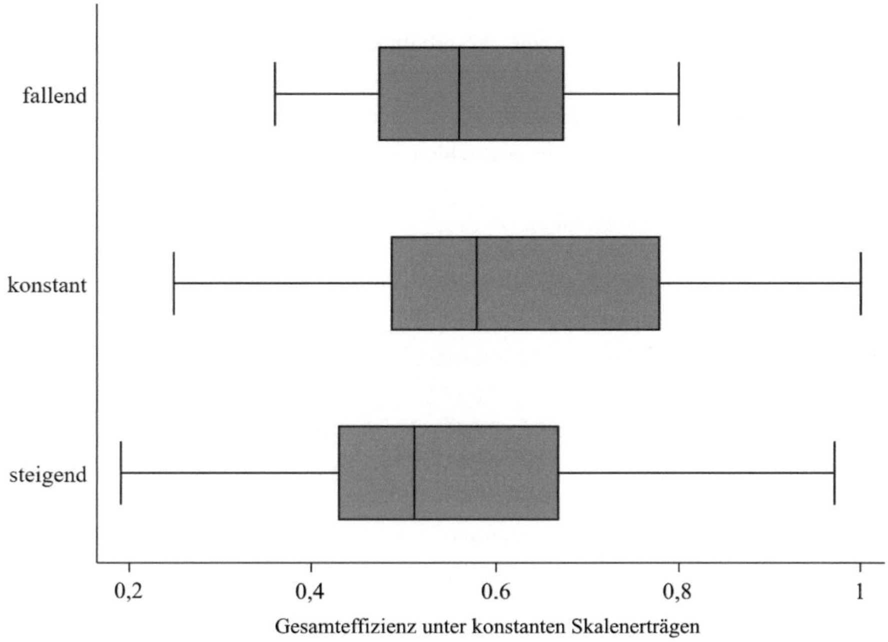

Abbildung 5-8: Boxplot CRS-Effizienz nach Skalenbereich (2017, n=213)[404]

Der Mittelwert der Gesamteffizienz der Gemeinden im Bereich fallender Skalenerträgen unterscheidet sich ebenfalls signifikant zum Mittelwert der Gemeinden im skalenoptimalen Bereich (p-Wert 0,0255). Bei der technischen Effizienz unter variablen Skalenerträgen ist der Mittelwertunterschied zwischen skalenoptimalen Gemeinden und Gemeinden im Bereich fallender Skalenerträge ebenfalls nachweisbar (p-Wert 0,0063). Beim Vergleich zwischen den mittleren technischen Effizienzwerten zwischen der Gruppe der Gemeinden unter steigenden Skalenerträgen und der Gruppe der skalenoptimalen Gemeinden ist der Unterschied jedoch nicht mehr signifikant (p-Wert 0,0874). Dieses Ergebnis ist für sich genommen noch kein Indiz dafür, dass sich sehr kleine Gemeinden von skalenoptimal konfigurierten Gemeinden hinsichtlich ihrer Effizienz vor allem aufgrund von Größeneffekten unterscheiden.

[404] Quelle: Eigene Darstellung.

Deskriptive Analyse nach Gemeindetypen

Um einen differenzierten Überblick zu erhalten und Hypothese 2 in die Analyse einzubeziehen, sind in Tabelle 5-8 die Werte für die Gesamteffizienz nochmals zusätzlich nach Gemeindetyp gegliedert dargestellt. Sie unterscheiden sich je nach Skalenbereich und Typ erheblich. Besonders schlecht schneiden die 21 Verwaltungsgemeinschaften im Bereich steigender Skalenerträge ab. Ihre Effizienzwerte liegen auf niedrigem Niveau und streuen nur in einem kleinen Bereich.

Gesamt (213 Beobachtungen)					
Skalenerträge	Beobachtungen	Mittelwert	Std.Abw.	Min.	Max.
steigend	100	0,537	0,169	0,191	0,972
optimal	46	0,635	0,209	0,249	1,000
fallend	67	0,575	0,120	0,360	0,800
Erfüllende Gemeinden (39 Beobachtungen)					
Skalenerträge	Beobachtungen	Mittelwert	Std.Abw.	Min.	Max.
steigend	16	0,551	0,192	0,365	0,941
optimal	7	0,723	0,229	0,459	1,000
fallend	16	0,602	0,131	0,411	0,800
Selbstständige Gemeinden (105 Beobachtungen)					
Skalenerträge	Beobachtungen	Mittelwert	Std.Abw.	Min.	Max.
steigend	63	0,547	0,173	0,191	0,972
optimal	18	0,661	0.205	0.357	1,000
fallend	24	0,532	0,120	0,360	0,783
Verwaltungsgemeinschaften (69 Beobachtungen)					
Skalenerträge	Beobachtungen	Mittelwert	Std.Abw.	Min.	Max.
steigend	21	0,497	0,134	0,290	0,776
optimal	21	0,583	0,202	0,249	1,000
fallend	27	0,596	0,107	0.409	0.800

Tabelle 5-8: Effizienzwerte nach Gemeindetyp (2017, CRS, n=213)[405]

Auch die 21 Verwaltungsgemeinschaften im optimalen Skalenbereich weisen verglichen mit den erfüllenden und selbstständigen Gemeinden mit optimaler Konfiguration deutlich

[405] Quelle: Eigene Berechnungen.

niedrigere Effizienzwerte auf. Erfüllende Gemeinden hingegen erreichen im Bereich steigender Skalenerträge vergleichbare Werte wie selbstständige Gemeinden und weisen im skalenoptimalen Bereich im Mittel sogar höhere Effizienzwerte als selbständige Gemeinden mit optimaler Konfiguration auf.

Gesamt (213 Beobachtungen)					
Skalenerträge	Beobachtungen	Mittelwert	Std.Abw.	Min.	Max.
steigend	100	0,619	0,193	0,290	1,000
optimal	46	0,670	0,208	0,249	1,000
fallend	67	0,773	0,154	0,471	1,000
Erfüllende Gemeinden (39 Beobachtungen)					
Skalenerträge	Beobachtungen	Mittelwert	Std.Abw.	Min.	Max.
steigend	16	0,608	0,193	0,422	0,969
optimal	7	0,760	0,210	0,524	1,000
fallend	16	0,762	0,186	0,471	1,000
Selbstständige Gemeinden (105 Beobachtungen)					
Skalenerträge	Beobachtungen	Mittelwert	Std.Abw.	Min.	Max.
steigend	63	0,651	0196	0,290	1,000
optimal	18	0,684	0,193	0,407	1,000
fallend	24	0,791	0,141	0,511	1,000
Verwaltungsgemeinschaften (69 Beobachtungen)					
Skalenerträge	Beobachtungen	Mittelwert	Std.Abw.	Min.	Max.
steigend	21	0,532	0,161	0,305	0,894
optimal	21	0,629	0,218	0,249	1,000
fallend	27	0,764	0,149	0,526	1,000

Tabelle 5-9: Effizienzwerte nach Gemeindetyp (2017, VRS, n=213)[406]

Tabelle 5-8 enthält die Effizienzwerte für die Gesamteffizienz, bestehend aus Anteilen von Skaleneffizienz und technischer Effizienz. In Tabelle 5-9 sind die Effizienzwerte unter variablen Skalenerträgen ausgewiesen. Sie messen die reine technische Effizienz, bereinigt um Skaleneffekte. Beim Vergleich der Mittelwerte nur für die technische Effizienz fällt

[406] Quelle: Eigene Berechnungen.

auf, dass alle Gemeindetypen im Bereich fallender Skalenerträge die höchste durchschnittliche Effizienz erreichen. Ebenso sind die im Mittel niedrigsten Werte für die technische Effizienz im Bereich steigender Skalenerträge zu finden. Da diese Ineffizienzen nicht aus Skaleneffekten resultieren können, scheinen bei einem Teil der kleineren Gemeinden aus anderen Gründen niedrigere Effizienzwerte aufzutreten. Je größer der Unterschied zwischen technischer Effizienz und Gesamteffizienz, desto stärker ist der Einfluss von Skaleneffekten auf die Gesamteffizienz.

Unabhängig vom Gemeindetyp sind Gemeinden im Bereich fallender Skalenerträge besonders stark von Skaleneffekten betroffen. Sie arbeiten mit einer hohen technischen Effizienz, weisen aber bezogen auf das Skalenoptimum zu hohe Outputmengen auf. Bei den Verwaltungsgemeinschaften im steigenden und optimalen Skalenbereich unterscheiden sich die mittleren Effizienzwerte zwischen Gesamteffizienz und technischer Effizienz kaum. Skalenbedingte Ineffizienzen spielen also nur eine untergeordnete Rolle. Verwaltungsgemeinschaften im Bereich steigender Skalenerträge weisen darüber hinaus im Mittel die niedrigsten Effizienzwerte von allen Gemeindetypen und Skalenbereichen auf. Sie sind vor allem technisch ineffizient. Die Gründe für ihre niedrigen Effizienzwerte liegen also entweder in der Struktur der Verwaltungsgemeinschaften selbst oder in exogenen Einflussfaktoren. Dies könnte zudem ein Indiz dafür sein, dass Fusionen in den skalenoptimalen Bereich in den Strukturen einer Verwaltungsgemeinschaft nicht zu höherer Effizienz führen. Bei den selbstständigen Gemeinden sind im steigenden und fallenden Skalenbereich die Unterschiede zwischen Gesamteffizienz und technischer Effizienz erheblich. Bei diesen Gemeinden spielen Skaleneffekte eine offenbar zentrale Rolle. Bemerkenswert ist zudem, dass selbstständige Gemeinden im Bereich fallender Skalenerträge trotz ggf. nicht beobachtbarer überörtlicher Funktionen die höchste mittlere technische Effizienz aller Gemeindetypen und Skalenbereiche aufweisen.

Der Abstand zu den anderen Gemeindetypen ist im Bereich fallender Skalenerträge nicht sehr groß, dennoch deuten die Daten darauf hin, dass die Einheitsgemeinde für sehr große Gebilde die wirtschaftlichste Struktur zu sein scheint. Im optimalen Skalenbereich arbeiten erfüllende Gemeinden technisch besonders effizient. Im Bereich steigender Skalenerträge arbeiten wiederum selbstständige Gemeinden technisch am effizientesten. Damit kann Hypothese 2 verworfen werden. Selbstständige Gemeinden sind als Einheitsgemeinden den beiden Gemeinschaftstypen VG und EG sowohl hinsichtlich ihrer technischen Effizienz als auch hinsichtlich ihrer Gesamteffizienz nicht eindeutig überlegen.

5.3.2 Robustheit der Intervallgrenzen der optimalen Konfiguration

Aus Abbildung 5-7 ist gut ersichtlich, dass viele Beobachtungen sehr nahe am skalenoptimalen Bereich liegen. Da der effiziente Rand nur aus tatsächlich beobachteten Gemeinden gebildet wird, ist es möglich, dass skalenoptimale Beobachtungen als knapp außerhalb des Optimums klassifiziert werden, wenn sie technische Ineffizienzen aufweisen. Intuitiv lässt sich dies wieder anhand der Durchschnittsproduktivität erläutern: Eine Gemeinde, die technische Ineffizienzen aufweist, wird in der DEA niemals als Referenzgemeinde klassifiziert, auch wenn sie die optimale Betriebsgröße hat. Die Referenzgemeinde für das Skalenoptimum ist stets die Gemeinde mit der höchsten Durchschnittsproduktivität. D. h. der skalenoptimale Bereich ist dadurch unter Umständen verschoben.

Simar und Wilson (2002) schlagen ein Verfahren vor, mit dem die Form der Skalenerträge trotz deterministischer Effizienzwerte getestet werden kann. Zum statistischen Testen ist es nötig, die Verteilungsfunktion der beobachteten Werte zu kennen. Da diese Funktion nicht bekannt ist, wird sie durch wiederholte zufällige Ziehungen aus den vorhandenen Daten generiert. Dieses als Bootstrapping bezeichnete Vorgehen generiert bei hoher Wiederholungszahl eine quasi-statistische Verteilungsfunktion, die anschließend zum Testen verwendet werden kann.[407]

In Tabelle 5-10 sind die Ergebnisse dieses Tests auf Form der Skalenerträge dargestellt. Die erste getestete Nullhypothese besagt, dass global konstante Skalenerträge vorliegen. Sie muss verworfen werden. D. h. es existieren Bereiche mit verschiedenen Formen von Skalenerträgen. Die zweite Nullhypothese besagt, dass ausschließlich nicht steigende Skalenerträge vorliegen (NIRS-Technologie). Auch diese Hypothese wird verworfen, sodass sich feststellen lässt, dass innerhalb der beobachteten Effizienzwerte Outputbereiche mit steigenden, konstanten und fallenden Skalenerträgen existieren.

Form der Skalenerträge	Teststatistik	p-Wert
H_0: global konstante Skalenerträge	0,8398	0,0000
H_0: global nicht steigende Skalenerträge	0,9439	0,0000

Tabelle 5-10: Test auf Form der Skalenerträge (2017, n=213)[408]

[407] Vgl. Simar/Wilson 2002, S. 118ff.

[408] Quelle: Eigene Berechnungen: Bootstrap-Verfahren mit 1.500 Ziehungen, $\alpha = 0,05$.

Entsprechend des Testergebnisses kann jede Beobachtung einem Skalenbereich zugeordnet werden. Tabelle 5-11 fasst diese Zuordnung zusammen. Für 110 Gemeinden kann die Hypothese, dass sie unter konstanten Skalenerträgen arbeiten, nicht verworfen werden. 51 Gemeinden arbeiten unter steigenden Skalenerträgen und weisen damit ein zu kleines Outputvolumen auf. 52 Gemeinden arbeiten im Bereich fallender Skalenerträge. Ihr Outputvolumen ist – wenn andere effizienzbestimmende Faktoren unberücksichtigt bleiben – zu groß.

Skalenbereich	Anzahl Gemeinden	Anteil
steigende Skalenerträge	51	23,94 %
konstante Skalenerträge	110	51,64 %
fallende Skalenerträge	52	24,41 %

Tabelle 5-11: Bootstrap - Verteilung der Gemeinden in den Skalenbereichen (2017, n=213)[409]

Der Test ordnet eine deutlich höhere Anzahl von Gemeinden in den Bereich konstanter Skalenerträge ein, als es im vorangegangenen Kapitel anhand der deterministisch bestimmten Intervallgrenzen der Fall war. Die Zuordnung in die Gruppe der skalenoptimalen Einheiten geschieht beim Bootstrap-Verfahren anhand von wiederholten Ziehungen von Teilmengen, sodass Gemeinden, die hinsichtlich ihrer Outputs sehr nahe am Skalenoptimum liegen, im Verfahren eher als skaleneffizient klassifiziert werden. Die Annahme im hier verwendeten Konzept der Skaleneffizienz lautet jedoch, dass potentielle Skalenerträge größer sind, je weiter eine Beobachtung mit ihrer Outputmenge vom Skalenoptimum entfernt ist. Auch wenn in der Bootstrap-Konfiguration mehr Einheiten als skaleneffizient klassifiziert werden, sollte der Umfang der generierbaren Skalenerträge davon nicht sehr stark beeinflusst werden. Darüber hinaus wäre es auch bei einer Gebietsreform schwierig, geeignete Fusionspartner für Gemeinden zu finden, die mit ihren Outputmengen knapp unterhalb des Skalenoptimums liegen, ohne dass die Neubildung im Bereich fallender Skalenerträge liegen würde. Die mittels Bootstrap-Verfahren ermittelte skalenoptimale Konfiguration wird im Folgenden als auch als Bootstrap-Modell bezeichnet. Alle deskriptiven Analysen lassen sich auch mit diesem Modell äquivalent durchführen.

[409] Quelle: Eigene Berechnungen: Bootstrap-Verfahren mit 1.500 Ziehungen, $\alpha = 0{,}05$.

	Mittelwert	Std. Abw.	**Minimum**	**Maximum**
Bevölkerungsstand	5.749	1.832	**2.301**	**17.773**
Kitaplätze	281	95	**86**	**928**
Schüler	467	327	**86**	**1.556**
Siedlungs- und Verkehrsfläche (in Hektar)	665	242	**268**	**1.568**

Tabelle 5-12: Bootstrap – Skalenoptimale Outputintervalle (2017, n=110)[410]

Tabelle 5-12 fasst die skalenoptimalen Outputintervalle zusammen. Die Intervalle sind in diesem Modell nicht nur deutlich größer, die Skalenbereiche zwischen steigenden, optimalen und fallenden Skalenerträgen sind nun auch überlappend.

Tabelle 5-13 fasst die Effizienzwerte für die verschiedenen Skalenbereiche zusammen. Durch die abweichende Klassifizierung der Gemeinden in die Skalenbereiche unterscheiden sich die mittleren Effizienzwerte vom deterministischen Modell. Dennoch weisen die Gemeinden im optimalen Skalenbereich immer noch die höchsten Effizienzwerte auf.

Skalenerträge	Anzahl Beobachtungen	Mittelwert	Std. Abw.	Min.	Max.
steigend	51	0,530	0,176	0,191	0,878
konstant	110	0,605	0,183	0,249	1,000
fallend	52	0,534	0,107	0,357	0,760

Tabelle 5-13: Bootstrap - Skalenbereiche (2017, CRS, n=213)[411]

[410] Quelle: Eigene Berechnungen.
[411] Quelle: Eigene Berechnungen.

Auch die differenzierte Analyse nach Gemeindetypen ist wieder möglich. Im Bootstrap-Modell unterscheidet sich im skalenoptimalen Bereich (vgl. Tabelle 5-14) der mittlere Effizienzwert für Verwaltungsgemeinschaften in allen Skalenbereichen fast gar nicht. Die Streuung der Effizienzwerte nimmt mit zunehmendem Outputvolumen ab. Auch unter variablen Skalenerträgen (vgl. Tabelle 5-15) unterscheidet sich die mittlere Effizienz zwischen steigendem und konstantem Skalenbereich bei VG kaum. Die höhere technische Effizienz bei den VGs im Bereich fallender Skalenerträge wird durch negative Skaleneffekte vollständig kompensiert. Verwaltungsgemeinschaften im skalenoptimalen Bereich haben in diesem Modell keinerlei Effizienzvorteil gegenüber VG im steigenden oder fallenden Skalenbereich.

Gesamt (213 Beobachtungen)

Skalenerträge	Beobachtungen	Mittelwert	Std.Abw.	Min.	Max.
steigend	51	0,530	0,176	0,191	0,878
optimal	110	0,605	0,183	0,249	1,000
fallend	52	0,534	0,107	0,357	0,761

Erfüllende Gemeinden (39 Beobachtungen)

Skalenerträge	Beobachtungen	Mittelwert	Std.Abw.	Min.	Max.
steigend	8	0,558	0,206	0,365	0,878
optimal	21	0,636	0,197	0,376	1,000
fallend	10	0,570	0,129	0,411	0,749

Selbstständige Gemeinden (105 Beobachtungen)

Skalenerträge	Beobachtungen	Mittelwert	Std.Abw.	Min.	Max.
steigend	38	0,520	0,167	0,191	0,793
optimal	45	0,632	0,186	0,264	1,000
fallend	22	0,495	0,096	0,357	0,681

Verwaltungsgemeinschaften (69 Beobachtungen)

Skalenerträge	Beobachtungen	Mittelwert	Std.Abw.	Min.	Max.
steigend	5	0,561	0,224	0,295	0,776
optimal	44	0,563	0,169	0,249	1,000
fallend	20	0,560	0,097	0,400	0,760

Tabelle 5-14: Bootstrap - Effizienzwerte nach Gemeindetyp (2017, CRS, n=213)[412]

[412] Quelle: Eigene Berechnungen.

Selbstständige Gemeinden werden mit zunehmender Größe technisch effizienter. Im Bereich fallender Skalenerträge wird dieser Vorteil aber durch negative Skaleneffekte kompensiert. Es ergibt sich bei der Gesamteffizienz, wie auch bei den erfüllenden Gemeinden, ein mittlerer Effizienzvorteil bei Gemeinden im optimalen Skalenbereich.

Am deutlichsten fällt der Unterschied bei den erfüllenden Gemeinden und bei den selbstständigen Gemeinden im Bereich steigender Skalenerträge aus. Diese erreichen beim Bootstrap-Verfahren im Mittel deutlich höhere Werte bei der technischen Effizienz. Damit fällt der Einfluss der größenbedingten Ineffizienzen bei beiden Gemeindetypen nun deutlich stärker ins Gewicht. Dies deutet darauf hin, dass Fusionen aus dem Bereich steigender Skalenerträge heraus in den skalenoptimalen Bereich hinein bei erfüllenden Gemeinden und bei selbstständigen Gemeinden zu Skalenerträgen führen könnten. Verwaltungsgemeinschaften scheinen Ineffizienzen aufzuweisen, die durch Veränderung der Outputvolumina nicht beeinflussbar sind.

Die technische Effizienz aller Gemeindetypen ist im Bereich fallender Skalenerträge vergleichbar. Dass die Gesamteffizienz für selbstständige Gemeinden im Bereich fallender Skalenerträge im Mittel deutlich niedriger ausfällt als bei VG und EG, könnte ein Indiz dafür sein, dass große Gemeinschaften von Einzelgemeinden nicht die überörtlichen Funktionen größerer Einzelstädte übernehmen können oder es nicht tun. Die nicht beobachtbaren zusätzlichen Outputs von Gemeinden mit überörtlicher Funktion, werden in diesem Modell als skalenbedingte Ineffizienz ausgewiesen, da für die technische Effizienz ebenfalls Referenzgemeinden mit nicht beobachteten zusätzlichen Outputs herangezogen werden (vgl. beispielsweise Tabelle 5-6).

Gesamt (213 Beobachtungen)

Skalenerträge	Beobachtungen	Mittelwert	Std.Abw.	Min.	Max.
steigend	51	0,676	0,210	0,300	1,000
optimal	110	0,651	0,203	0,249	1,000
fallend	52	0,740	0,153	0,407	1,000

Erfüllende Gemeinden (39 Beobachtungen)

Skalenerträge	Beobachtungen	Mittelwert	Std.Abw.	Min.	Max.
steigend	8	0,685	0,245	0,422	1,000
optimal	21	0,683	0,204	0,436	1,000
fallend	10	0,742	0,179	0,525	1,000

Selbstständige Gemeinden (105 Beobachtungen)

Skalenerträge	Beobachtungen	Mittelwert	Std.Abw.	Min.	Max.
steigend	38	0,678	0,202	0,300	1,000
optimal	45	0,671	0,197	0,290	1,000
fallend	22	0,744	0,157	0,407	1,000

Verwaltungsgemeinschaften (69 Beobachtungen)

Skalenerträge	Beobachtungen	Mittelwert	Std.Abw.	Min.	Max.
steigend	5	0,646	0,264	0,328	0,894
optimal	44	0,615	0,207	0,249	1,000
fallend	20	0,735	0,144	0,475	0,984

Tabelle 5-15: Bootstrap - Effizienzwerte nach Gemeindetyp (2017, VRS, n=213)[413]

Die Ergebnisse der deterministisch ermittelten optimalen Konfiguration und der Bootstrap-Konfiguration gleichen sich in wesentlichen Punkten:

- Gemeinden im skalenoptimalen Bereich weisen mit Ausnahme der Verwaltungsgemeinschaften im Mittel eine deutlich höhere Gesamteffizienz auf,
- die mittlere technische Effizienz der Gemeinden steigt mit zunehmender Größe,
- große selbstständige Gemeinden sind besonders stark von negativen Skaleneffekten betroffen. Sie sind hinsichtlich der technischen Effizienz jedoch der wirtschaftlichste Gemeindetyp für große Einheiten.

[413] Quelle: Eigene Berechnungen.

5.3.3 Robustheit der optimalen Konfiguration für die Gemeindetypen

Es ließe sich argumentieren, dass die Unterschiede zwischen den Gemeindetypen daraus resultieren, dass deren Produktionstechnologie sich aufgrund der kommunalrechtlichen Vorgaben grundsätzlich unterscheidet. In diesem Fall würden die VG, EG und SG jeweils unterschiedlichen Technologiemengen angehören. In Abbildung 5-9 sind die skalenoptimalen Intervalle daher für vier verschiedene Effizienzanalysen dargestellt. Die Gesamt-Intervalle entsprechen der Schätzung mit allen 213 Beobachtungen, die EG-Intervalle einer Schätzung bei der lediglich die 39 erfüllenden Gemeinden einbezogen wurden, die SG-Intervalle einer Schätzung, die nur die 105 selbstständigen Gemeinden berücksichtigt und die VG-Intervalle einer Schätzung, die nur die 69 Verwaltungsgemeinschaften beinhaltet. Die Skalenoptima unterscheiden sich für jeden Gemeindetyp.

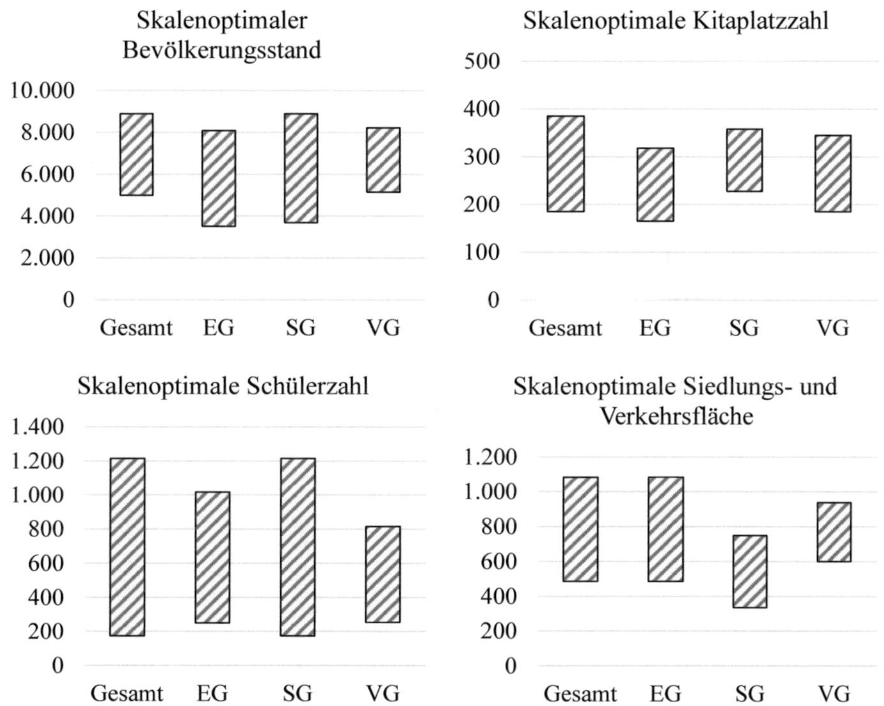

Abbildung 5-9: Skalenoptimale Outputbereiche nach Gemeindetyp (2017, n=213)[414]

[414] Quelle: Eigene Darstellung.

Selbstständige Gemeinden arbeiten bei besonders kleinen Siedlungs- und Verkehrsflächen skalenoptimal. Gemeinden mit großen Flächen liegen aber bereits wieder außerhalb des Skalenoptimums. Gleichzeitig decken SG mit ihrem Skalenoptimum ein hohes Bevölkerungsintervall ab. Die Siedlungsdichte der skalenoptimalen Einheiten ist dadurch mit 12,26 Einwohnern pro Hektar im Mittel am höchsten. Ein gemeindetypbezogener Vergleich der skalenoptimalen Intervalle ist also stark eingefärbt von siedlungsstrukturellen Gegebenheiten. Selbstständige Gemeinden in Thüringen sind typischerweise Kleinstädte oder Einheitsgemeinden mit einem größeren Hauptort.

Unter der Annahme, dass auf der Gebietsfläche einer Verwaltungsgemeinschaft im optimalen Skalenbereich keine Stadt ausreichender Größe existiert, um eine erfüllende Gemeinde zu bilden, reduziert sich der praktisch relevante Effizienzvergleich von Gemeindetypen auf Verwaltungsgemeinschaften und selbstständige Gemeinden. Eine Verwaltungsgemeinschaft kann zu einer selbstständigen Gemeinde zusammengeschlossen werden. Das umgekehrte Vorgehen ist kaum sinnvoll. Beim direkten Vergleich ist es zusätzlich sinnvoll, nur Gemeinden mit ähnlicher Siedlungsdichte zu berücksichtigen, da die Siedlungsdichte sich durch Fusionen nicht beeinflussen lässt. Die höchste Siedlungsdichte in der Gruppe der Verwaltungsgemeinschaften beträgt 10,4 Einwohner pro Hektar Siedlungs- und Verkehrsfläche. Tabelle 5-16 fasst die Effizienzwerte aller Gemeinden im skalenoptimalen Bereich zusammen, die diese für Verwaltungsgemeinschaften höchste Siedlungsdichte oder eine geringe Siedlungsdichte aufweisen. Die Werte basieren wieder auf der Effizienzanalyse über alle 213 Gemeinden.

Gemeindetyp	Beobachtungen	Mittelwert	Std.Abw.	Min.	Max.
EG	5	0,660	0,231	0,459	1,000
SG	11	0,681	0,212	0,439	1,000
VG	21	0,583	0,202	0,249	1,000

Tabelle 5-16: Skalenoptimale Gemeinden mit niedriger Siedlungsdichte (2017)[415]

Die selbstständigen Gemeinden sind deutlich effizienter als die hinsichtlich ihrer Siedlungsdichte vergleichbaren Verwaltungsgemeinschaften in dieser Gruppe. Dennoch, auch bei SG mit niedriger Siedlungsdichte, handelt es sich überwiegend um Gemeinden mit einem größeren Hauptort, wohingegen VG meist Zusammenschlüsse kleinerer Gemeinden ohne größeren Hauptort sind. Ob aufgrund der siedlungsstrukturellen Besonderheiten durch Bildung von Einheitsgemeinden aus Verwaltungsgemeinschaften

[415] Quelle: Eigene Berechnungen.

tatsächlich Effizienzgewinne realisierbar sind, lässt sich daher anhand der deskriptiven Analyse nicht zuverlässig einschätzen.

5.4 Dynamische Analyse

Die statische Analyse des vorangegangenen Unterkapitels kann als Orientierung dienen und liefert erste Erkenntnisse zu Effizienzwerten in den Skalenbereichen und für die einzelnen Gemeindetypen. Effizienzanalysen werden typischerweise zweistufig unter Einbezug erklärender Variablen (vgl. Kapitel 4.5.2) durchgeführt. Dies geschieht in diesem Kapitel in einem Schritt mit der Analyse der ermittelten Effizienzwerte in der Zeitreihe. Während in der statischen Analyse nur Vermutungen über strukturelle Eigenschaften und Gründe für Effizienzunterschiede angestellt werden konnten, lassen sich diese in einem dynamischen Modell mit exogenen Variablen statistisch überprüfen. Die im vorangegangenen Unterkapitel ermittelte deterministische skalenoptimale Konfiguration geht dabei in die Zeitreihenanalyse mit ein.

5.4.1 Zusammensetzung der Versuchsgruppe

Im Beobachtungszeitraum 2007 bis 2017 haben von den 213 in Kapitel 5.2.3 beschriebenen Gemeinden 72 Gemeinden eine Gebietsveränderung vollzogen. Die Fusionen sind detailliert in Anhang A beschrieben. Fünf fusionierte Gemeinden mussten von der Analyse ausgeschlossen werden. Bei ihnen besteht nicht die Möglichkeit synthetische Vorfusionsgemeinden zu bilden. Es handelt sich erstens um die Gemeinde Am Ohmberg und zweitens um die Gemeinde Sonnenstein. Beide waren bis 2011 gemeinsam in der Verwaltungsgemeinschaft Eichsfeld/Südharz verbunden. Da sie zum Gebietsstand 2017 als jeweils selbstständige Gemeinden existierten, müssten separate synthetische Vorfusionsgemeinden für jede Einzelgemeinde im Zeitraum 2007 bis 2011 gebildet werden. Dies ist nicht möglich, da die Inputvariable für die Vorfusionsjahre nicht für die einzelnen Gemeinden verfügbar ist. Drittens ist die Gemeinde Amt Wachsenburg nicht in der Analyse enthalten. Die Wachsenburggemeinde war bis 2012 beauftragende Gemeinde der Stadt Arnstadt und ist anschließend mit der Gemeinde Ichtershausen zur Neubildung Amt Wachsenburg fusioniert. Für die Wachsenburggemeinde liegen ebenfalls keine separaten Inputdaten vor 2012 vor, sodass keine Vorfusionsgemeinde für die Gemeinde Amt Wachsenburg gebildet werden kann.

Typ	Versuchs-gruppe	davon SOK	davon nicht SOK	Kontroll-gruppe	Gesamt
Selbstständige Gemeinde (SG)	29	10	19	71	100
Verwaltungs-gemeinschaft (VG)	24	12	12	45	69
Erfüllende Gemeinde (EG)	19	14	5	20	39
Gesamt	72	36	36	136	208

Tabelle 5-17: Versuchs- und Kontrollgruppe nach Gemeindetyp (2007 bis 2017)[416]

Die zugehörige erfüllende Gemeinde Stadt Arnstadt ist jedoch im Datensatz verblieben. Als vierte fusionierte Gemeinde wurde die Stadt Auma-Weidatal ausgeschlossen. Die Einheitsgemeinde Stadt Auma-Weidatal wurde 2011 aus Teilen der Verwaltungsgemeinschaft Auma-Weidatal gebildet. Eine Trennung der Inputwerte für die Zeit vor 2011 ist nicht möglich. Fünftens wurde Mohlsdorf-Teichwolframsdorf ausgeschlossen. Die Gemeinde wurde 2012 aus den zwei beauftragenden Gemeinden Mohlsdorf und Teichwolframsdorf der Stadt Berga/Elster gebildet. Auch hier ist eine Zurechnung anteiliger Inputdaten in eine synthetische Vorfusionsgemeinde von Mohlsdorf-Teichwolframsdorf für die Jahre vor 2012 nicht möglich. Die Stadt Berga/Elster ist als erfüllende Gemeinde im Datensatz enthalten.

Von den 213 Gemeinden können also 208 Gemeinden in die dynamische Analyse einbezogen werden. Tabelle 5-17 fasst die Versuchs- und Kontrollgruppe nach Gemeindetyp zusammen.

Etwa 30 Prozent aller selbstständigen Gemeinden, jede dritte Verwaltungsgemeinschaft und nahezu die Hälfte aller erfüllenden Gemeinden waren im Beobachtungszeitraum an Fusionsprozessen beteiligt. Gemeinden werden als skalenoptimal konfiguriert (SOK)

[416] Quelle: Eigene Berechnungen.

eingeordnet, wenn sie im letzten Beobachtungsjahr 2017 hinsichtlich jedes Outputs innerhalb der Intervallgrenzen für das Skalenoptimum lagen.

In Thüringen wurden während des Beobachtungszeitraumes freiwillige Gemeindefusionen durchgeführt. Im Gegensatz zu Reformen mit Zwangsfusionen, die überwiegend zu einem bestimmten Stichtag stattfinden, verteilen sich die Fusionsereignisse ungleichmäßig über mehrere Jahre. In Tabelle 5-18 ist die Verteilung der Fusionen im Zeitverlauf dargestellt. Die letzten Fusionen im Beobachtungszeitraum haben im Jahre 2013 stattgefunden, sodass für jede Fusion noch mindestens vier Postfusionsjahre als Beobachtungen zur Verfügung stehen.

Fusionsjahr	Anzahl	Prozent	Kumuliert Prozent
2007	10	13,89	13,89
2008	8	11,11	25,00
2009	4	5,56	30,56
2010	4	5,56	36,11
2011	4	5,56	41,67
2012	24	33,33	75,00
2013	18	25,00	100,00
Gesamt	72	100,00	

Tabelle 5-18: Zeitliche Verteilung der Fusionen[417]

In der statischen Analyse des Kapitels 5.3 wurde für ein bestimmtes Beobachtungsjahr angenommen, dass Gemeinden unter konstanten Outputmengen ihren Inputeinsatz variieren und damit ihre Gesamteffizienz beeinflussen. Kurzfristig verändern sich die in der DEA verwendeten Outputs nicht. In einer dynamischen Betrachtung verändern sie sich jedoch kontinuierlich. In Abbildung 5-10 sind die durchschnittliche Outputmengen pro Gemeinde für alle Outputs im Zeitraum von 1995 bis 2017 dargestellt. Der Beobachtungszeitraum beginnt zwar erst ab dem Jahr 2007 aber die Darstellung des längeren Zeitraumes ab 1995 verdeutlicht die erheblichen Veränderungen, denen alle Outputs im Zeitverlauf unterlagen. Es ist aufgrund dessen nicht auszuschließen, dass beispielsweise Kostenremanenzen Einfluss auf die Effizienzwerte im Beobachtungszeitraum ausüben. Rückläufige Bevölkerungsstände bei größer werdender Siedlungs- und Verkehrsfläche sowie einem höheren Bedarf an Kitaplätzen führen außerdem dazu, dass einige wenige Gemeinden im Zeitverlauf den skalenoptimalen Bereich verlassen oder sich mit ihren Outputs in den

[417] Quelle: Eigene Berechnungen.

skalenoptimalen Bereich hinein bewegen. Dies geschieht auch ohne Gebietsveränderungen. Darum ist das maßgebliche Beobachtungsjahr für die Festlegung des Skalenbereiches einer Gemeinde stets das letzte Beobachtungsjahr 2017. Dies entspricht der Vorgehensweise bei der Festlegung der untersuchten Gebietsflächen als aggregierte Gemeinden.

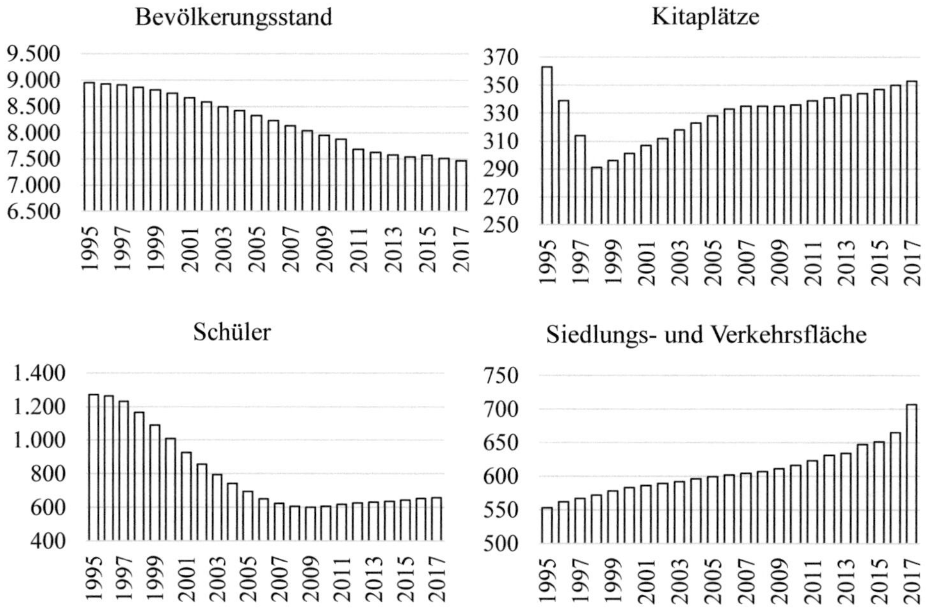

Abbildung 5-10: Durchschnittliche Outputmengen pro Gemeinde (1995-2017, n=213)[418]

Gleichzeitig führt die Veränderung von Outputmengen und Inputmengen im Zeitverlauf aber auch dazu, dass Referenzgemeinden eines Jahres unter Umständen in den Folgejahren durch andere Gemeinden abgelöst werden. Da die Intervallgrenzen stets von Referenzgemeinden gebildet werden, die in einem bestimmten Beobachtungsjahr eindeutige Outputmengen aufweisen, schwanken die Intervallgrenzen von Jahr zu Jahr. Bei jahresweiser Schätzung der Intervallgrenzen für alle Beobachtungsjahre ergeben sich die Intervalle so, wie sie in Abbildung 5-11 dargestellt sind. Die Unterschiede zwischen den

[418] Quelle: Eigene Darstellung.

Jahren sind in diesem Fall nicht mit einem Trend – beispielsweise durch technischen Fortschritt – zu erklären, da jedes Beobachtungsjahr seine eigenen Referenzgemeinden hat.

In Tabelle 5-19 sind die Mittelwerte der Intervallgrenzen über alle Beobachtungsjahre dargestellt. Darüber hinaus enthält die Tabelle die Intervallgrenzen einer All-Time-Best Schätzung über den gesamten Beobachtungszeitraum und die in der statischen Analyse geschätzten Intervallgrenzen aus Kapitel 5.3.1. Die Mittelwerte der jahresweise geschätzten Intervallgrenzen über den gesamten Beobachtungszeittraum unterscheiden sich nicht sehr stark von den Grenzen der skalenoptimalen Intervalle für 2017.

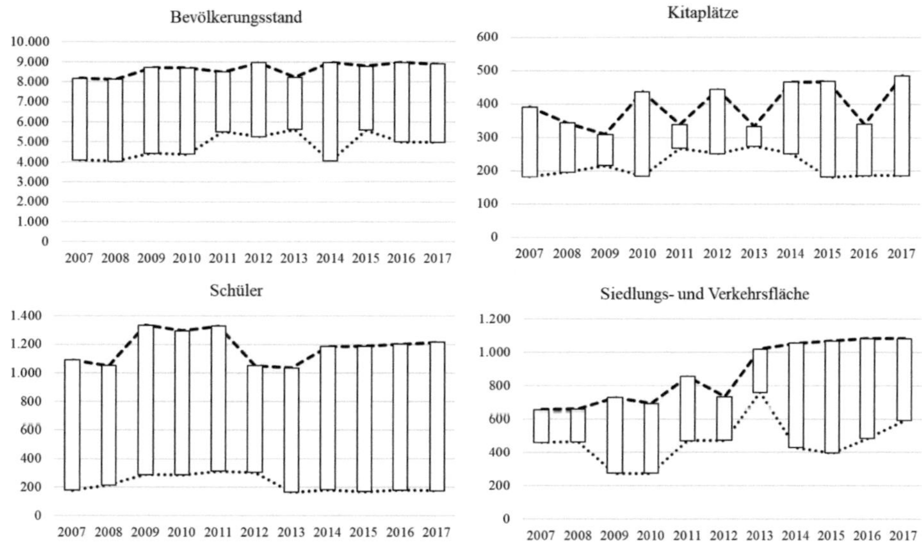

Abbildung 5-11: Skalenoptimale Intervalle im Zeitverlauf (jahresweise Schätzung)[419]

Das ATB-Optimum wird durch nur zwei vollständig effiziente Beobachtungen unter CRS-Technologie gebildet. Eine der beiden Beobachtungen stammt aus dem Jahr 2017, die zweite aus dem Jahr 2015. Bei der Anwendung der skalenoptimalen Konfiguration auf die zum Jahresende 2017 bestehende Gemeindegliederung in Thüringen sollen Fusionspartner gefunden werden, die nach der Fusion hinsichtlich aller Outputs näher an den Obergrenzen

[419] Quelle: Eigene Darstellung.

aber nach Möglichkeit nicht deutlich darüber liegen. In der weiteren Analyse werden daher die für 2017 ermittelten Intervallgrenzen weiterverwendet.

	Jahr 2017		ATB-Optimum		Mittelwert 2007-2017	
	Untergrenze	Obergrenze	Untergrenze	Obergrenze	Untergrenze	Obergrenze
Bevölkerungsstand	4.995	8.893	7.686	8.893	4822	8640
Kitaplätze	185	358	358	461	216	396
Schüler	174	1.215	491	1.215	222	1178
Siedlungs- und Verkehrsfläche (in Hektar)	485	1.083	748	1.461	461	876

Tabelle 5-19: Vergleich der Intervallgrenzen[420]

Die Zuordnung zur Gruppe der skalenoptimalen Gemeinden erfolgt ebenfalls anhand der Outputmengen der betreffenden Gemeinde im Jahre 2017. In der Difference-in-Differences Schätzung werden die Ergebnisse der All-Time-Best Schätzung verwendet, da – wie in Kapitel 2.4.1 diskutiert – dadurch eine Vergleichbarkeit der Effizienzwerte über lange Zeiträume hinweg ermöglicht wird. Abbildung 5-12 fasst die Mittelwerte der ATB-Schätzung für jedes Beobachtungsjahr zusammen.

[420] Quelle: Eigene Berechnungen.

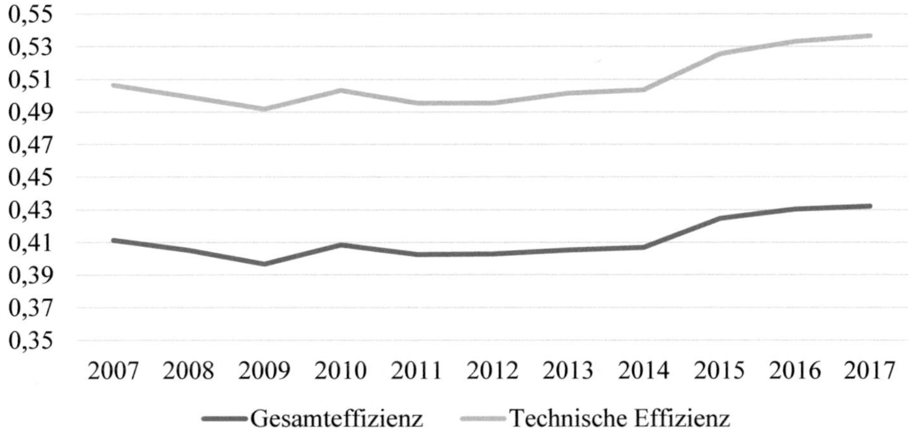

Abbildung 5-12: Mittlere Effizienz kreisangehöriger Gemeinden (n=2288, 2007 bis 2017)[421]

Die Gesamteffizienz entspricht den Effizienzwerten bei CRS-Technologie, die technische Effizienz umfasst die Werte bei VRS-Technologie. Beide Zeitreihen weisen im Verlauf des Beobachtungszeitraumes einen leicht positiven Trend auf. Da keine monetären Werte in die DEA eingegangen sind, kann der Trend in der mittleren Effizienz aller Beobachtungen als technischer Fortschritt und als Abbau von Ineffizienzen gedeutet werden. Es ist den Gemeinden also bei konstanten Outputmengen möglich, ihre Leistungen mit einer etwas kleineren Kernverwaltung zu erbringen.

5.4.2 Kontrollvariablen

In der dynamischen Analyse besteht die Möglichkeit, Eigenschaften als Kontrollvariablen zu erfassen, die nicht durch Gemeindezusammenschlüsse beeinflussbar sind, jedoch Einfluss auf die Effizienz der beobachteten Gemeinden haben. In den Kapiteln 4.4.4 und 4.5.2 wurden die in der Literatur üblichen exogenen Variablen diskutiert. In die Analyse in diesem Kapitel gehen Kontrollvariablen aus den folgenden Kategorien ein:

- Siedlungsstruktur,
- Demografie,
- Steuerkraft,
- Wirtschaftslage,
- Verschuldung

[421] Quelle: Eigene Darstellung.

- und strukturelle Merkmale der Gemeindeverwaltung.

Die Stadt- und Raumforschung nutzt die Siedlungsdichte als einfachen Indikator für die Siedlungsstruktur. Eine hohe Siedlungsdichte zeigt eine hohe Verdichtung vornehmlich baulich genutzter Flächen an und wird mit Siedlungen eher städtischen Charakters assoziiert.

$$Siedlungsdichte = \frac{Bevölkerungsstand}{Siedlungs\text{--}\ und\ Verkehrsfläche} \tag{5.1}$$

Zur Klassifizierung von Verdichtungsräumen wird zusätzlich der Siedlungsflächenanteil, also der Anteil der Siedlungs- und Verkehrsfläche an der Bodenfläche, herangezogen. Gemeinden mit hoher Siedlungsdichte und hohem Siedlungsflächenanteil weisen also eine dichtere Bebauung und wenig „grünes" Umland zu ihren Nachbargemeinden auf.[422]

Der Siedlungsflächenanteil erwies sich in allen nachfolgend dargestellten Modellen als ungeeignet, da er für die kreisangehörigen Gemeinden in Thüringen mit wenigen Ausnahmen sehr niedrig ist und kaum streut.[423] Daher ist die Anzahl der Ortsteile als zweiter siedlungsstruktureller Indikator in die Schätzung eingegangen. Eine stärkere räumliche Verteilung verdichteter Siedlungen auf mehrere Ortsteile könnte ein exogener Effizienznachteil für Gemeinden sein. Auch der Einfluss der Siedlungsdichte auf die Effizienz von Gemeinden wurde in der Literatur bereits diskutiert und wird im Modell überprüft.

Als demografische Kontrollvariable geht ein angepasstes Billeter Maß J in die Schätzung ein. Das Maß setzt die Differenz der Bevölkerung im Alter von unter 15 Jahren und der Bevölkerung im Alter von über 50 Jahren ins Verhältnis zur Bevölkerung im Alter von 15 bis 49 Jahren. Für die Analyse im folgenden Kapitel wurde der Demografieindikator angepasst (vgl. Gleichung (5.2)) und erfasst nun die ältere Bevölkerung ab dem Eintritt ins Rentenalter.

$$J = \frac{(Bevölkerunsstand_{unter\ 15\ Jahre} - Bevölkerungsstand_{ab\ 65\ Jahre})}{Bevölkerungsstand_{15-64 Jahre}} \tag{5.2}$$

422 Vgl. Bundesinstitut für Bau-, Stadt- und Raumforschung (BBSR) 2017, S. 13f.

423 Der Siedlungsflächenanteil beträgt im Mittel 0,098 und die Standardabweichung 0,05.

Das angepasste Billeter-Maß J nimmt positive Werte an, wenn die absolute Anzahl junger Menschen die Anzahl von Menschen im Seniorenalter übersteigt. Dies ist im gesamten Beobachtungszeitraum für keine kreisangehörige Gemeinde in Thüringen der Fall. Der Betrag des Maßes hängt von der Bevölkerungszusammensetzung ab. Hohe Seniorenzahlen oder eine niedrige Zahl von Personen im Erwerbsalter führen zu einem höheren Betrag.[424] Für Thüringer Gemeinden gilt also, je näher das angepasste Billeter-Maß J an Null liegt, desto günstiger ist die demografische Struktur. Ein Wert von genau Null würde einem ausgewogenen Verhältnis von als jung defininierten Menschen und Senioren entsprechen.

Die Steuerkraft der Gemeinden wird über die zwei Variablen Gewerbesteuereinnahmen je Einwohner und Einnahmen aus Verwaltung und Betrieb je Einwohner erfasst. Wie bereits in Kapitel 3.3.1 diskutiert, wird das Gewerbesteueraufkommen bei der Ermittlung der Zuweisungen aus dem kommunalen Finanzausgleich an die Gemeinden herangezogen. Gemeinden mit höherem Steueraufkommen erhalten also weniger Zuweisungen oder müssen bei sehr hohem Steueraufkommen sogar eine Finanzausgleichsumlage an den Freistaat Thüringen zahlen.[425] Einnahmen aus Verwaltung und Betrieb hingegen, werden beim kommunalen Finanzausgleich nicht herangezogen und können direkt für gemeindliche Outputs eingesetzt werden.

Die Anzahl der sozialversicherungspflichtig Beschäftigten am Arbeitsort je Einwohner ist die Kontrollvariable für die wirtschaftliche Lage der Gemeinde. Diese Jobdichte innerhalb des Gemeindegebietes ist durch die Gemeinde selbst nur schwer zu beeinflussen. Ansiedlungen und Förderung von Erweiterungen bestehender Unternehmensstandorte werden vornehmlich durch landesweit arbeitende Behörden und Gesellschaften vorbereitet und koordiniert.[426] Aus Sicht der kreisangehörigen Gemeinde ist die Anzahl der sozialversicherungspflichtig Beschäftigten damit exogen. Auch die Verschuldung der Gemeinden ist noch als Kontrollvariable Schulden je Einwohner berücksichtigt.

Schließlich sind noch zwei strukturelle Merkmale der Gemeindeverwaltung als Kontrollvariablen im Modell integriert: Erstens die Anzahl der formal selbstständigen Mitgliedsgemeinden innerhalb einer Gemeinschaft. Die Tatsache, dass in Gemeinschaften für jedes Mitglied unabhängige Gemeindevertretungen und Bürgermeister existieren, könnte sich auf die technische Effizienz der Gemeinden auswirken. Für alle Einheitsgemeinden nimmt die Variable den Wert Eins an. Zweitens ist das Verwaltungspersonal innerhalb von Gemeinschaften unterschiedlich stark zentralisiert. Zum Teil verfügen die Mitgliedsgemeinden noch über eigenes Verwaltungspersonal. Die Variable ist definiert als Verhältnis von dezentralen Vollzeitäquivalenten AV im Verhältnis zur Anzahl der

[424] Vgl. Verband Deutscher Städtestatistiker 2011, S. 16.
[425] Vgl. §29 ThürFAG.
[426] Vgl. Landesentwicklungsgesellschaft Thüringen mbH 2018, S. 21.

Vollzeitäquivalenten bei der Verwaltungskörperschaft bzw. der erfüllenden Gemeinde. Für Einheitsgemeinden nimmt die Kontrollvariable Zentralisierung Verwaltungspersonal ebenfalls den Wert Eins an. Tabelle 5-20 fasst die deskriptiven Merkmale aller Kontrollvariablen zusammen.

Kontrollvariable	Mittel-wert	Std. Abw.	Min.	Max.
Siedlungsdichte	12,078	4,799	4,124	32,027
Ortsteile	13,264	9,108	1	55
Angepasstes Billeter Maß J	-0,184	0,072	-0,478	-0,0146
Gewerbesteuereinnahmen je Einwohner	235,768	248,564	-187,232	4478,864
Einnahmen VB je Einwohner	248,416	150,998	48,347	1397,116
Sozialversicherungspflichtig Beschäftigte am Arbeitsort je Einwohner	0,270	0,124	0,0527	0,639
Schulden je Tausend Einwohner	0,747	0,689	0	7,241
Anzahl Gemeinschaftsmitglieder	4,035	4,294	1	22
Zentralisierung Verwaltungspersonal	0,972	0,063	0,667	1,000

Tabelle 5-20: Deskriptive Statistik zu den Kontrollvariablen (n=2288, 2007 bis 2017)[427]

In Tabelle 5-21 sind die Rangkorrelationskoeffizienten nach Spearman für alle Kontrollvariablen zusammengefasst. Sie korrelieren nur in niedrigem Maße miteinander. Eine Ausnahme hiervon bildet das Variablenpaar Gewerbesteuereinnahmen je Einwohner (III) und sozialversicherungspflichtig Beschäftigte am Wohnort je Einwohner (VI). Mit einem Koeffizienten von 0,669 liegt hier eine deutlich erhöhte Korrelation vor. Der Grund dafür liegt darin, dass es die gleichen Unternehmen innerhalb einer Gemeinde sind, von denen die Gewerbesteuereinnahmen generiert werden und bei denen Erwerbspersonen sozialversicherungspflichtig beschäftigt sind. Der Varianzinflationsfaktor (VIF) bleibt aber

[427] Quelle: Eigene Berechnungen.

bei allen im folgenden durchgeführten Schätzungen stets unauffällig, sodass davon ausgegangen wird, dass keine Multikollinearität vorliegt.

	I	II	III	IV	V	VI	VII	VIII	IX
I	1,000								
II	-0,273	1,000							
III	0,117	-0,037	1,000						
IV	-0,263	0,221	0,077	1,000					
V	-0,143	0,003	0,135	0,168	1,000				
VI	0,286	-0,116	0,669	-0,045	0,046	1,000			
VII	0,116	-0,015	0,062	0,107	0,122	0,082	1,000		
VIII	-0,265	0,465	-0,096	0,053	0,157	-0,330	0,038	1,000	
IX	0,082	-0,242	0,045	-0,264	-0,025	0,129	-0,015	-0,479	1,000

I: Siedlungsdichte; II: Ortsteile; III: Gewerbesteuereinnahmen je Einwohner; IV: Einnahmen VB je Einwohner; V: Angepasstes Billeter Maß J; VI: Sozialversicherungspflichtig Beschäftigte am Arbeitsort je Einwohner; VII: Schulden je Einwohner, VIII: Anzahl Gemeinschaftsmitglieder; IX: Zentralisierung Verwaltungspersonal.

Tabelle 5-21: Korrelation der Kontrollvariablen (n=2288, Jahre 2007 bis 2017)[428]

5.4.3 Ergebnisse der Difference-in-Differences Schätzung

Für die Schätzung des Einflusses exogener Variablen auf die Effizienzwerte einer DEA wird in zahlreichen Studien eine Tobit-Regression gewählt.[429] Befürworter dieses Ansatzes argumentieren, dass bei einer DEA für die abhängige Variable grundsätzlich zensierte Daten vorliegen, da Effizienzwerte maximal den Wert 1,0 annehmen können.[430] Je größer die Zahl der zensierten Beobachtungen, desto weniger sind OLS-Modelle geeignet, um den Einfluss exogener Variablen konsistent zu erklären. Im hier verwendeten Datensatz kommt für die Bestimmung der Effizienzwerte eine ATB-Schätzung zum Einsatz. Dies hat zur Folge, dass unter Annahme konstanter Skalenerträge nur zwei von 2.288 Beobachtungen den Gesamteffizienzwert 1,0 erreichen. Bei variablen Skalenerträgen erreichen 20 Beobachtungen für die technische Effizienz den Wert 1,0. Die Regressionsergebnisse für

[428] Quelle: Eigene Berechnungen. Rangkorrelation nach Spearman.

[429] Vgl. für Tobit-Modelle in der zweiten Stufe: de Borger et al. 1994; de Borger/Kerstens 1996a; de Borger/Kerstens 1996b; Athanassopoulos/Triantis 1998; Worthington/Dollery 2000; Gimenez/Prior 2007; Afonso/Fernandes 2008.

[430] Vgl. McDonald/Moffitt 1980.

eine Schätzung mit Tobit-Modell und eine Schätzung mit OLS-Modell unterscheiden sich daher kaum.[431] Auch Vergleichsrechnungen mit einer trunkierten Regression führten zu sehr ähnlichen Ergebnissen. Banker und Natarajan (2008) zeigen darüber hinaus, dass OLS-Schätzer für deterministische Effizienzwerte konsistent sind, wenn im inputorientierten Fall die Kontrollvariablen nicht sehr stark mit der Inputvariablen korrelieren.[432] Dies leuchtet auch intuitiv ein. Wenn die Outputgrößen als kurzfristig unveränderlich angesehen werden und die Inputgröße gleichzeitig maßgeblich durch exogene Variablen determiniert ist, wären die Gemeinden wohl kaum in der Lage, ihr Inputvolumen anzupassen, um ihre Effizienz zu steigern. Tabelle 5-22 fasst die Korrelation der Kontrollvariablen mit der Inputgröße zusammen. Insbesondere die Siedlungsdichte und die SV-Beschäftigten am Arbeitsort je Einwohner weisen eine Korrelation mittlerer Stärke auf. Gemeinden mit hoher Siedlungsdichte und hoher Jobdichte beschäftigen also häufig auch mehr Verwaltungspersonal. Keine der Kontrollvariablen weist eine sehr starke Korrelation auf.

Siedlungsdichte	Ortsteile	Angepasstes Billeter Maß J	Gewerbesteuer je Einwohner	Einnahmen VB je Einwohner	SV-Beschäftigte am Arbeitsort je Einwohner	Schulden je Einwohner	Anzahl Gemeinschaftsmitglieder	Zentralisierung Verwaltungspersonal
0.380*	0.228*	0.135*	0.223*	0.187*	0.354*	0.211*	0,155*	-0,212*

Signifikanz-Niveau: * $p<0{,}05$.

Tabelle 5-22: Korrelation der Kontrollvariablen mit der Inputvariable (n=2.288)[433]

Simar und Wilson (1998, 2000) diskutieren die Notwendigkeit einer BIAS-Korrektur der deterministisch ermittelten Effizienzwerte und schlagen eine Bootstrap-Prozedur dafür vor. Sie argumentieren, dass die Effizienzwerte ohne Korrektur zu optimistisch geschätzt werden, da der effiziente Rand ausschließlich aus real existierenden Beobachtungen

[431] Schätzungen mit OLS-Modellen in der zweiten Stufe nutzen zudem de Borger/Kerstens 1996a; Loikkanen/Susiluoto 2005; Borge/Falch/Tovmo 2008.
[432] Banker/Natarajan 2008, S. 55f; Cooper/Seiford/Zhu 2011, S.288ff.
[433] Quelle: Eigene Berechnungen. Rangkorrelation nach Spearman.

gebildet wird, die ihrerseits Ineffizienzen aufweisen können.[434] Der zentrale Untersuchungsgegenstand in der dynamischen Analyse dieser Arbeit ist aber die Veränderung der Effizienzwerte im Zeitverlauf. Wenn eine Verzerrung der Effizienzwerte hinsichtlich ihres absoluten Wertes vorliegt, hätte dies nur auf die zwei bzw. 20 vollständig effizienten Einheiten einen Einfluss, da dort unter Umständen ein Teil der Effizienzänderung nicht mehr beobachtbar ist. Beobachtungen einer nicht vollständig effizienten Gemeinde in verschiedenen Jahren wären im Falle der Gesamteffizienz exakt im gleichen Verhältnis verzerrt, da die Referenzgemeinden für die Bestimmung des Effizienzwertes aus Linearkombination mit identischer Produktivität gebildet werden. Bei der Analyse der Veränderungen sollte sich diese Verzerrung daher aufheben. Für die Ermittlung der folgenden Ergebnisse wurde daher auf die BIAS-Korrektur verzichtet und es wurde eine OLS-Schätzung durchgeführt. Letzteres hat zudem den Vorteil, dass die im Weiteren errechneten Modelle mit anderen abhängigen Variablen ebenfalls OLS-Schätzungen sind und dadurch besser vergleichbar werden.

Um den Effekt der skalenoptimalen Konfiguration erfassen zu können, wurde das Modell aus Gleichung (4.2) zusätzlich um zwei weitere Variablen erweitert. Es enthält nun einen Koeffizienten für das mittlere Effizienzniveau skalenoptimal konfigurierter Gemeinden β_4 und einen Koeffizienten für den Interaktionsterm aus skalenoptimaler Konfiguration und Postfusionsvariable β_5. Damit lässt sich der Fusionseffekt auf die Effizienz der durch die Fusion skalenoptimal konfigurierten Einheiten von jenem Fusionseffekt auf alle übrigen Postfusionsgemeinden trennen. Das erweiterte Modell ist in Gleichung (5.3) dargestellt:

$$\begin{aligned} Y_i = \alpha + \beta_1 VG_i + \beta_2 Post_i + \beta_3 VG_i * Post_i + \beta_4 SOK + \beta_5 SOK * Post_i \\ + \sum^{k} \beta_k X_k + \varepsilon_i \end{aligned} \tag{5.3}$$

Die Beobachtungen wurden zudem innerhalb des Regressionsmodells nach Gemeinden geclustert, da eine starke Autorkorrelation der Effizienzwerte in der Zeitreihe angenommen wird.[435] Tabelle 5-24 stellt die Ergebnisse der Schätzung mit dem Modell für die Gesamteffizienz unter Annahme konstanter Skalenerträge und für die technische Effizienz unter Annahme variabler Skalenerträge dar. Für jede Technologie sind drei Modellvarianten dargestellt: Die Modelle (1) und (4) enthalten nur den DiD-Schätzer für die gesamte Versuchsgruppe, die Modelle (2) und (5) sind um den DiD-Schätzer für die

[434] Vgl. Simar/Wilson 1998; Simar/Wilson 2000; Kneip/Simar/Wilson 2008. Essid/Ouellette/Vigeant 2011 diskutieren Nachteile des Bootstrap-Verfahrens von Simar und Wilson.
[435] Diese Vorgehensweise wählen auch Blom-Hansen/Houlberg/Serritzlew 2014.

skalenoptimal konfigurierten Gemeinden (SOK) erweitert und in die Modelle (3) und (6) sind schließlich auch alle Kontrollvariablen einbezogen.

Wird nur der Schätzer für die gesamte Versuchsgruppe ins Modell integriert, lässt sich weder für die Gesamteffizienz noch für die technische Effizienz ein signifikanter Fusionseffekt nachweisen. Die Postfusionsgemeinden sind in beiden Modellen (1) und (4) effizienter, aber ihr mittlerer Effizienzzuwachs unterscheidet sich nicht deutlich genug vom Effizienzzuwachs der Kontrollgruppe. Erst durch die Trennung der Fusionen nach anschließend skalenoptimal konfigurierten Einheiten und nicht skalenoptimal konfigurierten Einheiten in den Modellen (2) und (5), zeigt sich ein deutlicher Fusionseffekt für die Gesamteffizienz. Die beiden Gruppen setzen sich aus 42 skalenoptimal konfigurierten und 30 nicht skalenoptimal konfigurierten Postfusionsgemeinden zusammen. In der Gruppe der nicht skalenoptimal konfigurierten Gemeinden dominieren die Postfusionsgemeinden im Bereich fallender Skalenerträge, die 21 Gemeinden umfassen. Outputdaten für die verschiedenen Gruppen sind in Tabelle 5-23 zusammengefasst.

Die Tatsache, dass der SOK-Schätzer für die Gesamteffizienz hoch signifikant ist und für die technische Effizienz gleichzeitig nicht signifikant ist, deutet darauf hin, dass die Veränderung der Effizienz nicht allein auf veränderter technischer Effizienz beruht, sondern tatsächlich ein Größeneffekt vorliegt. Zudem ist der Koeffizient in Modell (2) für die nicht skalenoptimal konfigurierte Versuchsgruppe nun mit 0,059 positiv und für die skalenoptimal konfigurierten Einheiten mit -0,073 negativ. Nach der Fusion nicht (mehr) skalenoptimal konfigurierte Einheiten weisen also zunächst eine höhere mittlere Effizienz auf und verlieren durch die Fusion kontrollgruppenbereinigt -0,035. Dies deckt sich mit den theoretischen Überlegungen zur Skaleneffizienz. Danach müssten Gemeinden, die in den Bereich fallender Skalenerträge hinein fusionieren, größenbedingte Effizienzverluste erleiden. Der überwiegende Teil der nicht skalenoptimal konfigurierten Postfusionsgemeinden hat in den Bereich fallender Skalenerträge hinein fusioniert. Der Nettoeffekt ist allerdings nicht stark genug, um mit hoher Sicherheit nachweisbar zu sein. Aufgrund der Anzahl der Beobachtungen ist eine weitere Aufgliederung der Gruppe nicht sinnvoll.

In den Modellen (3) und (6) sind die Kontrollvariablen mit einbezogen. Es besteht ein signifikanter Zusammenhang zwischen angepasstem Billeter Maß J und Gesamteffizienz sowie zwischen Einnahmen aus Verwaltung und Betrieb je Einwohner und Gesamteffizienz. Gemeinden mit günstiger demografischer Struktur erreichen eine höhere Gesamteffizienz. Dies kann auf Kostenremanenzen bei Gemeinden unter demografischem Druck hindeuten.

	Nicht skalenoptimal konfiguriert			Skalenoptimal konfiguriert
	Steigende Skalenerträge	Fallende Skalenerträge	gesamt	gesamt
Anzahl Gemeinden	7	21	30	42
Bevölkerungsstand	3.956	16.405	12.869	6.681
Kitaplätze	202	771	608	322
Schüler	274	1.571	1.210	528
Siedlungs- und Verkehrsfläche	442	1.323	1.074	796

Tabelle 5-23: Mittlere Outputmengen der Postfusionsgemeinden[436]

Rückläufige Outputvolumina müssten auch mit Personalabbau in der allgemeinen Verwaltung der betroffenen Gemeinden einhergehen. Dieser kann aus verschiedenen Gründen nur zeitverzögert erfolgen.[437] Gemeinden mit hohen Einnahmen aus Verwaltung und Betrieb erreichen eine geringere Gesamteffizienz. Womöglich eröffnet die direkte Verwendbarkeit dieser Einnahmen ohne Verrechnung im kommunalen Finanzausgleich Spielräume für die Generierung zusätzlicher Outputs im Bereich freiwilliger kommunaler Aufgaben. Diese sind in der DEA nicht erfasst und werden als Ineffizienz gewertet.

Die beschriebenen Zusammenhänge gelten auch für die technische Effizienz, allerdings liefern hier die Siedlungsdichte und die Jobdichte innerhalb der Gemeinde zusätzlichen Erklärungsgehalt. Städtisch geprägte und wirtschaftlich prosperierende Gemeinden weisen eine höhere technische Effizienz auf. Räumliche Konzentration von Siedlungen und Wirtschaftsleistung könnten exogene Vorteile sein, welche jedoch durch Gebietsreformen nicht beeinflussbar sind. Auch die Strukturmerkmale der Gemeindeverwaltung stehen im Zusammenhang mit der technischen Effizienz. Gemeinschaften mit vielen Mitgliedsgemeinden wirtschaften ineffizienter; ein höherer Zentralisierungsgrad des Verwaltungspersonals geht mit höherer technischer Effizienz einher.

436 Quelle: Eigene Berechnungen.
437 Vgl. Dobroschke/Gutsche/Thöne 2014; Frei/Ragnitz/Rösel 2018.

Variable	Gesamteffizienz			Technische Effizienz		
	(1)	(2)	(3)	(4)	(5)	(6)
Versuchsgruppe	0,016 (0,023)	0,059** (0,028)	0,079** (0,033)	-0,011 (0,032)	0,095*** (0,034)	0,123*** (0,037)
Postfusion	0,023** (0,007)	0,023*** (0,007)	0,018** (0,009)	0,031** (0,008)	0,031*** (0,008)	0,024** (0,011)
Optimale Konfiguration		-0,073** (0,029)	-0,067** (0,031)		-0,180*** (0,033)	-0,190*** (0,036)
Fusionseffekt Versuchsgruppe	0,02 (0,022)	-0,035 (0,023)	-0,036 (0,024)	0,025 (0,028)	-0,005 (0,026)	-0,003 (0,027)
Fusionseffekt SOK		0,107*** (0,036)	0,094*** (0,034)		0,053 (0,034)	0,045 (0,034)
Siedlungsdichte			0,001 (0,001)			0,005** (0,002)
Anzahl Ortsteile			-0,001* (0,001)			-0,001 (0,001)
Angepasstes Billeter-Maß J			1,814** (1,120)			2,980** (1,233)
Gewerbesteuer je Einwohner			0,001 (0,001)			0,001 (0,001)
Einnahmen VB je Einwohner			-0,001** (0,001)			-0,002** (0,001)
SV-Beschäftigte am Arbeitsort je Einwohner			0,072 (0,074)			0,113 (0,080)
Verschuldung je Tsd. Einwohner			-0,002 (0,012)			-0,018* (0,011)
Anzahl Gemeinschaftsmitglieder			0,003 (0,002)			-0,007*** (0,003)
Zentralisierung Verwaltung			0,019 (0,046)			0,089* (0,045)
Konstante	0,389** (0,009)	0,389*** (0,009)	0,296*** (0,060)	0,490** (0,012)	0,490*** (0,012)	0,249*** (0,073)
R^2	0,028	0,046	0,101	0,013	0,061	0,219

Signifikanz-Niveaus (Standardfehler auf Gemeindeebene geclustert): *** p<0,01, ** p<0,05, * p<0,1.

Tabelle 5-24: Regressionsergebnisse Effizienzwerte (n=2288, 2007 bis 2017)[438]

[438] Quelle: Eigene Berechnungen.

Der Schätzer für die skalenoptimal konfigurierten Postfusionsgemeinden ist auch im Modell (3) weiterhin positiv und signifikant. Gemeinden, die in den skalenoptimalen Bereich hinein fusioniert sind, haben sich also hinsichtlich ihrer Gesamteffizienz deutlich besser entwickelt als die Kontrollgruppe und auch als die Gruppe der nicht skalenoptimal konfigurierten Postfusionsgemeinden. Der mittlere Nettoeffizienzeffekt für die skalenoptimal konfigurierten Gemeinden beläuft sich auf 0,094. Im Mittel haben die SOK-Gemeinden ihre Gesamteffizienz durch die Fusion um diesen Betrag erhöhen können. Der Schätzer für die anderen Postfusionsgemeinden ist negativ aber nicht signifikant von Null verschieden. Diese Gemeinden haben leichte Effizienzverluste erlitten.

Die technische Effizienz in Modell (6) ist ein um Größeneffekte bereinigtes Effizienzmaß. Die beiden Schätzer für Fusionen in den skalenoptimalen Bereich und außerhalb davon sollen mittlere Effekte von Größenveränderungen bei den Gemeinden erfassen. Es wäre also zu erwarten, dass beide Schätzer im Modell mit der technischen Effizienz als abhängige Variable an Bedeutung verlieren. Tatsächlich werden die Koeffizienten für beide Schätzer in der Regression mit der technischen Effizienz kleiner und sind beide nicht signifikant.

Das Gewerbesteueraufkommen je Einwohner steht in keinem signifikanten Zusammenhang zur Effizienz. Dass das Gewerbesteueraufkommen jeder Gemeinde im kommunalen Finanzausgleich einbezogen wird, könnte ursächlich dafür sein. Bei der Verschuldung je Einwohner zeigt sich ein Zusammenhang. Hoch verschuldete Gemeinden wirtschaften etwas ineffizienter. Die Verschuldung hat typischerweise keine Auswirkung auf den Pflichtaufgabenbereich einer Gemeinde und das dafür benötigte Verwaltungspersonal. Selbst Gemeinden in starker finanzieller Schieflage sind durch die Regelungen zum Haushaltssicherungskonzept[439] über den Freistaat Thüringen hinsichtlich ihrer Pflichtaufgaben abgesichert. Die geringere technische Effizienz könnte aus Kostenremanenzen resultieren. Die Anzahl der Ortsteile scheint ebenfalls keine geeignete exogene Variable zur Erklärung der Effizienzwerte zu sein.

Wie bereits in Kapitel 4 diskutiert, nutzen viele Autoren die Gesamtausgaben je Einwohner als abhängige Variable in ihren DiD-Modellen. Obwohl diese Vorgehensweise einige bereits erläuterte Nachteile hat, sind in Tabelle 5-26 die Ergebnisse als Modell (7) dargestellt. Die Schätzer sind, trotz Trendkorrektur durch die Mittelwerte der Kontrollgruppe, wahrscheinlich durch Inflationseffekte verzerrt. Darum sind Berechnungen mit Vollzeitäquivalenten AV als Modell (8) und Vollzeitäquivalenten AV je 1.000 Einwohner als Modell (9) ergänzt. Dabei sind zunächst wieder etwaige Korrelationen zwischen den abhängigen Variablen und den Kontrollvariablen relevant.

[439] Vgl. §53a ThürKO.

Diese sind in Tabelle 5-25 zusammengefasst. Erwartungsgemäß korrelieren Einnahmen und Ausgaben stark, wobei der Zusammenhang bei den direkt verwendbaren Einnahmen aus Verwaltung und Betrieb am stärksten ist. Gemeinden mit günstiger demografischer Struktur geben mehr Geld aus, da sie eine größere Anzahl von Outputs bereitstellen müssen.

	Gesamtausgaben je Einwohner	VZÄ-AV je 1.000 Einwohner
Siedlungsdichte	-0,174*	0,025
Ortsteile	0,229*	-0,139*
Angepasstes Billeter Maß J	0,326*	0,007
Gewerbesteuereinnahmen je Einwohner	0,423*	0,027
Einnahmen Verwaltung und Betrieb je Einwohner	0,589*	0,111*
SV-Beschäftigte am Arbeitsort je Einwohner	0,246*	0,144*
Verschuldung je Einwohner	0,088*	0,071*
Anzahl Gemeinschaftsmitglieder	0,259*	0,096*
Zentralisierung Verwaltungspersonal	-0,113*	0,010

Signifikanz-Niveau: * p<0,05.

Tabelle 5-25: Korrelation Kontrollvariablen und andere abhängige Variablen (n=2.288)[440]

Die Ergebnisse der DiD-Schätzung in Tabelle 5-26 lassen für keine der abhängigen Variablen mehr einen starken signifikanten Fusionseffekt erkennen. Die signifikant höheren Gesamtausgaben je Einwohner bei den Postfusionsgemeinden in Modell (7) könnten darauf hindeuten, dass noch nicht alle Inflationseffekte durch die DiD-Schätzung bereinigt wurden, da sich bei den Modellen (8) und (9) negative Koeffizienten ergeben.

[440] Quelle: Eigene Berechnungen. Rangkorrelation nach Spearman.

Variable	Gesamtausgaben je Einwohner	VZÄ-AV	VZÄ-AV je tsd. Einwohner
	(7)	(8)	(9)
Versuchsgruppe	27,883	8,357*	-0,097
	(28,314)	(4,364)	(0,125)
Postfusion	135,050***	-0,381	-0,059
	(20,626)	(0,587)	(0,050)
Optimale Konfiguration	-58,655*	-10,035**	-0,076
	(35,150)	(4,302)	(0,126)
Fusionseffekt Versuchsgruppe	-42,035	2,196	-0,026
	(27,503)	(2,302)	(0,106)
Fusionseffekt SOK	-18,737	-3,167	-0,103
	(26,464)	(2,503)	(0,103)
Siedlungsdichte	-2,176	2,088***	0,001
	(2,367)	(0,415)	(0,009)
Anzahl Ortsteile	2,596**	0,423***	-0,002
	(1,285)	(0,104)	(0,004)
Angepasstes Billeter-Maß J	3371,63***	291,289**	-0,922
	(1137,39)	(114,780)	(5,269)
Gewerbesteuer je Einwohner	0,152***	-0,005**	-0,0004***
	(0,030)	(0,002)	(0,0001)
Einnahmen VB je Einwohner	1,079***	0,009**	0,0013**
	(0,338)	(0,004)	(0,0006)
SV-Beschäftigte am Arbeitsort je Einwohner	334,217***	34,439***	0,831***
	(93,840)	(7,287)	(0,317)
Verschuldung je Tsd. Einwohner	71,902*	-0,996	0,062
	(37,920)	(0,788)	(0,061)
Anzahl Gemeinschaftsmitglieder	-8,068	-0,143	-0,036**
	(5,825)	(0,176)	(0,015)
Zentralisierung Verwaltung	-49,707**	3,564	-0,230
	(24,764)	(3,298)	(0,171)
Konstante	518,229***	-40,556***	1,999***
	(76,049)	(10,409)	(0,342)
R^2	0,547	0,467	0,170

Signifikanz-Niveaus (Standardfehler auf Gemeindeebene geclustert): *** p<0,01, ** p<0,05, * p<0,1.

Tabelle 5-26: Fusionseffekte auf andere abhängige Variablen (n=2288, 2007 bis 2017)[441]

[441] Quelle: Eigene Berechnungen.

In Modell (8) zeigt sich, dass Gemeinden mit vielen Ortsteilen eine signifikant höhere Anzahl von Vollzeitäquivalenten in der allgemeinen Verwaltung beschäftigen. Im Modell (9) ist der Effekt nicht signifikant.

5.4.4 Analyse der Gemeinde- und Fusionsarten

In Zusammenhang mit der Frage, ob Gemeinden je nach Skalenbereich unterschiedliche Entwicklungen der Gesamteffizienz aufweisen, wird im nächsten Schritt eine detailliertere Analyse der verschiedenen Gemeinde- und Fusionsarten durchgeführt.

Wie in Kapitel 3.1 diskutiert, gibt es in der Thüringer Kommunalordnung nur drei Arten von Fusionen:

- Bildung einer neuen Gemeinde aus Altgemeinden,
- Erweiterung durch Eingliederung einer anderen Gemeinde
- und Beitritt zu einer Gemeinschaft (erfüllende Gemeinde, Verwaltungsgemeinschaft).

Unter den Modellannahmen in dieser Arbeit führt die Bildung einer neuen Gemeinde aus mehreren Altgemeinden stets zu einer Erhöhung der Outputmengen und damit zu einer Verschiebung der Neubildung innerhalb der Skalenbereiche. Bei Erweiterungen durch Eingliederung muss dies nicht unbedingt der Fall sein. Verwaltungsgemeinschaften werden beispielsweise im Modell als zusammengefasste Einheiten behandelt. Findet eine Eingliederung innerhalb einer Verwaltungsgemeinschaft statt, führt dies bei der beobachteten Gesamteinheit nicht zu einer erhöhten Outputmenge. Ein bei dieser Einheit im Zuge der Fusion beobachteter Effizienzeffekt kann nicht durch Skalenerträge verursacht sein, sondern muss von einer Veränderung der technischen Effizienz stammen. Das heißt aber für die beobachteten Fusionseffekte im vorangegangenen Abschnitt, dass diese sowohl Änderungen der technischen Effizienz, z. B. durch Wechsel der Gemeindeart oder Ablösung veralteter Verwaltungspraktiken im Zuge des Fusionsprozesses,[442] als auch der Skaleneffizienz, durch Outputmengenerhöhung, beinhalten könnten.

Die Difference-in-Differences Schätzung lässt sich mit Subsamples durchführen, um die diskutierten Zusammenhänge genauer zu isolieren. Dabei kann grundsätzlich zwischen Fusionen ohne Veränderung der Outputmenge und Fusionen mit Erhöhung der Outputmenge unterschieden werden. Die Fusionen ohne Veränderung der Outputmenge sind skalenneutral und umfassen Eingliederungen innerhalb von Verwaltungsgemeinschaften und Eingliederungen von beauftragenden Gemeinden durch ihre eigenen erfüllenden Gemeinden. Als skalenwirksame Fusionen mit Erhöhung der

[442] Vgl. Allers/Geertsema 2016, S. 7.

Outputmenge haben im Beobachtungszeitraum Neubildungen und Erweiterungen von selbstständigen Gemeinden, Neubildungen und Erweiterungen von erfüllenden Gemeinden sowie Erweiterungen von Verwaltungsgemeinschaften stattgefunden. Es wurden zwischen 2007 und 2017 keine neuen Verwaltungsgemeinschaften gebildet. Für jede Fusionsart kann wieder nach Fusion in die skalenoptimale Konfiguration (SOK) und außerhalb der skalenoptimalen Konfiguration (außerhalb der SOK) unterschieden werden.

Als abhängige Variable wurden in allen gemeindetypbezogenen Analysen die CRS-Effizienzwerte für die Gesamteffizienz einbezogen. Aufgrund der geringen Anzahl von Beobachtungen für jede Fusionsart wurde bei allen Analysen auf den Einbezug der Kontrollvariablen verzichtet.[443] Der Koeffizient für ein Subsample, der Koeffizient für die Postfusionsgemeinden und der Schätzer für den mittleren Effizienzeffekt sind jeweils mit dem Index SUB gekennzeichnet

	Skalenwirksame Neubildung		Skalenwirksame Erweiterung		
	SG	EG	SG	EG	VG
Versuchs-gruppe$_{SUB}$	-0,0089	0,2926***	0,0106	0,0948***	-0,0868**
Post-fusion$_{SUB}$	0,0228***	0,0228***	0,0228***	0,0228***	0,0228***
Fusions-effekt$_{SUB}$	0,0743	-0,0329	0,0477***	0,1273***	0,0815*
Konstante	0,3885***	0,3885***	0,3885***	0,3885***	0,3885***
Anzahl	9	3	4	2	7
R^2	0,0203	0,0480	0,0118	0,0023	0,0108

Signifikanz-Niveaus (Standardfehler auf Gemeindeebene geclustert): *** p<0,01, ** p<0,05, * p<0,1.

Tabelle 5-27: Skalenwirksame Neubildung und Erweiterung in die SOK nach Gemeindetyp[444]

[443] In vergleichenden Berechnungen mit Kontrollvariablen ergaben sich ähnliche Koeffizienten und Signifikanzniveaus.

[444] Quelle: Eigene Berechnungen.

In Tabelle 5-27 sind zunächst die Ergebnisse der DiD-Schätzung mit dem Subsample der skalenwirksamen Bildungen und Erweiterungen in die SOK hinein zusammengefasst. Die Koeffizienten für den mittleren Effizienzeffekt sind mit Ausnahme der Neubildung von erfüllenden Gemeinden stets positiv. Insbesondere die Erweiterung bestehender Gemeinden in den skalenoptimalen Bereich hinein, führt im Mittel zu den stärksten Effizienzeffekten. Dies gilt unabhängig vom Gemeindetyp. Auch bei der Neubildung skalenoptimal konfigurierter selbstständiger Gemeinden wurden in der Vergangenheit im Mittel Ressourcen eingespart. Im Falle der drei neu gebildeten erfüllenden Gemeinden resultiert der negative Koeffizient aus der stark negativen Entwicklung einer einzelnen Gemeinde. Alle Fusionseffekt-Schätzer repräsentieren den kontrollgruppenbereinigten Effizienzeffekt der im Subsample enthaltenen Beobachtungen. Sie können daher nur einen ersten Anhaltspunkt für gemeindetypbezogene Effekte liefern. Je mehr Beobachtungen das Subsample enthält, desto glaubwürdiger wäre ein ermittelter Effekt.

	Skalenwirksame Neubildung		Skalenwirksame Erweiterung		
	SG	EG	SG	EG	VG
Versuchs-gruppe$_{SUB}$	0,0349	0,121	0,003	-0,0056	0,1156
Post-fusion$_{SUB}$	0,0228***	0,0228***	0,0228***	0,0228***	0,0228***
Fusions-effekt$_{SUB}$	-0,0393	0,0265	0,011	0,0680*	-0,1222
Konstante	0,3885***	0,3885***	0,3885***	0,3885***	0,3885***
Anzahl	4	1	8	3	6
R^2	0,0071	0,0144	0,0087	0,0114	0,0088

Signifikanz-Niveaus (Standardfehler auf Gemeindeebene geclustert): *** p<0,01, ** p<0,05, * p<0,1.

Tabelle 5-28: Skalenwirksame Neubildung und Erweiterung außerhalb der SOK[445]

Beim Vergleich der skalenwirksamen Neubildungen und Erweiterungen in den skalen-optimalen Bereich hinein (Tabelle 5-27) mit jenen außerhalb des skalenoptimalen Bereiches (Tabelle 5-29) fällt auf, dass die Koeffizienten für die nicht-SOK Gemeinden in

[445] Quelle: Eigene Berechnungen.

keine klare Richtung weisen. Die sechs skalenwirksam erweiterten Verwaltungsgemeinschaften sind im Mittel rund zwölf Prozent ineffizienter geworden, die drei erweiterten erfüllenden Gemeinden haben sich im Mittel um knapp sieben Prozent verbessert. Erweiterungen acht selbstständiger Gemeinden außerhalb der skalenoptimalen Konfiguration hatten einen mittleren Effekt nahe Null. Skalenwirksame Neubildungen von selbstständigen Gemeinden hatten im Mittel einen leicht negativen Effizienzeffekt, die einzige skalenwirksame Neubildung einer erfüllenden Gemeinde hat sich hinsichtlich ihrer Gesamteffizienz leicht positiv entwickelt.

Dies stützt die im Kapitel 5.4.3 gewonnen Erkenntnisse zur skalenoptimalen Konfiguration. Deutlich positive Auswirkungen auf die Gesamteffizienz sind nur von Fusionen in den skalenoptimalen Bereich hinein zu erwarten. Die bisherige Analyse umfasst allerdings ausschließlich die skalenwirksamen Fusionen. Die skalenneutralen Fusionen sollen in separaten Subsamples analysiert werden.

	Skalenneutrale Bildung und Erweiterung	
	EG	VG
$\text{Versuchsgruppe}_{SUB}$	0,0222	-0,0570***
Postfusion_{SUB}	0,0228***	0,0228***
$\text{Fusionseffekt}_{SUB}$	0,0086	0,013
Konstante	0,3885***	0,3885***
Anzahl	8	9
R^2	0,0108	0,0097

Signifikanz-Niveaus (Standardfehler auf Gemeindeebene geclustert): *** p<0,01, ** p<0,05, * p<0,1.

Tabelle 5-29: Skalenneutrale Bildung und Erweiterung innerhalb SOK nach Gemeindetyp[446]

Tabelle 5-29 fasst die Effizienzeffekte für die skalenneutralen Fusionen in den skalenoptimalen Bereich hinein zusammen. Diese Art der Fusion ist nur innerhalb

[446] Quelle: Eigene Berechnungen.

bestehender Gemeinschaften oder bei der Bildung neuer Gemeinschaften möglich.[447] Selbstständige Gemeinden können daran nicht beteiligt sein. Die Fusionseffekt-Schätzer liegen für beide Gemeindetypen bei dieser Art von Fusion nahe Null. Wenngleich die Schätzer nicht signifikant sind, kann dies ein Indiz dafür sein, dass skalenneutrale Fusionen nicht zu Effizienzverbesserungen führen, selbst wenn sie in den skalenoptimalen Bereich hinein stattfinden. Auch für die verbleibende Gruppe der skalenneutralen Bildungen und Erweiterungen außerhalb des skalenoptimalen Bereiches in Tabelle 5-30 lassen sich keine positiven Fusionseffekte nachweisen.

	Skalenneutrale Bildung und Erweiterung	
	EG	VG
$Versuchsgruppe_{SUB}$	0,0601	0,1247***
$Postfusion_{SUB}$	0,0228***	0,0228***
$Fusionseffekt_{SUB}$	-0,0044	-0,0464**
Konstante	0,3885***	0,3885***
Anzahl	6	2
R^2	0,0149	0,0143

Signifikanz-Niveaus (Standardfehler auf Gemeindeebene geclustert): *** p<0,01, ** p<0,05, * p<0,1.

Tabelle 5-30: Skalenneutrale Bildung und Erweiterung außerhalb der SOK[448]

Aufgrund der geringen Beobachtungsanzahl in jeder Fusionsart, können diese Ergebnisse nicht als statistisch fundiert gelten. Es lässt sich aber insbesondere für skalenneutrale Neubildungen und Erweiterungen unabhängig vom Skalenbereich gar kein Effekt identifizieren. Skalenwirksame Fusionen in die SOK hinein weisen aber zumindest überwiegend stark positive Schätzer auf. Schließlich sind in Tabelle 5-31 die Ergebnisse

[447] Dies ist beispielsweise bei Bildung einer selbstständigen Gemeinde aus einer Verwaltungsgemeinschaft der Fall, wenn nicht alle Mitgliedsgemeinden der Verwaltungsgemeinschaft Teil der Neubildung werden. Die verbleibenden MGVG beauftragen die Neubildung als erfüllende Gemeinde und bleiben als BG formal selbstständig. Die Fusion ist skalenneutral, da ausschließlich ehemalige Mitgliedsgemeinden der aufgelösten VG in der neuen EG verbunden sind.

[448] Quelle: Eigene Berechnungen.

der Berechnungen mit den Subsamples für die Auflösung von Gemeinschaften eines bestimmten Typs dargestellt. Es wurden im Beobachtungszeitraum fünf erfüllende Gemeinden zugunsten von Einheitsgemeinden aufgelöst. Dies geschah durch Eingliederung aller BG. Darüber hinaus wurden im Beobachtungszeitraum 14 Verwaltungsgemeinschaften zugunsten erfüllender Gemeinden oder selbstständiger Gemeinden aufgelöst.

	Auflösung von EG zugunsten von SG	Vollständige Auflösung von VG zugunsten von EG und VG
$Versuchsgruppe_{SUB}$	-0,0122	0,0320
$Postfusion_{SUB}$	0,0228***	0,0228***
$Fusionseffekt_{SUB}$	0,0452	0,0364
Konstante	0,3885***	0,3885***
Anzahl	5	14
R^2	0,0097	0,0244

Signifikanz-Niveaus (Standardfehler auf Gemeindeebene geclustert): *** p<0,01, ** p<0,05, * p<0,1.

Tabelle 5-31: Auflösung von Gemeinschaften zugunsten von Einheitsgemeinden[449]

Obwohl die Koeffizienten positiv sind, erreichen sie nicht die Effektstärke aus der Analyse in Kapitel 5.4.3. Die Fusionen zugunsten von SG sind alle nicht skalenwirksam. Die Auflösungen der VG sind nur teilweise skalenwirksam. Eine eindeutige Empfehlung zur Auflösung von VG und EG zugunsten von Einheitsgemeinden kann daraus nicht abgeleitet werden.

5.4.5 Fusionsjahrbezogene Analyse

Die Tatsache, dass die Gemeindezusammenschlüsse im Beobachtungszeitraum zeitlich versetzt erfolgten, führt mit hoher Wahrscheinlichkeit dazu, dass auch die Fusionseffekte innerhalb der Versuchsgruppe zeitlich versetzt auftreten. Der Gesamteffekt über den Beobachtungszeitraum lässt sich zwar in einer Difference-in-Differences Schätzung

[449] Quelle: Eigene Berechnungen.

erfassen, eine genauere jahresbezogene Analyse ist aber schwierig. In der Literatur wurden bereits Schätzungen mit Jahresdummies durchgeführt, um zeitlich verzögerte Effekte zu identifizieren. Dies wurde in Kapitel 4.4 diskutiert. Dies setzt aber zeitgleiche Fusionen voraus. Grundsätzlich könnte eine fusionsjahrbezogene Analyse Abhilfe schaffen. Wenn alle Gebietsveränderungen auf ihr Fusionsjahr normiert werden und Postfusionsjahre fortlaufend betrachtet werden, kann die Veränderung der mittleren Effizienz fusionsjahrbezogen beobachtet werden. Problematisch ist dabei, dass für die Difference-in-Differences Schätzung dann keine einheitliche Kontrollgruppe mehr zur Verfügung steht, da die Effizienzwerte innerhalb der Versuchsgruppe nun um die Mittelwerte der Kontrollgruppe in verschiedenen Beobachtungsjahren korrigiert werden müssten.

Eine Möglichkeit, diesem Problem zu begegnen, besteht darin, die beiden Differenzenbildungen voneinander zu trennen. In einem ersten Schritt wird der Effizienzwert für jede Beobachtung in der Versuchsgruppe um den Mittelwert der zugehörigen Kontrollgruppe im selben Beobachtungsjahr durch einfache Differenzenbildung korrigiert. Die korrigierten Effizienzwerte repräsentieren damit Distanzen zum Mittelwert der Kontrollgruppe im jeweiligen Jahr. In einem zweiten Schritt kann für jede korrigierte Beobachtung die Veränderung im Zeitverlauf analysiert werden. Weist eine Beobachtung im ersten Jahr eine höhere Effizienz auf als die durchschnittliche Kontrollgruppengemeinde, hat sie einen positiven Distanzwert. Wenn sich dieser Wert im Zeitverlauf noch erhöht, ist es der Gemeinde gelungen, ihren Abstand von der mittleren Kontrollgruppengemeinde zu vergrößern. Sie weist einen positiven Nettoeffizienzeffekt auf. Das Ergebnis entspricht genau der Vorgehensweise bei einer Difference-in-Differences Schätzung, nur dass jede Beobachtung nun um die fusionsjahrbezogene Änderung der mittleren Effizienz der Kontrollgruppe korrigiert wird.

Das Ergebnis dieser getrennten Differenzenbildung ist in Abbildung 5-13 wieder nach SOK- und nicht SOK-Gemeinden unterschieden dargestellt. Es ist sehr deutlich zu erkennen, dass der mittlere Nettofusionseffekt für beide Gruppen in den ersten Jahren nach der Fusion gering ist. Bei den nicht SOK-Gemeinden bleibt dies auch in den Folgejahren so. Der mittlere Nettofusionseffekt wird sogar zeitweise negativ. Skalenoptimal konfigurierte Gemeinden beginnen die Skalenerträge ab fünf Jahren nach der Fusion auszuschöpfen. Der maximale Effekt ist etwa acht Jahre nach der Fusion zu beobachten. Bei dieser Darstellung ist zu beachten, dass die Anzahl der Beobachtungen im mittleren Effekt im Zeitverlauf abnimmt. Für alle Fusionen im Jahre 2013 liegen nur vier Postbeobachtungsjahre vor. D. h. alle im Jahre 2013 fusionierten Beobachtungen befanden sich im letzten Beobachtungsjahr 2017 erst im vierten Postfusionsjahr.

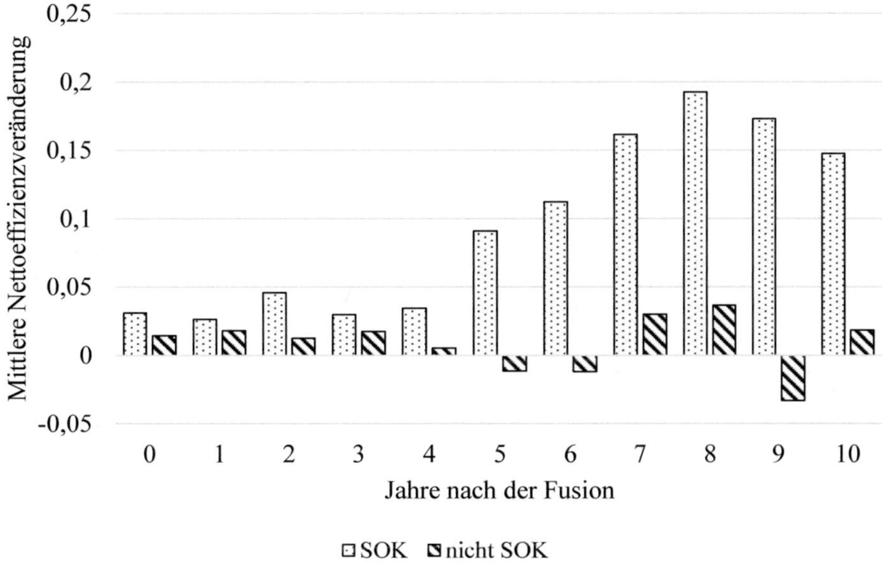

Abbildung 5-13: Fusionsjahrbezogener mittlerer Gesamteffizienzeffekt (n=2288)[450]

Dennoch erscheint es plausibel, dass eine Effizienzsteigerung erst mit einer gewissen zeitlichen Verzögerung eintritt. Mit dem Zeitpunkt der Fusion erhöht sich sofort die Outputmenge. Als Input sind Vollzeitäquivialente in der allgemeinen Verwaltung in die DEA eingegangen. Wenn positive Skalenerträge durch die Fusion realisiert werden können, kann vorhandenes Verwaltungspersonal aber unter Umständen nicht sofort abgebaut werden. Wenn eine durchschnittliche Gemeinde beispielsweise 15 Vollzeitäquivalente in der allgemeinen Verwaltung beschäftigt (vgl. Kapitel 5.3.3) und ein Beschäftigter 45 Berufsjahre für eine Gemeinde tätig ist, würde bei gleichmäßig verteilter Altersstruktur alle drei Jahre eine Stelle im Umfang eines Vollzeitäquivalentes altersbedingt frei werden. Durch Umstrukturierung innerhalb der Verwaltung und Umverteilung von Arbeitsaufgaben könnten durch Altersabgänge Skalenerträge durch Personalabbau realisiert werden. Ob und wann dies tatsächlich möglich ist, hängt aber von den individuellen Gegebenheiten innerhalb der Gemeinde ab. Nicht jede Stelle kann bei Vakanz durch Umstrukturierung eingespart werden.

[450] Quelle: Eigene Darstellung.

5.5 Zusammenfassung

In diesem Kapitel wurde zunächst deterministisch eine skalenoptimale Konfiguration für kreisangehörige Gemeinden mit Daten aus dem Jahr 2017 ermittelt. In einer ersten, statischen Analyse wiesen die Verwaltungsgemeinschaften sowohl hinsichtlich der technischen Effizienz als auch hinsichtlich der Gesamteffizienz im Mittel die niedrigsten Werte auf. Erfüllende Gemeinden arbeiten sowohl im Bereich steigender Skalenerträge als auch im Bereich der skalenoptimalen Konfiguration auf einem mittleren Effizienzniveau, welches mit dem Niveau selbstständiger Gemeinden vergleichbar ist. Skalenoptimal konfigurierte erfüllende Gemeinden erreichen im Mittel die höchste Gesamteffizienz. Für Gemeinden im Bereich abnehmender Skalenerträge scheint die selbstständige Gemeinde der effizienteste Gemeindetyp zu sein.

Eine mittels Bootstrap-Verfahren berechnete zweite Konfiguration diente als erster Robustheitstest für die deterministische Konfiguration. Die deskriptive Analyse führte für beide Modelle weitestgehend zu vergleichbaren Ergebnissen. Aufgrund der höheren Trennschärfe der Intervallgrenzen im deterministischen Modell wurde dieses für die dynamische Analyse übernommen. Jahresweise Schätzungen der optimalen Konfiguration über alle Beobachtungsjahre von 2007 bis 2017 zeigten schwankende Intervallgrenzen auf. Die mittleren Intervallgrenzen ähneln jedoch der deterministischen Konfiguration auf Basis der Daten von 2017. Schließlich wurde die optimale Konfiguration als All-Time-Best Schätzung ermittelt. Die Obergrenze des ATB-Skalenoptimums liegt nahe bei der deterministischen Konfiguration für 2017, sodass letztere auch für die Difference-in-Differences Schätzung übernommen wurde.

Im Difference-in-Differences Modell zeigen die skalenoptimal konfigurierten Postfusionsgemeinden eine deutlich bessere Entwicklung ihrer Gesamteffizienz als die übrigen fusionierten Gemeinden und als die Kontrollgruppe. Der Nettoeffizienzeffekt beläuft sich auf knapp 10 Prozent.

Es lassen sich in der gemeindetypbezogenen Analyse keine positiven Effizienzeffekte für skalenneutrale Fusionen nachweisen. Für skalenwirksame Fusionen in den Bereich der SOK hinein, sind die Effizienzeffekte überwiegend positiv und bei Erweiterungen bestehender Gemeinden besonders stark. Aufgrund der geringen Beobachtungszahl können die Ergebnisse aber nur ein erstes Indiz für die Effekte bei den verschiedenen Gemeindetypen sein.

Schließlich hat die fusionsjahrbezogene Analyse gezeigt, dass der positive Fusionseffekt bei den skalenoptimalen Einheiten zeitlich verzögert auftritt. Im Mittel kann eine Gemeinde erst ab fünf Jahren nach der Fusion die Skalenerträge durch Abbau von

Verwaltungspersonal ausschöpfen. Nicht skalenoptimal konfigurierte Gemeinden können wahrscheinlich keine Skalenerträge realisieren.

Bezogen auf die am Beginn des Kapitels formulierten Hypothesen lässt sich feststellen:

1. Die Hypothese 1, wonach die mittlere Gesamteffizienz der Gemeinden im skalenoptimalen Bereich sich im letzten Beobachtungsjahr von der mittleren Gesamteffizienz der nicht skalenoptimal konfigurierten Gemeinden unterscheidet, kann bestätigt werden.
2. Einheitsgemeinden, also selbstständige Gemeinden, haben im Mittel keinen Effizienzvorteil gegenüber erfüllenden Gemeinden, erreichen jedoch eine höhere Gesamteffizienz als Verwaltungsgemeinschaften. Die Hypothese 2, dass Einheitsgemeinden grundsätzlich überlegen sind, muss daher verworfen werden.
3. Auch in der dynamischen Analyse lassen sich keine belastbaren Indizien für die Auflösung von Gemeinschaften zugunsten von Einheitsgemeinden finden. Erweiterungen von erfüllenden Gemeinden und Verwaltungsgemeinschaften könnten ebenso positive Effekte auf die Gesamteffizienz entfalten wie Erweiterungen bestehender selbstständiger Gemeinden. Überdurchschnittliche Effizienzeffekte bei Gemeinden, die aus aufgelösten EG und VG gebildet wurden, lassen sich nicht identifizieren. Hypothese 3 kann daher ebenfalls verworfen werden.
4. Hypothese 4 lässt sich bestätigen. Die mittlere Gesamteffizienz derjenigen Gemeinden, welche in den skalenoptimalen Bereich hinein fusioniert haben, entwickelt sich deutlich besser als die mittlere Gesamteffizienz der Gemeinden, die außerhalb der skalenoptimalen Konfiguration fusioniert haben.
5. Hypothese 5 lässt sich nicht sicher bestätigen. Die ermittelten Koeffizienten deuten zwar darauf hin, dass skalenwirksame Fusionen in den SOK-Bereich hinein auch zu stärkeren Effizienzeffekten führen als skalenneutrale Fusionen innerhalb des SOK-Bereiches, aber auch hier ist die Anzahl der verfügbaren Beobachtungen zu gering, um statistisch relevante Aussagen zu machen.

Anhand der berechneten Modelle erscheinen Fusionen in den skalenoptimalen Bereich hinein ratsam zu sein. Die Ergebnisse bestätigen die Ergebnisse der theoretischen Überlegungen zur Skaleneffizienz und zur skalenoptimalen Konfiguration. Ob skalenneutrale Fusionen einen Effizienzeffekt mit sich bringen, ist nicht klar. Indizien für die Auflösung bestehender Gemeinschaften zugunsten von Einheitsgemeinden gibt es ebenfalls nicht.

6 Anwendung auf kreisangehörige Gemeinden in Thüringen

Die in Kapitel 5 ermittelte skalenoptimale Konfiguration lässt sich als eine Neubildungsempfehlung für die Durchführung einer Gemeindegebietsreform interpretieren. Sie wurde auf Basis von Daten aus dem Jahr 2017 errechnet und wird daher in einem ersten Schritt in Kapitel 6.1 zunächst auf den Gebietsstand im Beobachtungsjahr 2017 angewendet. Für jede Gemeinde im Bereich steigender Skalenerträge werden passende Fusionspartner gesucht, sodass eine potentielle Postfusionsgemeinde skalenoptimal konfiguriert wäre. Das Ergebnis dieser Anwendung ist eine neue, hinsichtlich der Skaleneffizienz optimierte Gemeindegliederung.

Im Zuge der Gemeindegebietsreform 2018/2019 wurden nach 2017 bereits zahlreiche Neubildungen und Eingliederungen vorgenommen. Anhand der ermittelten skalenoptimalen Konfiguration lassen sich diese Reformaktivitäten bewerten. Dies ist Gegenstand des Kapitels 6.2. In einem dritten Schritt wird ausgehend vom Gebietsstand 2019 die Konfiguration erneut angewendet und es entsteht eine optimierte Gemeindegliederung, welche die zwischenzeitlichen Reformschritte berücksichtigt.

6.1 Anwendung auf die Gemeindegliederung im Jahre 2017

Für die Anwendung der Ergebnisse aus Kapitel 5 auf die im Jahre 2017 bestehende Gemeindegliederung in Thüringen werden wieder die in Kapitel 5.2.3 beschriebenen 213 aggregierten Beobachtungen verwendet. Jede dieser Beobachtungen zeichnet sich unabhängig von ihrem Gemeindetyp dadurch aus, dass sie selbstständig arbeitsfähig ist. Ob eine Fusion mehrerer Beobachtungen stets mit einem Übergang zu einer Einheitsgemeinde zu geschehen hat oder in Form einer neu gebildeten Gemeinschaft umgesetzt wird, ist dabei zunächst unerheblich.

6.1.1 Fusionsalgorithmus

Die Anwendung der skalenoptimalen Konfiguration auf die bestehende Gemeindegliederung erfolgt nach einem einheitlichen Algorithmus mit folgenden Nebenbedingungen:

1. Es sind nur Fusionen zwischen Gemeinden mit einer gemeinsamen Gemeindegrenze zulässig.
2. Keine Erweiterungen von kreisfreien Städten und Gemeinden im Bereich fallender Skalenerträge.
3. Bei mehreren potentiellen Fusionspartnern werden bevorzugt die Einheiten mit den geringsten Outputmengen aufgelöst, da bei ihnen die größten Skalenerträge zu erwarten sind.

4. Mitgliedsgemeinden in Verwaltungsgemeinschaften und erfüllende Gemeinden werden als Gesamteinheiten behandelt.
5. Suche nach Fusionspartnern innerhalb der bestehenden Landkreisgrenzen und anschließend Erweiterung der Suche auf Gemeinden in Nachbarlandkreisen.
6. Zunächst strikte Einhaltung der Intervallobergrenzen und anschließend Lockerung der Intervallgrenzen.

Fusionen zwischen Gemeinden ohne gemeinsame Grenze wären zwar durchaus möglich, allerdings basiert die errechnete skalenoptimale Konfiguration ausschließlich auf beobachteten Gemeinden mit einer zusammenhängenden Gebietsfläche. Zudem sind in die dynamische Analyse auch ausschließlich Fusionen zwischen Gemeinden mit einer gemeinsamen Gemeindegrenze eingegangen. Es ist daher nicht möglich zu überprüfen, ob die ermittelte Konfiguration auch bei Fusionen ohne gemeinsame Grenze gültig ist. Daher wird auf Fusionsvorschläge dieser Art verzichtet.

Kreisfreie Städte sind aufgrund ihrer stark abweichenden Aufgaben von der Analyse ausgeschlossen und werden daher auch im Fusionsalgorithmus nicht berücksichtigt. Es wird unterstellt, dass kreisangehörige Gemeinden im Bereich fallender Skalenerträge aufgrund ihrer Größe überörtliche Funktionen erfüllen, die in der DEA nicht als Outputs erfasst wurden. Gemeindeteilungen sind daher ausgeschlossen. Umgekehrt gibt es aber im Rahmen dieser Arbeit auch keine Indizien dafür, dass Eingliederungen in Gemeinden im Bereich fallender Skalenerträge anderweitige Vorteile mit sich bringen. Durch ihren höheren Bevölkerungsstand werden bevölkerungsstarke Gemeinden über die Hauptansatzstaffel des kommunalen Finanzausgleichs finanziell gestärkt, um ihre überörtliche Funktion erfüllen zu können. Die Eingliederung von Umlandgemeinden würde die Outputmengen der größeren Städte nur wenig erhöhen. Ihre Finanzausstattung bliebe darum ebenfalls weitgehend unverändert. Die Gesamteffizienz müsste aber gemäß den Modellergebnissen durch die Erweiterungen der Gemeinden technologiebedingt leicht sinken. Daher werden potentielle Eingliederungen in Gemeinden im Bereich fallender Skalenerträge ebenfalls nicht berücksichtigt.

Potentielle Fusionspartner finden sich also überwiegend im Bereich steigender Skalenerträge. In Einzelfällen kann eine Gemeinde im Bereich steigender Skalenerträge mit einer bereits skalenoptimal konfigurierten Gemeinde fusionieren, wenn die Neubildung ebenfalls im Bereich der skalenoptimalen Konfiguration liegt. Im Falle mehrerer potentieller Fusionspartner können gemäß den Modellannahmen zur Skaleneffizienz höhere Skalenerträge generiert werden, wenn die Gemeinden mit den geringsten Outputmengen aufgelöst werden.

In der DEA wurden Verwaltungsgemeinschaften und erfüllende Gemeinden jeweils als Einheiten einbezogen. Bei der Durchführung der Gebietsreform ist es möglich, einzelne

Mitgliedsgemeinden aus Verwaltungsgemeinschaften oder erfüllenden Gemeinden heraus zu lösen und in eine Nachbargemeinde oder eine Neubildung einzugliedern. Bei der Anwendung des Fusionsalgorithmus wird jedoch zunächst darauf verzichtet und es werden nur potentielle Neubildungen vorgeschlagen, die sich aus Gesamteinheiten bilden lassen. Der Umgang mit verbliebenen Einheiten im Bereich steigender Skalenerträge wird im Anschluss separat diskutiert.

Zunächst werden Fusionspartner auch ausschließlich innerhalb der bestehenden Landkreisgrenzen gesucht. Da eine erneute Kreisgebietsreform in Thüringen bislang nicht durchgeführt wurde, ist die künftige Kreisstruktur unbekannt und die gültige Thüringer Kommunalordnung verbietet Gemeindefusionen über Kreisgrenzen hinweg.[451] Für die Diskussion verbliebener Gemeinden im Bereich steigender Skalenerträge wird diese Restriktion jedoch gelockert.

Eine Verbesserung im Sinne der skalenoptimalen Konfiguration liegt vor, wenn es durch Fusion zweier Gemeinden gelingt, dass die Outputmengen der Neubildung näher an der oberen Grenze der jeweiligen Outputintervalle liegen, als es bei den Vorfusionsgemeinden der Fall war. Gegen eine strikte Beschränkung der Fusionen auf die exakten Intervallobergrenzen spricht die geringe Anzahl tatsächlich verfügbarer Nachbargemeinden und damit potentieller Fusionspartner für jede Gemeinde. Unter praktischen Gesichtspunkten ist eine Neubildung leicht oberhalb der Intervallgrenzen den Vorfusionsgemeinden im Bereich steigender Skalenerträge daher vorzuziehen. Zudem sind viele Gemeinden in Thüringen mit demografisch bedingt rückläufigen Outputmengen konfrontiert, sodass ein Überschreiten der Obergrenzen sich im Zeitverlauf zum Teil wieder korrigiert. Neubildungen, die möglichst nahe an den Obergrenzen liegen, können zudem auch unter schwierigen demografischen Bedingungen viele Jahre im skalenoptimalen Bereich wirtschaften.

Der Fusionsalgorithmus orientiert sich konsequent an der skalenoptimalen Konfiguration. Lokale Besonderheiten, kulturelle oder politische Aspekte und andere Argumente, die durchaus plausibel für oder gegen den Zusammenschluss bestimmter Gemeinden sprechen können, werden vom Algorithmus nicht erfasst.

6.1.2 Neubildung skalenoptimal konfigurierter Gemeinden

In Tabelle 6-1 und Tabelle 6-2 sind die sich nach Anwendung des Fusionsalgorithmus ergebenden Neubildungen dargestellt. Die Vorschläge für Zusammenschlüsse sind mit dem Buchstaben V und einer fortlaufenden Nummer gekennzeichnet.

[451] Vgl. Kapitel 3.1.

Nr.	Name der Neubildung	Bevöl-kerungs-stand	Kita-plätze	Schüler	Siedlungs- und Verkehrs-fläche
V1	Langewiesen, Stadt – Wolfsberg	6.429	278	410	613
V2	EG: Tiefenort – EG: Marksuhl	8.434	318	704	940
V3	Ellrich, Stadt – Hohenstein	7.743	332	514	981
V4	Anrode - Unstruttal	6.392	334	509	811
V5	EG: Wiehe, Stadt - Roßleben, Stadt	7.539	310	903	935
V6	Steinbach-Hallenberg, Kurort, Stadt - Oberhof, Stadt	6.521	299	714	618
V7	EG: Auengrund - Veilsdorf	6.096	321	436	770
V8	Schleusegrund - Nahetal-Waldau - Masserberg	7.996	318	382	950
V9	Leutenberg, Stadt - EG: Kaulsdorf	5.638	242	380	821
V10	VG: Lichtetal am Rennsteig - Saalfelder Höhe	6.932	274	294	737
V11	Harth-Pöllnitz - Auma-Weidatal, Stadt	6.445	330	306	889
V12	Wurzbach, Stadt – VG: Saale-Rennsteig	7.207	318	293	973

Grau hinterlegt: Output im skalenoptimalen Bereich.

Tabelle 6-1: Vollständig skalenoptimal konfigurierte Neubildungen[452]

Outputmengen im skalenoptimalen Bereich sind grau hinterlegt. Gemeinden, die hinsichtlich aller Outputvariablen skalenoptimal konfiguriert wären, sind also in allen vier Spalten grau markiert. Es können 12 vollständig skalenoptimal konfigurierte Gemeinden gebildet werden, die in Tabelle 6-1 aufgeführt sind.

[452] Quelle: Eigene Berechnungen

Bei Lockerung der Obergrenze ergeben sich zahlreiche weitere potentielle Neubildungen, welche mindestens bezüglich zweier Outputmerkmale skalenoptimal konfiguriert sind. Da bei den meisten Gemeinden hinsichtlich des Bevölkerungsstandes, der Kitaplatzanzahl und der Schülerzahl demografisch bedingt mittelfristig sinkende Zahlen zu erwarten sind, sind zu große Outputmengen hier unproblematisch. Lediglich die Siedlungs- und Verkehrsfläche wird zukünftig kaum sinken. Die potentiellen Neubildungen mit zu großen Flächen sind daher kritisch zu diskutieren. Es entstehen im dünn besiedelten, ländlichen Raum Einheiten mit sehr großer Bodenfläche, da die Siedlungs- und Verkehrsfläche das nicht baulich genutzte Umland nicht erfasst. Insgesamt lassen sich nach Anwendung des gelockerten Fusionsalgorithmus 35 potentiell skalenoptimal konfigurierte Neubildungen identifizieren.

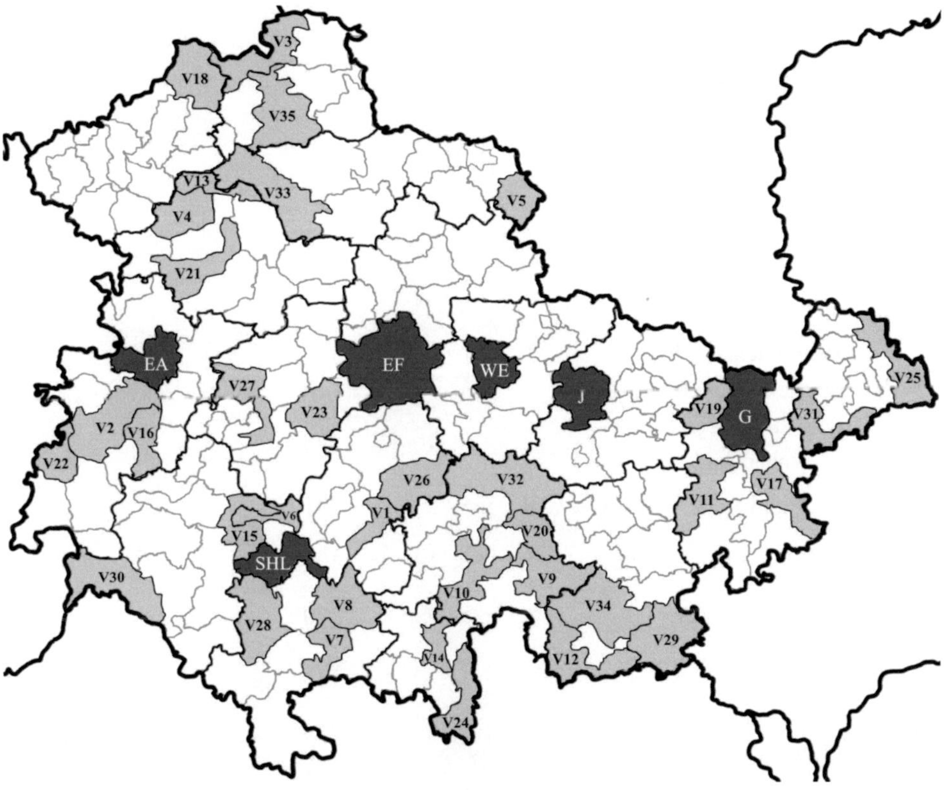

Abbildung 6-1: Vorschläge für skalenoptimal konfigurierte Neubildungen (Gebietsstand 2017)[453]

[453] Quelle: Eigene Darstellung.

Nr.	Name der Neubildung	Bevöl-kerungs-stand	Kita-plätze	Schüler	Siedlungs- und Verkehrs-fläche
V13	Dünwald - Menteroda	4.207	219	443	574
V14	Steinach, Stadt - Lauscha, Stadt	7.255	246	327	394
V15	VG: Haselgrund - Benshausen	7.742	335	115	862
V16	Moorgrund-Barchfeld – Immelborn	8.057	384	279	676
V17	Mohlsdorf-Teichwolframsdorf - Berga/Elster, Stadt	8.186	406	632	964
V18	Am Ohmberg-Sonnenstein	8.237	453	557	1.075
V19	EG: Bad Köstritz, Stadt - Kraftsdorf	8.331	438	502	886
V20	Kamsdorf - Unterwellenborn	8.533	389	428	869
V21	EG: Vogtei - Weinbergen	8.568	460	653	910
V22	Vacha, Stadt - Unterbreizbach	8.673	445	1.011	806
V23	Drei Gleichen – EG: Günthersleben-Wechmar	8.724	517	580	1.000
V24	Neuhaus-Schierschnitz – Föritz - Judenbach	8.810	396	448	889
V25	VG. Pleißenaue – VG: Wieratal	8.603	391	587	1.084
V26	Stadtilm, Stadt – Ilmtal	8.514	409	807	1.097
V27	Leinatal - Hörsel	8.329	370	593	1.110
V28	Themar, Stadt – VG: Feldstein	7.653	371	478	1.165
V29	Hirschberg, Stadt – Gefell, Stadt – Tanna, Stadt	8.198	434	620	1.172
V30	Rhönblick – VG: Hohe-Rhön	7.600	466	893	1.174
V31	VG: Oberes Sprottental – EG: Gößnitz, Stadt	8.893	447	666	1.258
V32	Remda-Teichel, Stadt - Uhlstädt-Kirchhasel	8.763	420	550	1.256

Fortsetzung:

V33	Helbedündorf – EG: Ebeleben, Stadt	6.491	255	400	1.289
V34	Saalburg-Ebersdorf, Stadt – EG: Remptendorf	6.949	372	397	1.292
V35	VG: Hainleite - Werther	8.687	473	587	1.303

Grau hinterlegt: Output im skalenoptimalen Bereich.

Tabelle 6-2: Weitgehend skalenoptimal konfigurierte Neubildungen[454]

Die sich daraus ergebende neue Struktur der kreisangehörigen Gemeinden in Thüringen ist in Abbildung 6-1 dargestellt. Grau ausgefüllt sind alle mittels Fusionsalgorithmus neu gebildeten Gemeinden. Die kreisfreien Städte sind zur besseren Orientierung in der Karte ebenfalls dunkelgrau ausgefüllt und mit ihrem Kfz-Kennzeichen markiert.[455]

6.1.3 Verbleibende Gemeinden im Bereich steigender Skalenerträge

Tabelle 6-3 fasst jene Gemeinden zusammen, die nach Anwendung des Fusionsalgorithmus mit gelockerter Obergrenze dennoch mit mindestens drei von vier Outputdimensionen im Bereich steigender Skalenerträge liegen. Bei diesen Einheiten sollte noch ein großes Potential für Skalenerträge vorliegen. Allerdings steht für diese Gemeinden innerhalb der existierenden Landkreisgrenzen kein geeigneter Fusionspartner zur Verfügung oder nach der Fusion mit einem potentiellen Partner werden alle Intervallgrenzen durch die Postfusionsgemeinde überschritten.

[454] Quelle: Eigene Berechnungen.

[455] EF = Erfurt, J = Jena, G = Gera, WE = Weimar, EA = Eisenach, SHL = Suhl.

Gemeinde	Bevölkerungsstand	Kitaplätze	Schüler	Siedlungs- und Verkehrsfläche
Sollstedt	2.929	150	251	383
Bad Tabarz	3.992	181	293	244
Tambach Dietharz/Thür.Wald,Stadt	4.228	170	358	220
Weißensee,Stadt	3.443	166	395	396
VG: Rennsteig	4.009	154	214	416
EG: Schalkau,Stadt	3.322	160	536	398
EG: Bürgel,Stadt	3.702	144	398	306
Lucka,Stadt	3.742	159	248	271

Grau hinterlegt: Output im skalenoptimalen Bereich.

Tabelle 6-3: Verbleibende Gemeinden im Bereich steigender Skalenerträge[456]

Im nächsten Schritt werden daher die beiden verbleibenden Restriktionen gelockert: Es werden Fusionspartner über Landkreisgrenzen hinweg gesucht und Gemeinden im Bereich steigender Skalenerträge werden zugunsten von Neubildungen im Bereich fallender Skalenerträge aufgelöst. Dazu wird die Fusion stets mit dem outputmäßig kleinsten Nachbar durchgeführt. In Tabelle 6-4 sind die in diesem letzten Schritt identifizierten, potentiellen Neubildungen zusammengefasst. Sollstedt grenzt direkt an die VG Eichsfelder Kessel. Beide Gemeinden liegen jedoch in verschiedenen Landkreisen. Floh Seligenthal ist der kleinste potentielle Fusionspartner für Bad Tabarz, ebenso Frankenblick für die EG Schalkau und die VG Heideland-Elstertal-Schkölen für die EG Bürgel. Für die Stadt Lucka kommt als einziger Fusionspartner innerhalb des Freistaates Thüringen die Stadt Meuselwitz in Betracht.

Nach diesem letzten Schritt operieren alle Neubildungen und nicht fusionierten Gemeinden entweder im skalenoptimalen Bereich oder im Bereich fallender Skalenerträge. Damit sind entsprechend der Modellspezifikation alle Skalenerträge ausgeschöpft.

[456] Quelle: Eigene Berechnungen.

Nr.	Gemeinde	Bevöl-kerungs-stand	Kitaplätze	Schüler	Siedlungs- und Verkehrs-fläche
V36	Sollstedt - VG: Eichsfelder Kessel	8.393	442	570	1.006
V37	Bad Tabarz – Floh-Seligenthal	9.935	448	719	775
V38	VG: Apfelstädtaue - Tambach Dietharz/Thür.Wald,Stadt	9.380	422	632	698
V39	VG: Kindelbrück - Weißensee, Stadt	9.031	449	591	1.080
V40	VG: Rennsteig - Langer Berg	9.993	413	365	1.084
V41	EG: Schalkau - Frankenblick	9.290	432	536	814
V42	EG: Bürgel, Stadt - VG: Heideland-Elstertal-Schkölen	11.362	458	913	1.459
V43	Meuselwitz, Stadt - Lucka, Stadt	13.860	530	1.249	992

Grau hinterlegt: Output im skalenoptimalen Bereich.

Tabelle 6-4: Neubildungen landkreisübergreifend und im Bereich abnehmender Skalenerträge[457]

Abbildung 6-2 stellt das Ergebnis der Anwendung des erweiterten Algorithmus grafisch dar. Die Neubildungen des ersten Fusionsschrittes sind wieder hellgrau markiert. Die kreisfreien Städte sind dunkelgrau markiert und mit ihrem Kfz-Kennzeichen versehen. Die acht zusätzlichen Neubildungen sind in Mittelgrau markiert. Bei den beiden kreisübergreifenden Fusionen sind die Landkreisgrenzen gestrichelt dargestellt. Im Falle

[457] Quelle: Eigene Berechnungen.

von kreisübergreifenden Fusionen bietet sich der Wechsel einer der beiden Fusionspartner in den jeweils anderen Landkreis an.

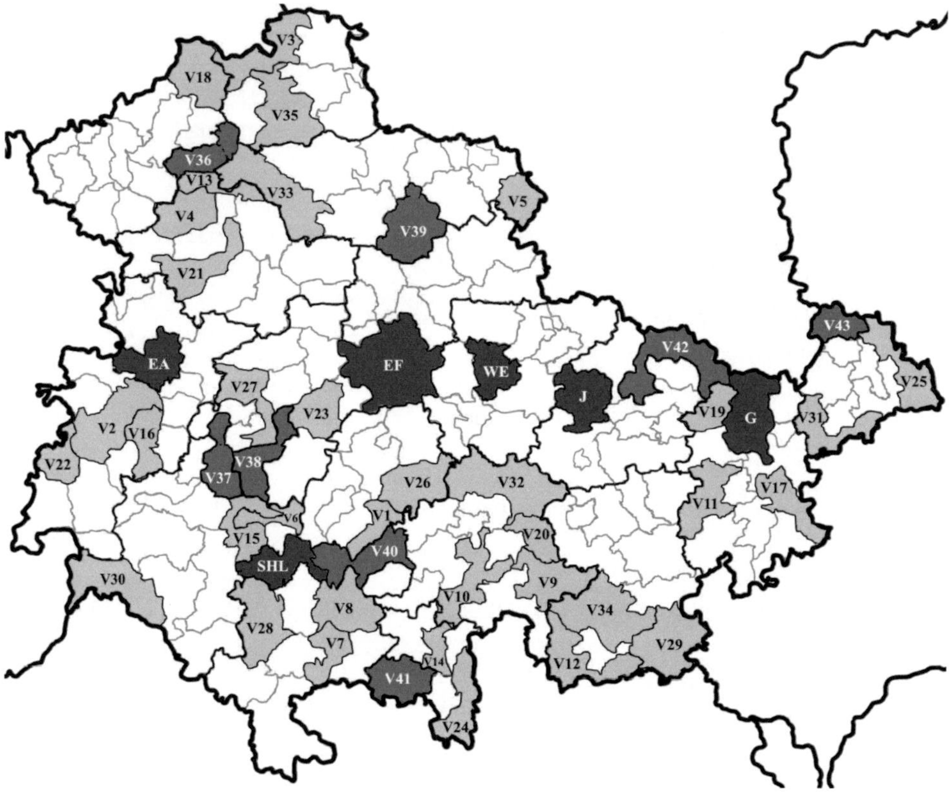

Abbildung 6-2: Vorschlag Neugliederung auf Basis des Gebietsstandes 2017[458]

6.2 Anwendung auf die Neubildungen und Erweiterungen 2018/2019

Die in den Jahren 2018 und 2019 durchgeführten freiwilligen Gemeindezusammenschlüsse lassen sich anhand der Input- und Outputdaten aus dem letzten Beobachtungsjahr 2017 analysieren. Für eine dynamische Analyse der Entwicklung der Gesamteffizienz der Neubildungen bedarf es noch einiger Jahre Nachlauf. Aussagen zur Konfiguration der neu

[458] Quelle: Eigene Darstellung.

gebildeten und erweiterten Gemeinden sind dennoch auf Basis des letzten Gebietsstandes möglich.

Dabei sind die 66 Fusionen (vgl. Anhang B) wieder in eine Gruppe skalenwirksamer und eine Gruppe skalenneutraler Fusionen zu unterscheiden. Bei skalenneutralen Fusionen ändert sich die Outputmenge durch die Fusion nicht. Der Skalenbereich der Postfusionsgemeinde ändert sich dementsprechend auch nicht.[459] Gemeinden, die zuvor skalenoptimal konfiguriert waren, sind es nach einer skalenneutralen Fusion immer noch. Gemeinden, die vor der skalenneutralen Fusion außerhalb der skalenoptimalen Konfiguration arbeiteten, tun dies auch danach noch. Die Ergebnisse dieser Fusionen werden im Folgenden daher nicht dargestellt. Auch Eingliederungen in kreisfreie Städte können nicht berücksichtigt werden, da das Modell für kreisangehörige Gemeinden spezifiziert ist.[460] Tabelle 6-5 stellt die Konfiguration der Postfusionsgemeinden für die skalenwirksamen Fusionen zwischen kreisangehörigen Gemeinden in den Jahren 2018 und 2019 dar.

Da zum Teil die gleichen Gemeinden beteiligt sind wie im Beobachtungszeitraum 2007 bis 2014, sind die Fusionen jeweils nummeriert und mit einem N gekennzeichnet. Altfusionen zwischen 2007 und 2017 sind im Anhang mit dem Buchstaben A und fortlaufender Nummer gekennzeichnet. Die Tabelle ist nach Bevölkerungsstand sortiert. Grau hinterlegt sind wieder Outputmengen, die innerhalb des Intervalls der skalenoptimalen Konfiguration liegen.

Die neu gebildete VG Geratal/Plaue und die erweiterte Stadt Weißensee sind im Sinne einer skalenoptimalen Konfiguration auch nach dem Fusionsprozess noch zu klein und operieren weiterhin im Bereich steigender Skalenerträge. Vier Fusionen wurden identisch zum Vorschlag aus Kapitel 6.1 durchgeführt.[461] Die Fusion N45 weicht vom Modell ab, da sie mit einem Landkreiswechsel der Stadt Kaltennordheim aus dem Wartburgkreis in den Landkreis Schmalkalden-Meiningen einherging. Die daraus neu gebildete VG Hohe Rhön ist aber vollständig skalenoptimal konfiguriert. Die VG Dermbach wurde zur erfüllenden Gemeinde umgeformt und hat die ehemaligen beauftragenden Gemeinden der EG Kaltennordheim in die Gemeinschaft aufgenommen. Die so entstandene EG Dermbach arbeitet dadurch ebenfalls fast vollständig skalenoptimal. Mehrere Fusionen fanden durch Erweiterungen bestehender Gemeinden um Mitgliedsgemeinden bestehender Verwaltungsgemeinschaften im Umland statt, die in der überwiegenden Zahl der Fälle

[459] Die Fusionen N13, N18, N20, N21, N22, N28, N30, N37, N38, N39, N40, N42, N43, N44, N51, N55, N58 und N62 sind skalenneutral (vgl. Anhang B).

[460] Dies betrifft ausschließlich die Fusion N66, bei der die kreisfreie Stadt Suhl Umlandgemeinden eingegliedert hat (vgl. Anhang B).

[461] Das sind die Fusionen N52, N56, N9, N4 und N5.

eingegliedert wurden.[462] Die Stadt Königssee hat neben der Eingliederung von MGVG aus dem Umland auch zwei Gemeinden als beauftragende Gemeinden aufgenommen (N24). Die neu gebildete EG Königssee arbeitet skalenoptimal. Die VG Schwarzatal (N23) ist die einzige neu gebildete Verwaltungsgemeinschaft im Zuge der Fusionen 2018/2019. Mit ihren insgesamt zehn Mitgliedsgemeinden arbeitet sie fast vollständig im skalenoptimalen Bereich.

[462] Das betrifft die Fusionen N17, N19, N29, N31, N35, N46 und N59.

Nr.	Name der Gemeinde / Gemeinschaft	Bevölkerungs -stand	Kita-plätze	Schüler	Siedlungs- und Verkehrs-fläche
N41	Weißensee, Stadt	3.716	166	395	448
N33	VG: Geratal/Plaue	4.266	231	162	455
N45	VG: Hohe Rhön	5.635	334	414	545
N46	Grabfeld	5.694	281	382	886
N60	EG: Dermbach	5.703	332	537	449
N59	Treffurt, Stadt	6.158	314	334	727
N31	Großbreitenbach, Stadt	6.387	280	370	680
N29	Ilmtal-Weinstraße	6.432	366	343	659
N52	Roßleben-Wiehe, Stadt	7.708	310	903	957
N17	VG Rositz	7.839	287	386	911
N35	EG: Amt Wachsenburg	7.992	409	600	992
N24	EG: Königsee, Stadt	8.045	310	980	999
N5	Stadtilm, Stadt	8.415	409	807	1095
N2	Unterwellenborn	8.533	389	428	869
N9	EG: Drei Gleichen (neu)	8.724	517	580	1.000
N4	Föritztal	8.810	396	448	889
N19	Schleiz, Stadt	8.842	335	1.307	809
N23	VG Schwarzatal	8.888	412	388	876
N32	Geratal	8.991	394	646	825
N27	Neuhaus am Rennweg, Stadt	9.121	352	965	774
N11	Gerstungen	9.185	463	1.051	1.269
N1	EG: Nobitz	9.300	424	391	1.542

Fortsetzung:

Nr.	Name der Gemeinde / Gemeinschaft	Bevölkerungs-stand	Kita-plätze	Schüler	Siedlungs- und Verkehrs-fläche
N53	EG: Artern, Stadt	9.403	431	618	1.147
N49	Steinbach-Hallenberg, Kurort, Stadt	9.733	402	511	899
N54	Bad Franken-hausen/Kyffhäuser, Stadt	10.299	456	1.215	963
N7	Schleusingen, Stadt	11.059	433	1.080	1.448
N47	Zella-Mehlis, Stadt	12.865	529	1.078	878
N16	EG: Schmölln, Stadt	13.761	576	1.199	1.139
N61	EG: Bleicherode, Stadt (neu)	14.163	671	1.534	1.824
N65	Heilbad Heiligenstadt, Stadt	17.209	786	2.436	938
N57	Bad Langensalza, Stadt	17.523	901	1.804	1.382
N8	Sömmerda, Stadt	19.078	803	1.988	1.292
N10	Schmalkalden, Kurort, Stadt	19.828	848	1.914	1.327
N63	Leinefelde-Worbis, Stadt	20.218	1.067	2.828	1.512
N12	Bad Salzungen, Stadt	20.509	954	2.201	1.225
N26	Rudolstadt, Stadt	25.458	1.168	2.248	1.838
N50	EG: Meiningen, Stadt	27.883	1.340	2.850	1.893
N25	Saalfeld/Saale, Stadt	29.640	1.436	3.071	1.709
N56	Mühlhausen/Thüringen, Stadt	36.195	1.638	3.707	2.044
N34	Ilmenau, Stadt	39.017	1.581	3.627	2.393
N14	Nordhausen, Stadt	42.228	1.857	4.478	2.509

Grau hinterlegt: Output im skalenoptimalen Bereich.

Tabelle 6-5: Konfiguration der skalenwirksamen Neubildungen 2018/2019[463]

[463] Eigene Berechnungen basierend auf den Outputgrößen zum Gebietsstand 31.12.2017.

Insgesamt wurden im Sinne der gelockerten Konfiguration 21 für zwei Kritierien skalenoptimal konfigurierte Gemeinden neu gebildet.[464] Für diese lässt sich sehr defensiv ein Einsparpotential schätzen. Bei den betroffenen Fusionen handelt es sich ausschließlich um skalenwirksame Fusionen. Im ermittelten Koeffizienten für den Effizienzeffekt aus Kapitel 5.4.3 waren auch einige skalenneutrale Fusionen enthalten, sodass dieser die Einsparpotentiale wahrscheinlich etwas zu pessimistisch einschätzt. Darüber hinaus werden eingegliederte Mitgliedsgemeinden aus umliegenden Verwaltungsgemeinschaften aufgrund der schwierigen Zurechenbarkeit des Verwaltungspersonals auf die einzelnen Mitgliedsgemeinden der VG nicht mit in die Schätzung einbezogen. Die vormals 29 selbstständigen Gemeinden, die an den Fusionen beteiligt waren, verfügten 2017 über insgesamt 293 Vollzeitäquivalente in der allgemeinen Verwaltung. Ihre mittlere Gesamteffizienz belief sich 2017 auf 0,608. Es sollte den Neubildungen aus den Jahren 2018 und 2019 also möglich sein, innerhalb der nächsten Jahre etwa 40 Vollzeitäquivalente AV abzubauen. Die Gesamtausgaben der Thüringer Kommunen für Personal und laufende Sachaufwendungen beliefen sich im Jahre 2017 auf knapp 2,5 Milliarden Euro. Bezogen auf die Anzahl der Beschäftigten entspricht das knapp 88 Tausend Euro pro Vollzeitäquivalent. Die skalenoptimalen Neubildungen sollten also mindestens in der Lage sein jährlich knapp 3,5 Mio. EUR einzusparen. Diesen Einsparungen steht eine vom Land an die Neubildungen gezahlte Neugliederungsprämie in Höhe von etwa 20 Mio. EUR gegenüber. Unter Berücksichtigung etwaiger Kostenremanenzen (vgl. Kapitel 5.4.5) übertreffen die Einsparungen die unmittelbaren Kosten erst nach mehr als 10 Jahren. Die Einsparpotentiale entsprechen zwar eher dem Minimum dessen, was praktisch realisierbar wäre, jedoch können auch keine sonstigen Kosten des Reformprozesses quantifiziert werden. Auf gleiche Weise lassen sich auch die Skaleneffekte für die verbleibenden 18 skalenwirksamen Fusionen im Bereich fallender Skalenerträge schätzen.[465] Die zuvor selbstständigen Gemeinden beschäftigten im Jahre 2017 insgesamt etwa 700 Vollzeitäquivalente in der allgemeinen Verwaltung. Bei einem mittleren Effizienzverlust von 0,035 durch die Fusionen resultieren daraus Mehrkosten von ca. 3,8 Mio. EUR pro Jahr. Effizienzverluste bei Gemeinden mit großen Outputvolumina fallen durch die hohe Anzahl an Mitarbeitern in diesen Verwaltungen deutlich stärker ins Gewicht. Hinzu kommt, dass auch diese Fusionen mit etwa 15 Mio. EUR Neugliederungsprämie gefördert wurden. Auch wenn diese Schätzungen erhebliche Ungenauigkeiten aufweisen, verdeutlichen sie jedoch die Größenordnung und die Richtung der Effekte sowie die zu erwartenden Amortisationszeiträume. Es lässt sich für die aktuelle Reformphase Folgendes feststellen: Die Neugliederungen in den Jahren 2018 und 2019 führen bei einigen

[464] Es handelt sich um die Fusionen N2, N4, N5, N9, N17, N19, N23, N24, N27, N29, N31, N32, N35, N45, N46, N47, N49, N52, N54, N59 und N60.

[465] Es handelt sich um die Fusionen N1, N7, N8, N10, N11, N12, N14, N16, N25, N26, N34, N50, N56, N57, N61, N63 und N65.

Neubildungen bereits zu Effizienzverbesserungen. Bei anderen Gemeinden führen sie jedoch zu einer sinkenden Gesamteffizienz. Es verbleiben erhebliche Potentiale bei weiteren skalenoptimal konfigurierten Neubildungen. Auch eine Konzentration der Neugliederungsprämie auf Neubildungen im skalenoptimalen Bereich scheint ratsam.

6.3 Weiterführung der Gemeindegebietsreform zum Gebietsstand 2019

Die tatsächlich durchgeführten Fusionen (N1 bis N66, vgl. Anhang B) unterscheiden sich von den in Kapitel 6.1.2 vorgeschlagenen Neubildungen. Auf Grundlage der neuen Gliederung der kreisangehörigen Gemeinden zum Gebietsstand 01.01.2019 lassen sich jedoch Empfehlungen für die Weiterführung der Gebietsreform anhand der Modellergebnisse aussprechen. Bei einem Teil der in Kapitel 6.1.2 vorgeschlagenen Neubildungen ist durch die tatsächlichen Fusionen ein Fusionspartner bereits aufgelöst oder der Zusammenschluss ist durch Teilumgliederungen aus den beobachteten Gemeinden nicht mehr sinnvoll. Ein Teil der vorgeschlagenen Fusionen ist aber weiterhin durchführbar. Diese, auch zum neuen Gebietsstand möglichen Fusionen in den skalenoptimalen Bereich hinein, sind in Tabelle 6-6 dargestellt und als Empfehlungen mit dem Buchstaben E und einer fortlaufenden Nummer gekennzeichnet.

Nr.	Name der Neubildung	Bevöl-kerungs-stand	Kita-plätze	Schüler	Siedlungs- und Verkehrs-fläche
E1	Ellrich, Stadt – Hohenstein	7.743	332	514	981
E2	Anrode - Unstruttal	6.392	334	509	811
E3	EG: Auengrund - Veilsdorf	6.096	321	436	770
E4	Schleusegrund - Masserberg	5.022	203	314	585
E5	Leutenberg, Stadt - EG: Kaulsdorf	5.638	242	380	821
E6	Harth-Pöllnitz - Auma-Weidatal, Stadt	6.445	330	306	889
E7	Wurzbach, Stadt – Rosenthal am Rennsteig (ehemals VG: Saale-Rennsteig)	7.207	318	293	973
E8	Dünwald - Menteroda	4.207	219	443	574
E9	Steinach, Stadt - Lauscha, Stadt	7.255	246	327	394
E10	Moorgrund-Barchfeld – Immelborn	8.057	384	279	676
E11	Mohlsdorf-Teichwolframsdorf - Berga/Elster, Stadt	8.186	406	632	964
E12	Am Ohmberg-Sonnenstein	8.237	453	557	1.075
E13	EG: Bad Köstritz, Stadt - Kraftsdorf	8.331	438	502	886
E14	Vacha, Stadt - Unterbreizbach	8.673	445	1.011	806
E15	Leinatal - Hörsel	8.329	370	593	1.110
E16	Themar, Stadt – VG: Feldstein	7.653	371	478	1.165
E17	Hirschberg, Stadt – Gefell, Stadt – Tanna, Stadt	8.198	434	620	1.172
E18	VG: Oberes Sprottental – EG: Gößnitz, Stadt	8.893	447	666	1.258
E19	Helbedündorf – EG: Ebeleben, Stadt	6.491	255	400	1.289
E20	Saalburg-Ebersdorf, Stadt – EG: Remptendorf	6.949	372	397	1.292

Grau hinterlegt: Output im skalenoptimalen Bereich.

Tabelle 6-6: Empfehlung zur Neubildung weiterer Gemeinden[466]

[466] Quelle: Eigene Berechnungen.

Die Fusion E4 (Schleusegrund-Masserberg) war in Kapitel 6.1.2 zusätzlich als Zusammenschluss mit der mittlerweile aufgelösten Gemeinde Nahetal-Waldau vorgesehen. Der Zusammenschluss von Schleusegrund und Masserberg ohne dritten Fusionspartner würde genau wie mit drei Fusionspartnern zu einer skalenoptimal konfigurierten Neubildung führen. Im ursprünglichen Vorschlag wurde eine Dreierfusion präferiert, da im Fusionsalgorithmus vorgesehen ist, dass möglichst alle Gemeinden im Bereich steigender Skalenerträge aufgelöst werden. Die Outputmengen wurden im Vorschlag E4 entsprechend der Daten basierend auf dem Beobachtungsjahr 2017 für eine Zweierfusion angepasst. Aus der VG Saale-Rennsteig (Fusionsempfehlung E7) wurde mittlerweile die selbstständige Gemeinde Rosenthal am Rennsteig gebildet. Die Fusion mit der Stadt Wurzbach wäre aber weiterhin möglich. Alle weiteren Fusionsempfehlungen entsprechen den Vorschlägen aus Kapitel 6.1.2.

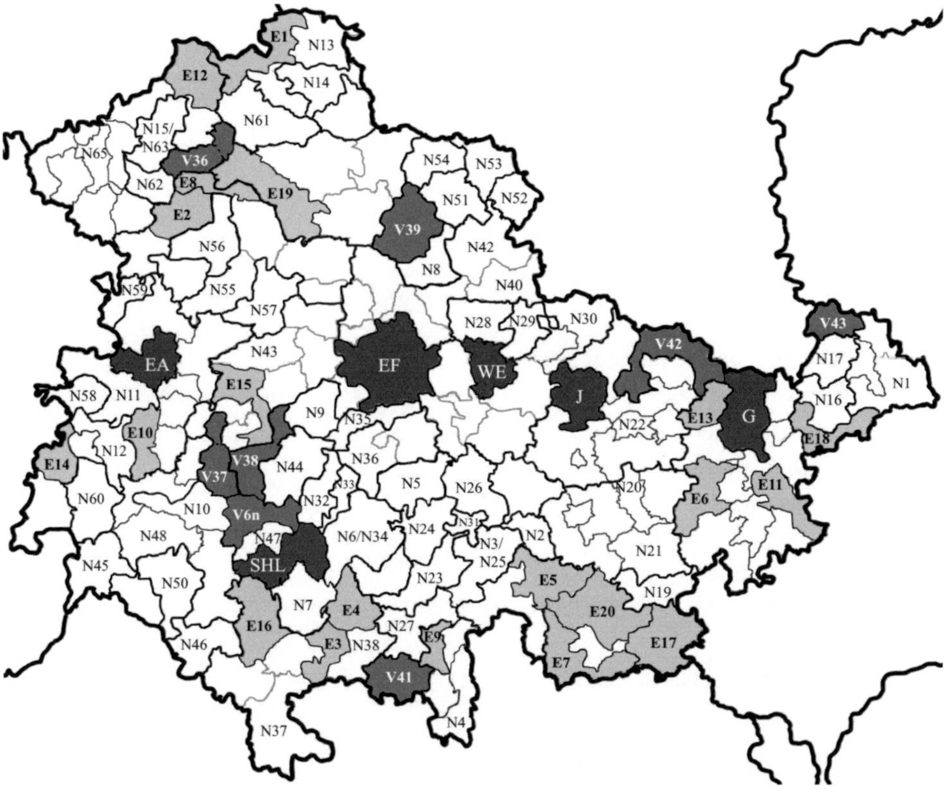

Abbildung 6-3: Vorschlag Neugliederung auf Basis des Gebietsstandes 2019[467]

[467] Quelle: Eigene Darstellung. Hier der Gebietsstand zum 01.01.2019.

In der Gruppe der Gemeinden, deren potentieller Fusionspartner nicht mehr zur Verfügung steht, arbeiten die VG Pleißenaue, die EG Vogtei und die Gemeinde Uhlstädt-Kirchhasel noch im skalenoptimalen Bereich. Für die Gemeinde Rhönblick würde sich die vergrößerte VG Hohe Rhön immer noch als Fusionspartner anbieten, auch wenn die Neubildung im Bereich fallender Skalenerträge läge. Die Gemeinde Werther ist zum Gebietsstand 01.01.2019 ausschließlich von sehr großen Nachbarn umgeben. Eine Dreierfusion mit den Partnern aus E1 (Ellrich, Stadt und Hohenstein) würde zur kleinstmöglichen Neubildung im Bereich fallender Skalenerträge führen. Aus Gründen der Übersichtlichkeit wurde auf die Darstellung der beiden Fusionsalternativen in der Gemeindegrenzenkarte verzichtet. Ähnlich schwierig ist eine Fusion nun für die Stadt Oberhof. Auch hier würde sich ohne Landkreiswechsel nur die vergrößerte Stadt Steinbach-Hallenberg als potentieller Fusionspartner für eine Neubildung im Bereich fallender Skalenerträge anbieten. Dieser Vorschlag ist als V6n in der Gemeindegrenzenkarte gekennzeichnet.

Fusionsempfehlung heißt nicht, dass von den Fusionspartnern zwingend Einheitsgemeinden gebildet werden sollten. Die Ergebnisse aus Kapitel 5 liefern keine Anhaltspunkte, dass Skalenerträge nicht auch durch den Zusammenschluss in einer Verwaltungsgemeinschaft oder einer erfüllenden Gemeinde generiert werden können.

Abbildung 6-3 fasst die Empfehlungen für die Weiterführung der Gemeindegebietsreform in einer angepassten Gemeindegrenzenkarte zusammen. Die durchgeführten Neubildungen in den Jahren 2018 und 2019 sowie die Vorschläge zur Neubildung von Gemeinden im Bereich fallender Skalenerträge aus Kapitel 6.1.3 (V36 bis V42) sind darin mit eingearbeitet.[468] Ebenso die oben diskutierten weiteren Neubildungen im Bereich fallender Skalenerträge.

[468] Die Fusion V40 ist nicht mehr möglich, da die VG Rennsteig und die VG Langer Berg bereits aufgelöst wurden.

7 Zusammenfassung und Schlussfolgerungen

7.1 Zusammenfassung

Ex-post-Analysen von Gemeindegebietsreformen nutzen immer noch überwiegend die Pro-Kopf-Ausgaben der Gemeinden als Indikator für deren Effizienz. Ein solcher Effizienzindikator ist aus mehreren Gründen verzerrt und daher für eine solche Analyse ungeeignet: Zunächst befinden sich Gemeinden in einem **System der Mischfinanzierung**. In Thüringen erhalten Gemeinden mit niedriger eigener Steuerkraft aus dem kommunalen Finanzausgleich höhere Zuweisungen. Gemeinden mit hohem Steueraufkommen müssen einen Teil ihrer Einnahmen über eine Umlage wieder in die Finanzausgleichmasse abführen. Da die Gesamtausgaben der Gemeinden in der laufenden Rechnung fast vollständig von ihren Einnahmen bestimmt sind, führt der Finanzausgleich teilweise zur Angleichung der Ausgabenhöhen pro Einwohner. Gleichzeitig sind Einnahmen aus Verwaltung und Betrieb nicht Teil des Finanzausgleichs. Gemeinden mit hohen Einnahmen aus Verwaltung und Betrieb können daher größere Finanzmittel für freiwillige Aufgaben einsetzen, die im Indikator Ausgaben pro Kopf als Ineffizienz gewertet werden. Auch die **demografische Situation** der Gemeinden wird in den Pro-Kopf-Ausgaben nicht berücksichtigt. Aufgrund der Aufgabenverteilung zwischen Bund, Ländern und Gemeinden sind die besonders kostenintensiven Pflichtaufgaben der kreisangehörigen Gemeinden fast ausschließlich Leistungen für junge Menschen. Gemeinden mit einer günstigen demografischen Struktur – also einem hohen Anteil junger Menschen an der Gesamtbevölkerung – müssen daher deutlich höhere Ausgaben im Pflichtbereich tätigen. Der Indikator Pro-Kopf-Ausgaben würde diese Gemeinden als ineffizient einstufen. Schließlich muss bei der Analyse einer Zeitreihe eine **zuverlässige Inflationsbereinigung** für die Pro-Kopf-Ausgaben möglich sein. Dies kann nur mit einem repräsentativen Warenkorb für Gemeinden gelingen, der in den bisherigen Studien nicht vorlag.

In dieser Arbeit wurde ein anderer Ansatz gewählt: Für die Bemessung der Effizienz jeder Gemeinde wurde mittels **Data Envelopment Analysis** ein deterministischer Effizienzwert bestimmt. In die DEA wurden vier Outputgrößen und eine Inputgröße einbezogen. Das Modell approximiert mit seinen vier Outputgrößen die Pflichtaufgaben kreisangehöriger Gemeinden. Neben dem Bevölkerungsstand und der von den Gemeinden zu bewirtschaftenden Siedlungs- und Verkehrsfläche fallen darunter die besonders ausgabenintensiven Leistungen zur Kindertagesbetreuung sowie Ausgaben in Zusammenhang mit Schulträgerschaften. Diese Outputgrößen entsprechen auch der fiskalischen Anreizsetzung durch den kommunalen Finanzausgleich, der die Höhe der Zuweisungen an Gemeinden anhand dieser Merkmale festsetzt. Die Verwendung der Vollzeitäquivalente in der allgemeinen Verwaltung als Inputvariable ermöglicht Schätzung von Effizienzwerten unabhängig von Inflationseffekten und vom Outsourcingverhalten der einzelnen Gemeinde: **Das verwendete Modell liefert hohe Effizienzwerte für jene Gemeinden, die ihre Pflichtaufgaben unter Einsatz einer vergleichsweise kleinen Kernverwaltung erfüllen.**

Die DEA lässt verschiedene Annahmen hinsichtlich der Form der Skalenerträge zu. Bei einer Effizienzanalyse unter der Annahme konstanter Skalenerträge lässt sich die Gesamteffizienz jeder Gemeinde bestimmen. Werden variable Skalenerträge unterstellt, lässt sich eine technische Effizienz ermitteln, die um größenbedingte Effekte korrigiert ist. Für jeden Output in der DEA wurden skalenoptimale Bereiche identifiziert, die in ihrer Gesamtheit die skalenoptimale Konfiguration ergeben. **Skalenoptimal konfigurierte Gemeinden haben die optimale Betriebsgröße** und können durch Fusion keine positiven Skalenerträge mehr generieren.

Um den Umfang möglicher Skalenerträge bei Fusionen in die skalenoptimale Konfiguration hinein zu schätzen, wurden anschließend alle Gemeindezusammenschlüsse in Thüringen innerhalb der Jahre 2007 bis 2017 als Versuchsgruppe einbezogen. In einer **Difference-in-Differences Analyse** wurde der mittlere Effizienzeffekt für Fusionen in und außerhalb der skalenoptimalen Konfiguration geschätzt. Der Effekt ist korrigiert um den Trend in der Kontrollgruppe, welche sich aus allen Gemeinden zusammensetzt, die im Beobachtungszeitraum keine Gebietsveränderungen vollzogen haben.

Unabhängig vom Fusionsprozess gibt es einen Zusammenhang zwischen technischer Effizienz der Gemeinden und verschiedenen exogenen Variablen: Gemeinden mit höherer Siedlungsdichte sind im Mittel effizienter als dünn besiedelte Gemeinden. Eine günstige demografische Struktur, ausgedrückt im angepassten Billeter Maß J, steht in einem positiven Zusammenhang mit der Gemeindeeffizienz. Gemeinden mit hohen Einnahmen aus Verwaltung und Betrieb sowie hoch verschuldete Gemeinden erreichen niedrigere Effizienzwerte. Zentralisierte Verwaltungen in Gemeinschaften und eine geringere Anzahl an Gemeinschaftsmitgliedern stehen in einem positiven Zusammenhang zur Gemeindeeffizienz.

7.2 Limitationen

Die DEA bringt als deterministisches Verfahren verschiedene grundsätzliche Probleme mit sich: Die Wahl der Input- und Outputgrößen stellt den normativen Kern dieses Verfahrens dar. Da die DEA an sich über kein Gütemaß verfügt und jede beliebige Kombination von Inputs und Outputs stets zu Effizienzwerten führt, muss die Wahl der Input- und Outputgrößen besonders begründet erfolgen. Die Outputs anhand der Anreizsetzungen des kommunalen Finanzausgleichs zu wählen, stellt einen dafür klaren Orientierungsrahmen dar. Jedoch ist der Finanzausgleich kein Ergebnis ökonomischer Erwägungen, sondern vor allem das Resultat eines politischen Diskussions- und Entscheidungsprozesses. Dieser ist von den Interessen der verschiedenen Beteiligten geprägt. Der kommunale Finanzausgleich kann also ökonomische Fehlanreize setzen, die sich in der daraus spezifizierten DEA fortsetzen. Jede Änderung im Finanzausgleich würde folglich auch zu einer veränderten DEA-Spezifikation und damit womöglich zu einer Veränderung der skalenoptimalen Konfiguration führen.

Der mittels DEA bestimmte, effiziente Rand ist aufgrund des deterministischen Charakters des Verfahrens verzerrt. Es ist wahrscheinlich, dass die als vollständig effizient eingestuften Gemeinden ihrerseits Ineffizienzen aufweisen. Die tatsächlich erreichbare Maximalproduktivität einer Gemeinde ist in einer DEA nicht exakt berechenbar. Da die als vollständig effizient eingestuften Beobachtungen aber die Intervallgrenzen bestimmen, kann auch nur die ungefähre Lage des Skalenoptimums bestimmt werden. Dazu kommt, dass die Inputgröße Vollzeitäquivalente AV aufgrund von Geheimhaltungsvorschriften nur statistisch gerundet vorliegt. Dies wird zwar durch die Aggregation zur größeren Beobachtungseinheiten ein Stück weit kompensiert, dennoch resultiert auch daraus eine zusätzliche Unschärfe in den ermittelten Effizienzwerten.

Weitere Limitationen ergeben sich aus der Analyse der Effizienzwerte in der Zeitreihe. Die freiwilligen Gemeindezusammenschlüsse im Beobachtungszeitraum wurden durch finanzielle Hilfen gefördert. Die Entscheidung über die Durchführung einer Fusion oblag aber stets den beteiligten Altgemeinden. Damit ist nicht auszuschließen, dass es bestimmte Eigenschaften oder Gründe für eine solche Entscheidung gab, die nicht beobachtet werden können. Die Zusammensetzung der Versuchsgruppe hat nicht zufällig stattgefunden. In einem validen experimentellen Design müsste diese Zuordnung aber zufällig erfolgen. Dabei handelt es sich zwar um ein Problem, welches in Studien für Bundesländer mit Zwangsfusionen ebenso auftritt, dennoch kann dies auch hier zu Verzerrungen in den geschätzten Effekten führen.

Die ermittelte skalenoptimale Konfiguration könnte sich durch technologischen Wandel verschieben oder aus anderen Gründen im Zeitverlauf verändern. Die Intervallgrenzen sind zwar im Beobachtungszeitraum 2007 bis 2017 relativ stabil, aber eine zusätzliche Verzerrung ist dennoch nicht mit Sicherheit auszuschließen. Innerhalb der Zeitreihe sind Beobachtungen der gleichen Gemeinde stark seriell korreliert, sodass robuste Standardfehler ermittelt werden mussten. Diese Tatsache und der Umstand, dass die Anzahl der fusionierten Gemeinden begrenzt ist, lässt statistisch aussagekräftige Analysen nicht in beliebigem Detaillierungsgrad zu. Das durch die obigen Probleme verursachte Rauschen ermöglicht es lediglich, starke Effekte zu identifizieren und Empfehlungen auf Basis dieser Ergebnisse abzugeben.

Weitere Limitationen ergeben sich vor allem bei der Erfassung und Bewertung überörtlicher Funktionen in der Effizienzanalyse. Das Modell in dieser Arbeit kann lediglich Aussagen über die optimale Konfiguration im Bereich der Pflichtaufgaben machen. Es ist nicht möglich kreisfreie Städte und Landkreise in die Analyse einzubeziehen. Da die Landkreise über keine eigenen Steuern verfügen, werden sie über den kommunalen Finanzausgleich vom Land und über die Kreisumlage von den kreisangehörigen Gemeinden finanziert. Es besteht also eine enge Wechselwirkung zwischen Land, Gemeinde und Landkreis. Um Aussagen über eine zur Gemeindekonfiguration passende Landkreisstruktur treffen zu können, müsste der anteilige Ressourcenverbrauch jedes Landkreises in geeigneter Weise auf jede kreisangehörige Gemeinde umgerechnet werden. Da es nicht möglich ist, die Aufgaben eines Landkreises als Outputs in der DEA zu erfassen, können kreisangehörige Gemeinden und kreisfreie Städte nicht in einen direkten Effizienzvergleich einbezogen werden. Damit lässt sich auch kein skalenoptimaler Bereich für kreisfreie Städte identifizieren und die Frage beantworten, ab welchem Outputvolumen eine Stadt die Kreisfreiheit erlangen sollte.

7.3 Implikationen für die weitere Gebietsreform

Anhand der durchgeführten Berechnungen zur Ermittlung der skalenoptimalen Konfiguration und der Ergebnisse der dynamischen Analyse für die Fusionen in den Jahren 2007 bis 2017 lassen sich für das weitere Vorgehen bei der Gemeindegebietsreform in Thüringen einige zentrale Thesen formulieren.

Ein wichtiger Aspekt dieser Arbeit ist die Ermittlung einer skalenoptimalen Konfiguration für kreisangehörige Gemeinden in Thüringen und dessen Integration in ein empirisches Modell. Es lässt sich zeigen, dass **skalenoptimal konfigurierte Gemeinden höhere Effizienzwerte erreichen als Gemeinden außerhalb des skalenoptimalen Bereiches**. Dies gilt sowohl für Einheitsgemeinden als auch für Gemeinschaften (Verwaltungsgemeinschaften, erfüllende Gemeinden). Skalenoptimal konfigurierte Gemeinden, die nicht fusioniert haben, arbeiten im Mittel mit einer höheren Effizienz. Neubildungen in den skalenoptimalen Bereich hinein, erreichen im Mittel den höchsten Effizienzzuwachs. Die Arbeit identifiziert skalenoptimal konfigurierte kreisangehörige Gemeinden in Thüringen, welche das Spektrum der kommunalen Pflichtaufgaben mit besonders geringem Ressourcenaufwand abdecken. Wenn die Ouputgrößen Bevölkerungsstand, Kitaplätze, Schülerzahl und Siedlungs- und Verkehrsfläche einer Gemeinde innerhalb bestimmter Intervallgrenzen liegen, lassen sich Skalenerträge ausnutzen und die Gemeinden sind in der Lage, ihre Pflichtaufgaben mit einer besonders kleinen Kernverwaltung zu erbringen. Gemeinden, die mit Ihren Outputmengen oberhalb oder unterhalb der Intervallgrenzen liegen, benötigen im Vergleich zu den optimal konfigurierten Gemeinden im Verhältnis mehr Verwaltungspersonal. **Die Modellergebnisse legen nahe, dass alle potentiellen Skalenerträge ausgeschöpft**

werden können, wenn sämtliche Gemeinden im Bereich steigender Skalenerträge – also mit Outputmengen unterhalb der Untergrenzen der skalenoptimalen Konfiguration – aufgelöst werden. Eine Aufspaltung von Gemeinden im Bereich fallender Skalenerträge ist aufgrund ihrer überörtlichen Funktion nicht zu empfehlen.

Vom Gebietsstand 2017 ausgehend, ließen sich, unter der Maßgabe, dass alle Fusionspartner im gleichen Landkreis liegen, nur wenige skalenoptimal konfigurierte Gemeinden neu bilden. Nur zwölf potentielle Neubildungen würden alle Kriterien vollständig erfüllen. **Die Berechnungen zur Skaleneffizienz deuten aber darauf hin, dass die realisierbaren Skalenerträge bei Auflösung zu kleiner Gemeinden die potentiellen Skalenverluste bei Bildung einer zu großen Einheiten deutlich übertreffen.** Da es sich bei den Intervallgrenzen um Schätzungen handelt, kann von einer strengen Anwendung der Kriterien abgewichen werden: Bei der gelockerten Konfiguration müssen mindestens zwei Outputgrößen innerhalb der Intervallgrenzen liegen. Eine Abweichung einzelner Outputs über die Intervallgrenzen hinaus ist möglich. Mit dieser Modifikation können mit nur noch wenigen Ausnahmen für alle Gemeinden im Bereich steigender Skalenerträge geeignete Fusionspartner gefunden werden. Aufgrund der demografischen Situation werden sich für die durchschnittliche kreisangehörige Gemeinde alle Outputgrößen – mit Ausnahme der Siedlungs- und Verkehrsfläche – mittelfristig leicht rückläufig entwickeln, sodass eine moderate Abweichung der Neubildungen oberhalb der Intervallgrenzen für maximal zwei Ouputgrößen als unproblematisch erachtet wird.

Der im Modell geschätzte Nettofusionseffekt bei Fusionen in die skalenoptimale Konfiguration hinein beläuft sich ausgehend vom mittleren Effizienzwert der Gemeinden vor der Fusion auf etwa 18 Prozent. Gemeinden, die aus dem Bereich steigender Skalenerträge in die optimale Konfiguration hinein fusioniert haben, konnten im Mittel bei konstantem Outputniveau etwa 18 Prozent ihrer Vollzeitäquivalente in der allgemeinen Verwaltung abbauen. Damit haben die Postfusionsgemeinden ihre gesamte Ineffizienz durch die Fusion in die skalenoptimale Konfiguration hinein um etwa ein Drittel reduziert. Für Fusionen außerhalb des skalenoptimalen Bereiches war nur ein sehr geringer, leicht negativer Effizienzeffekt nachweisbar. Die Effizienzgewinne lassen sich anhand der vorliegenden Daten zu Personal- und Sachmittelausgaben in der allgemeinen Verwaltung für die betreffenden Gemeinden umrechnen. Die Einsparungen liegen pro Jahr für alle zwischen 2007 und 2017 fusionierten Gemeinden im mittleren einstelligen Millionenbereich. Der Effizienzgewinn wird erst einige Jahre nach der Fusion in vollem Umfang wirksam, da vermutlich Kostenremanenzen vorliegen. Im Verhältnis zu den gezahlten Fusionsprämien und anderer nicht quantifizierbarer Kosten auf Landesebene im Zusammenhang mit den Gemeindefusionen ergeben sich daher wahrscheinlich lange Amortisationszeiträume. Im Modell gibt es keine Evidenz dafür, dass ein bestimmter Gemeindetyp bei der Bildung der skalenoptimal konfigurierten Einheiten zu bevorzugen ist. **Vorteile aus der Auflösung von erfüllenden Gemeinden zugunsten von Einheitsgemeinden sind nicht nachweisbar, die Effekte der Auflösung von Verwaltungsgemeinschaften sind nicht eindeutig.**

Falls Fusionen die lokale Demokratie kurz- und mittelfristig schädigen, ist bei jeder Fusion abzuwägen, in welchem Verhältnis der potentielle Schaden im Vergleich zum Nutzen der Fusion steht. Insbesondere sollten keine Fusionen durchgeführt werden, bei denen sich positive ökonomische Effekte nicht eindeutig nachweisen lassen. Das betrifft vor allem skalenneutrale Fusionen, also Zusammenschlüsse von Gemeinden innerhalb einer bestehenden Gemeinschaft oder die Umbildung einer Gemeinschaft in eine Einheitsgemeinde. Bei beiden Fusionsarten ändert sich die Outputmenge durch den Zusammenschluss nicht. Die im Beobachtungsjahr 2017 existierenden erfüllenden Gemeinden arbeiteten im Mittel sehr effizient und auf gleichem Effizienzniveau wie Einheitsgemeinden, sodass hier keine Notwendigkeit zur Auflösung der bestehenden Gemeinschaften bestand. Gleichzeitig kann aus der Analyse auch keine Empfehlung zur Auflösung bestehender Verwaltungsgemeinschaften abgeleitet werden, da nicht sicher nachweisbar ist, dass eine Einheitsgemeinde auf der Gebietsfläche einer ehemaligen Verwaltungsgemeinschaft eine höhere Effizienz erreichen würde. Gemeinschaften mit höherer Mitgliederzahl wirtschaften zwar weniger effizient, skalenneutrale Fusionen innerhalb der Gemeinschaften ziehen aber keine nachweisbaren Effizienzverbesserungen nach sich, obwohl die Anzahl der Gemeinschaftsmitglieder dadurch sinkt. **Das heißt eine Einheitsgemeinde würde womöglich auf der gleichen Gebietsfläche ein ähnliches Effizienzniveau erreichen wie eine Gemeinschaft.** Siedlungsstrukturelle Gegebenheiten und die demografische Situation der Gemeinden scheinen hier eine deutlich stärkere Rolle zu spielen als der vorhandene Gemeindetyp.

Skalenneutrale Fusionen wurden im Zuge der aktuellen Gebietsreform in erheblichem Umfang finanziell gefördert. Das Thüringer Gesetz über Finanzhilfen im Rahmen der freiwilligen Neugliederung kreisangehöriger Gemeinden in den Jahren 2018 und 2019 (ThürGNGFG) sah eine Neugliederungsprämie als allgemeine, nicht steuerkraftabhängige und nicht zweckgebundene Zuweisung vor.[469] Sie betrug 200 Euro pro Einwohner derjenigen Gemeinde, die den Fusionsantrag stellte. Pro Fusion wurden maximal 2.000.000 Euro ausgeschüttet, was einem maximal förderfähigen Bevölkerungsstand von 10.000 Einwohnern entsprach.[470] Die ausgeschüttete Prämie konnte also maximiert werden, wenn der größte beteiligte Partner bei einer geplanten Fusion den Antrag stellte. Die Prämie wuchs bis zur Grenze der Förderfähigkeit proportional zum Bevölkerungsstand der Antragsgemeinde und wurde für jede Art von Fusion gezahlt, also auch für die 21

[469] Vgl. §1 Abs. 1 ThürGNGFG.
[470] Vgl. §1 Abs. 2 ThürGNGFG.

skalenneutralen Fusionen in den Jahren 2018 und 2019.[471] Die größten Fusionspartner dieser Zusammenschlüsse weisen mit Ausnahme der Stadt Arnstadt alle einen Bevölkerungsstand von weniger als 10.000 Einwohnern auf. Anhand der Bevölkerungsdaten der beteiligten Gemeinden zum Gebietsstand 2017 lässt sich in etwa die Fördersumme ermitteln: Für skalenneutrale Fusionen wurde in den Fusionsjahren 2018 und 2019 insgesamt eine Neugliederungsprämie von ca. 16,1 Mio. Euro ausgeschüttet.[472] **Da sich für skalenneutrale Fusionen in der dynamischen Analyse auch nach bis zu zehn Beobachtungsjahren keine Effizienzgewinne nachweisen lassen, steht den gezahlten Prämien wahrscheinlich kein Einsparpotential gegenüber.**

Skalenbedingte Ineffizienzen machen nur einen Teil der gesamten Ineffizienz bei kreisangehörigen Gemeinden in Thüringen aus. Technische Ineffizienzen, die unabhängig vom Skalenbereich auftreten, lassen sich jedoch mit dem Instrumentarium der Gebietsreform nicht wirksam beheben. Wenn, wie es die Ergebnisse nahelegen, siedlungsstrukturelle Besonderheiten und die demografische Situation innerhalb der Gemeinde Unterschiede in der technischen Effizienz der Gemeinden erklären können, muss diesen auf anderem Wege begegnet werden: Ein Resultat dieser Arbeit, welches skalenunabhängig einen Teil der Ineffizienz von kreisangehörigen Gemeinden erklärt, besteht darin, dass die Effizienz von Gemeinschaften sich in Abhängigkeit vom Zentralisierungsgrad ihrer Verwaltung unterscheidet. **Verwaltungsgemeinschaften und erfüllende Gemeinden, die in ihren Mitgliedsgemeinden eigenes Verwaltungspersonal beschäftigen, wirtschaften im Mittel etwas weniger effizient als verwaltungsmäßig zentralisierte Gemeinden. Dies deutet darauf hin, dass sich weitere Ineffizienz abbauen ließe, indem innerhalb der bestehenden Gemeinschaften Verwaltungspersonal zentralisiert wird.** Dieses Ergebnis deckt sich mit der theoretischen Diskussion zu Spezialisierungsvorteilen und besserer Personalauslastung bei größeren Verwaltungen. Es werden in gewissem Umfang Skalenerträge innerhalb der Gemeinschaft realisiert, wenn nicht mehrere separate Verwaltungen in den Mitgliedsgemeinden arbeiten, sondern eine zentrale Verwaltung Dienstleistungen für die Mitgliedsgemeinden bereitstellt.

Die dargestellten Ergebnisse und abgeleiteten Implikationen stehen zum Teil im deutlichen Widerspruch zu dem Ziel, die Anzahl der formal selbstständigen Gemeinden in Thüringen zu verringern. **Mit Blick auf die Modellergebnisse erscheint eine Fokussierung der Diskussion auf formal selbstständige Gemeinden auch nicht sinnvoll: Nur allein arbeitsfähige Gebilde sollten als Einheiten betrachtet werden.** Der überwiegende Teil

[471] Es handelt sich dabei um die Fusionen N13, N18, N20, N21, N22, N28, N30, N36, N37, N38, N39, N40, N42, N43, N44, N48, N51, N55, N58, N62 und N64 (vgl. Anhang B).

[472] Berechnet für 80.719 Einwohner, was dem summierten Bevölkerungsstand der größten Fusionspartner im letzten Beobachtungsjahr 2017 entspricht.

der formal selbstständigen Gemeinden in Thüringen ist auf die Zusammenarbeit in einer Gemeinschaft angewiesen und könnte seine Aufgaben gar nicht alleine erfüllen. Gemeinschaften als Ganzes wären allein arbeitsfähig und darüber hinaus sehr gut mit den bestehenden größeren Einheitsgemeinden vergleichbar. Die Leistungsfähigkeit aller kreisangehörigen Gemeinden könnte zwischen Einheiten vergleichbarer Größe zudem objektiver bewertet werden. In einem solchen Vergleich wäre es dann nur noch ein Merkmal der inneren Gliederung, ob eine Gebietskörperschaft rechtlich in einer Verwaltungsgemeinschaft, als erfüllende Gemeinde oder als Einheitsgemeinde organisiert ist. Die wirtschaftlichste Organisationsform ließe sich im direkten Benchmark bestimmen. Im Sinne des Dezentralisierungstheorems könnte dann auch bei Fusionen die Entscheidung über den zu bildenden Gemeindetyp und die Anzahl der Mitgliedsgemeinden im Gebilde dezentralisiert werden. Dies ließe für die lokalen Akteure die Möglichkeit offen, eine den örtlichen Besonderheiten und Bedingungen angepasste Gemeindestruktur zu schaffen. Dazu müssten aber zunächst die Voraussetzungen im kommunalen Finanzausgleich geschaffen werden. Dieser bestimmt aktuell die Schlüsselzuweisungen über den Hauptansatz auf Grundlage des Bevölkerungstandes der Mitgliedsgemeinden jeder Gemeinschaft und nicht auf Grundlage des Bevölkerungsstandes der Gemeinschaften als Ganzes. Würden **Gemeinschaften** als zusammengehörige Einheiten behandelt, erhielten sie höhere Zuweisungen. **Sie sind den Einheitsgemeinden im Finanzausgleich momentan nicht gleichgestellt**. Insofern ist es in der bestehenden Anreizsituation ökonomisch rational, bei Fusionen Einheitsgemeinden zu bilden, da diese bei Zuweisungen vom Land grundsätzlich bessergestellt sind. Diese Verzerrung ist historisch gewachsen, in Anbetracht der Modellergebnisse jedoch ungünstig.

Anhang A: Liste der Fusionen 2007-2017

Nr.	Fusionsjahr	Gemeinde (Schlüsselnummer)	Bemerkung
A1	2013	VG: Eichsfelder Kessel (615004)	Eingliederung von Vollenborn nach Deuna innerhalb der VG.
A2	2013	Vacha, Stadt (63082)	Zusammenschluss der VG Vacha zur Einheitsgemeinde.
A3	2013	Krayenberggemeinde (63101)	Neubildung der Krayenberggemeinde aus zuvor selbstständigen Gemeinden.
A4	2013	EG: Kaltennordheim, Stadt (635058)	Auflösung der VG Oberes Feldatal und daraus Neubildung der Stadt Kaltennordheim als EG mit den beauftragenden Gemeinden Diedorf/Rhön und Empfertshausen.
A5	2013	Waltershausen, Stadt (67072)	Eingliederung der selbstständigen Gemeinde Emsetal.
A6	2013	EG: Eisfeld, Stadt (695050)	Eingliederung einer der beiden eigenen beauftragenden Gemeinden.
A7	2013	VG: Langer Berg (705006)	Eingliederung von Möhrenbach nach Gehren innerhalb der VG.
A8	2013	EG: Ilmtal-Weinstraße (715052)	Neubildung der EG vollständig aus der VG Ilmtal-Weinstraße, wobei Kromsdorf als beauftragende Gemeinde selbstständig geblieben ist.
A9	2013	Sonneberg, Stadt (72018)	Eingliederung der selbstständigen Gemeinde Oberland am Rennsteig.
A10	2013	VG: Seenplatte (2/2) (755004)	Eingliederung von Chursdorf nach Dittersdorf innerhalb der VG.

Nr.	Fusionsjahr	Gemeinde (Schlüsselnummer)	Bemerkung
A11	2013	EG: Langenwetzendorf (765056)	Eingliederung eines Teils der VG Leubatal und Beauftragung durch zwei weitere Mitgliedsgemeinden aus der VG Leubatal als EG.
A12	2013	EG: Weida, Stadt (765053)	Eingliederung eines Teils der VG Leubatal.
A13	2013	VG: Wünschendorf/Elster (765004)	Eintritt der MGVG Teichwitz aus der VG Leubatal
A14	2013	VG: Dermbach (635004)	Eintritt von Stadtlengsfeld in die VG.
A15	2013	VG: Hainich-Werratal (635006)	Vollständiger Eintritt der VG: Creutzburg (Creutzburg, Stadt, Ifta, Krauthausen) in die VG.
A16	2013	VG: Heldburger Unterland (695004)	Eintritt von Straufhain in die VG.
A17	2013	VG: Schiefergebirge (735005)	Eintritt von Gräfenthal, Stadt in die VG.
A18	2013	VG: Ranis-Ziegenrück (755013)	Eintritt von Krölpa in die VG.
A19	2012	Barchfeld-Immelborn (63004)	Eingliederung von Barchfeld nach Immelborn und Auflösung der VG Barchfeld-Immelborn.
A20	2012	Bad Liebenstein, Stadt (63099)	Auflösung und Neubildung der Stadt Bad Liebenstein und der gesamten EG Schweina.
A21	2012	EG: Vogtei (645053)	Auflösung der VG Vogtei und Beauftragung als EG durch zwei ehemalige MGVG.
A22	2012	Kyffhäuserland (65085)	Zusammenschluss der VG Kyffhäuser mit Ausnahme von Oberbösa.
A23	2012	VG: Greußen (655002)	Eintritt von Oberbösa aus der VG Kyffhäuser.

Nr.	Fusionsjahr	Gemeinde (Schlüsselnummer)	Bemerkung
A24	2012	VG: Kölleda (685006)	Eingliederung von Großmonra nach Kölleda, Stadt innerhalb der VG.
A25	2012	Römhild, Stadt (69062)	Zusammenschluss der VG Gleichberge und der selbstständigen Gemeinde Gleichamberg.
A26	2012	Amt Wachsenburg (70028)	Eingliederung der Wachsenburggemeinde, die bis dahin BG der EG: Arnstadt, Stadt war, nach Ichtershausen,
A27	2012	EG: Bad Sulza, Stadt (715051)	Eingliederung der beauftragenden Gemeinden Auerstedt, Flurstedt, Gebstedt, Reisdorf und Wickerstedt innerhalb der EG.
A28	2012	EG: Neuhaus am Rennweg, Stadt (2/2) (725051)	Eingliederung von beauftragenden Gemeinden innerhalb der EG.
A29	2012	Königsee-Rottenbach, Stadt (73112)	Neubildung aus den selbstständigen Gemeinden Königsee, Stadt und Rottenbach.
A30	2012	EG: Greiz, Stadt (765052)	Teilweise Eingliederung der VG Vogtländisches Oberland (Cossengrün, Hohndorf, Schöndorf)
A31	2012	EG: Zeulenroda-Triebes, Stadt (2/2) (765054)	Teilweise Eingliederung der VG Vogtländisches Oberland (Arnsgrün, Bernsgrün, Pöllwitz)
A32	2012	Nobitz (77036)	Eingliederung der selbstständigen Gemeinde Saara
A33	2012	VG: Hohnstein/Südharz (625006)	Neubildung der Gemeinde Harztor aus MGVG innerhalb der VG.
A34	2012	Grabfeld (2/2) (66094)	Eingliederung der MGVG Bauerbach aus der VG Salzbrücke.

Nr.	Fusionsjahr	Gemeinde (Schlüsselnummer)	Bemerkung
A35	2012	Frankenblick (72023)	Zusammenschluss aus selbstständigen Gemeinden.
A36	2012	VG: Triptis (755011)	Eingliederung von Pillingsdorf nach Triptis, Stadt innerhalb der VG.
A37	2012	Mohlsdorf-Teichwolframsdorf (76093)	Neubildung aus den beiden beauftragenden Gemeinden der EG: Berga/Elster, Stadt.
A38	2012	VG: Altenburger Land (2/2) (775001)	Eingliederung von Großröda nach Starkenberg innerhalb der VG.
A39	2012	EG: Schleusingen (695052)	Gründung der EG durch Eintritt der selbstständigen Gemeinde St. Kilian.
A40	2012	EG: Arnstadt, Stadt (705050)	Austritt der Wachsenburggemeinde aus der EG.
A41	2012	VG: Dolmar-Salzbrücke (665014)	Neubildung aus den VGs Dolmar und Salzbrücke (ohne Bauerbach).
A42	2012	VG: Heideland-Elstertal-Schkölen * (745005)	Eintritt von Schkölen, Stadt in die VG.
A43	2012	VG: Wünschendorf/Elster (765004)	Eintritt von Wünschendorf/Elster in die VG.
A44	2012	VG: Wasungen-Amt Sand (665013)	Eintritt von Schwallungen in die VG.
A45	2011	Steinach, Stadt (72019)	Auflösung der EG durch Austritt von Steinheid.
A46	2011	Sonnenstein (61117)	Neubildung aus der VG Eichsfeld-Südharz jedoch ohne die MGVG Am Ohmberg.

Nr.	Fusionsjahr	Gemeinde (Schlüsselnummer)	Bemerkung
A47	2011	EG: Südeichsfeld (645052)	Neubildung aus der VG Hildebrandshausen/Lengenfeld unterm Stein und den selbstständigen Gemeinden Heyerode und Katharinenberg. Beauftragung durch die ehemalige MGVG Rodeberg als EG.
A48	2011	Brotterode-Trusetal, Kurort, Stadt (66074)	Eingliederung von Brotterode nach Trusetal.
A49	2011	Hörsel (67088)	Auflösung der VG Hörsel.
A50	2011	EG: Neuhaus am Rennweg, Stadt (1/2) (725051)	Eingliederung der BG Steinheid aus der EG Steinach, Stadt.
A51	2011	Saalfeld/Saale, Stadt (73077)	Eingliederung der eigenen BG und Auflösung der EG.
A52	2011	EG: Zeulenroda-Triebes, Stadt (1/2) (765054)	Eingliederung von Merkendorf, Silberfeld und Zadelsdorf aus der VG Auma-Weidatal.
A53	2011	Auma-Weidatal, Stadt (76092)	Neubildung aus Teilen der VG Auma-Weidatal (Auma, Stadt; Braunsdorf, Göhren-Döhlen, Staitz, Wiebelsdorf)
A54	2011	Berga/Elster (76004)	Austritt von Mohlsdorf und Teichwolframsdorf aus EG. Auflösung der EG.
A55	2010	Am Ohmberg (61116)	Neubildung zunächst innerhalb der VG Eichsfeld-Südharz, ab 2012 selbstständige Gemeinde.
A56	2010	EG: Heringen/Helme, Stadt (625053)	Neubildung aus der VG Goldene Aue, Beauftragung durch MGVGs Görsbach und Urbach als EG.
A57	2010	EG: Meiningen, Stadt (665050)	Eingliederung einer eigenen BG.

Nr.	Fusionsjahr	Gemeinde (Schlüsselnummer)	Bemerkung
A58	2010	VG: Seenplatte (1/2) (755004)	Eingliederung von Dragensdorf nach Dittersdorf innerhalb der VG.
A59	2010	EG: Neustadt an der Orla, Stadt (755050)	Eingliederung einer eigenen BG Breitenhain.
A60	2010	VG: Greußen (655002)	Eintritt von Großenehrich, Stadt in die VG.
A61	2009	Nesse-Apfelstädt (67087)	Neubildung aus der VG Nesse-Apfelstädt-Gemeinden.
A62	2009	VG: Eichsfeld Wipperaue (615006)	Eingliederung von Bernterode bei Worbis nach Breitenworbis innerhalb der VG.
A63	2009	Sollstedt (62049)	Eingliederung der einzigen BG Rehungen und Auflösung der EG.
A64	2009	Drei Gleichen (67086)	Auflösung der VG Drei Gleichen.
A65	2008	EG: Geisa, Stadt (635056)	Eingliederung der BG Rockenstuhl.
A66	2008	VG: Pleißenaue (775004)	Teilumgliederung von Meuselwitz, Stadt nach Treben.
A67	2008	EG: Breitungen/Werra (665051)	Eingliederung von Heßles nach Fambach innerhalb der EG.
A68	2008	Schmalkalden, Kurort, Stadt (66063)	Eingliederung der selbstständigen Gemeinde Wernshausen.
A69	2008	Bad Berka, Stadt (71003)	Eingliederung von Gutendorf aus der VG Grammetal.
A70	2008	VG: Bergbahnregion/Schwarzatal (735001)	Eingliederung von Lichtenhain/Bergbahn in Oberweißbach/Thür.Wald, Stadt innerhalb der VG.

Nr.	Fusionsjahr	Gemeinde (Schlüsselnummer)	Bemerkung
A71	2008	VG: Dornburg-Camburg (745015)	Eingliederung von Dorndorf-Steudnitz und Dornburg/Saale, Stadt nach Dornburg-Camburg, Stadt innerhalb der VG.
A72	2008	VG: Altenburger Land (1/2) (775001)	Eingliederung von Naundorf und Tegwitz nach Starkenberg innerhalb der VG.
A73	2008	VG: Grammetal * (715012)	Austritt von Gutendorf aus der VG.
A74	2007	EG: Bleicherode, Stadt (625052)	Eingliederung der BG Obergebra innerhalb der EG.
A75	2007	Nordhausen, Stadt (62041)	Eingliederung von Stempeda, Rodishain und Petersdorf aus der VG Hohnstein/Südharz.
A76	2007	Hörselberg-Hainich (63098)	Neubildung aus den selbstständigen Gemeinden Hörselberg und Behringen.
A77	2007	Bad Frankenhausen/Kyffhäuser, Stadt * (65003)	Eingliederung der einzigen BG Esperstedt und Auflösung der EG.
A78	2007	Sondershausen, Stadt (65067)	Eingliederung der selbstständigen Gemeinde Schernberg.
A79	2007	Grabfeld (1/2) (66094)	Auflösung der VG Grabfeld.
A80	2007	Friedrichroda, Stadt (67019)	Auflösung der VG Reinhardsbrunn.
A81	2007	VG: Nordkreis Weimar (715013)	Eingliederung von Hottelstedt in Berlstedt innerhalb der Vorgänger VG Berlstedt, die komplett in der VG Nordkreis Weimar aufgegangen ist.
A82	2007	VG: Mellingen (715008)	Eingliederung von Hohlstedt in Großschwabhausen innerhalb der VG.

Nr.	Fusionsjahr	Gemeinde (Schlüsselnummer)	Bemerkung
A83	2007	Nohra (71067)	Eingliederung von Utzberg aus der VG Grammetal.
A84	2007	Uhlstädt-Kirchhasel (73109)	Eingliederung der eigenen BGs Großkochberg und Heilingen und Auflösung der EG.
A85	2007	Meuselwitz, Stadt (77032)	Eingliederung der selbstständigen Gemeinde Wintersdorf.
A86	2007	VG: Kölleda (685006)	Eintritt von Rastenberg, Stadt in die VG.
A87	2007	VG: Grammetal (715012)	Austritt von Utzberg aus der VG.

Anhang B: Liste der Fusionen 2018-2019

Nr.	Fusionsdatum	Name der Neubildung	Bemerkung
N1	06.07.2018	EG: Nobitz	Auflösung der VG Wieratal durch Eingliederung der MGVG Frohnsdorf, Jückelberg und Ziegelheim. Beauftragung durch die MGVG Göpfersdorf und Langenleuba-Niederhain.
N2	06.07.2018	Unterwellenborn	Eingliederung von Kamsdorf nach Unterwellenborn.
N3	06.07.2018	Saalfeld/Saale, Stadt (Fusion 1/2)	Eingliederung der Saalfelder Höhe und der MGVG Wittgendorf aus der VG Mittleres Schwarzatal.
N4	06.07.2018	Föritztal	Zusammenschluss von Föritz, Judenbach und Neuhaus-Schierschnitz.
N5	06.07.2018	Stadtilm, Stadt	Eingliederung von Ilmtal.
N6	06.07.2018	Ilmenau, Stadt (Fusion 1/2)	Eingliederung von Langewiesen, Stadt, Wolfsberg sowie den MGVG Gehren und Pennewitz aus der VG Langer Berg.
N7	06.07.2018	Schleusingen, Stadt	Eingliederung der BG St. Kilian. Eingliederung von Nahetal-Waldau.
N8	06.07.2018	Sömmerda, Stadt	Eingliederung der MGVG Schillingstedt aus der VG Kölleda.
N9	06.07.2018	EG: Drei Gleichen (neu)	Neubildung aus Drei Gleichen (alt) und der EG Günthersleben-Wechmar. Beauftragung durch die BG Schwabhausen.

Nr.	Fusionsdatum	Name der Neubildung	Bemerkung
N10	06.07.2018	Schmalkalden, Kurort, Stadt	Eingliederung der MGVG Springstille aus der VG Haselgrund.
N11	06.07.2018	Gerstungen	Eingliederung von Marksuhl und Wolfsburg-Unkeroda.
N12	06.07.2018	Bad Salzungen, Stadt	Eingliederung der EG Tiefenort mit BG Frauensee und der BG Ettenhausen a.d.Suhl aus der EG: Marksuhl.
N13	06.07.2018	Harztor	Eingliederung der MGVG Harzungen, Hermannsacker und Neustadt/Harz aus der VG Hohnstein/Südharz. Auflösung der VG Hohnstein/Südharz. Eingliederungen innerhalb der (aufgelösten) VG.
N14	06.07.2018	Nordhausen, Stadt	Eingliederung der MGVG Buchholz aus der VG Hohnstein/Südharz.
N15	06.07.2018	Leinefelde-Worbis, Stadt (Fusion 1/2)	Eingliederung der MGVG Hundeshangen aus der VG Lindenberg/Eichsfeld.
N16	01.01.2019	EG: Schmölln, Stadt	Eingliederung der MGVG Altkirchen, Drogen und Lumpzig aus der VG Altenburger Land. Eingliederung der MGVG Nöbdenitz und Wildenbörten aus der VG Oberes Sprottental. Beauftragung durch MGVG Dobitschen.
N17	01.01.2019	VG Rositz	Erweiterung der VG Rositz um die MGVG Göhren, Göllnitz, Mehna und Starkenberg aus der aufgelösten VG Altenburger Land.

Nr.	Fusionsdatum	Name der Neubildung	Bemerkung
N18	01.01.2019	Rosenthal am Rennsteig	Bildung einer Einheitsgemeinde aus den MGVG der VG Saale-Rennsteig.
N19	01.01.2019	Schleiz, Stadt	Eingliederung der MGVG Crispendorf aus der VG Ranis-Ziegenrück.
N20	01.01.2019	EG: Neustadt an der Orla, Stadt	Eingliederung der BG Stanau innerhalb der EG.
N21	01.01.2019	MGVG Knau	Eingliederung der MGVG Bucha innerhalb der VG Seenplatte.
N22	01.01.2019	EG: Stadtroda, Stadt	Eingliederung der BG Bollberg und Quirla.
N23	01.01.2019	MGVG Schwarzatal, Stadt	Zusammenschluss der MGVG Mellenbach-Glasbach aus der VG Mittleres Schwarzatal und den MGVG Meuselbach-Schwarzmühle und Oberweißbach/Thüringer Wald. Beitritt zur VG Schwarzatal.
N24	01.01.2019	EG: Königsee, Stadt	Dröbischau und Oberhain aus der VG Mittleres Schwarzatal. Beauftragung durch die MGVG Allendorf und Bechstedt aus der VG Mitteres Schwarzatal.
N25	01.01.2019	Saalfeld/Saale, Stadt (Fusion 2/2)	Auflösung der VG Lichtetal am Rennsteig durch Eingliederung der MGVG Reichmannsdorf und Schmiedefeld.

Nr.	Fusionsdatum	Name der Neubildung	Bemerkung
N26	01.01.2019	Rudolstadt, Stadt	Eingliederung von Remda-Teichel, Stadt.
N27	01.01.2019	Neuhaus am Rennweg, Stadt	Auflösung der VG Lichtetal am Rennsteig durch Eingliederung der MGVG Lichte und Piesau, die dafür den Landkreis wechselten.
N28	01.01.2019	EG: Am Ettersberg	Auflösung der VG Nordkreis Weimar durch Zusammenschluss der MGVG Berlstedt, Buttelstedt, Großobringen, Heichelheim, Kleiobringen, Krautheim, Ramsla, Sachsenhausen, Schwerstedt, Vippachedelhausen und Wohlsborn. Beauftragung durch die MGVG Ballstedt, Ettersburg und Neumark.
N29	01.01.2019	Ilmtal-Weinstraße	Eingliederung von der einzigen BG Kromsdorf und Eingliederung der MGVG Leutenthal und Rohrbach aus der VG Nordkreis Weimar.
N30	01.01.2019	EG: Bad Sulza, Stadt	Eingliederung der BG Ködderitzsch innerhalb der EG.
N31	01.01.2019	Großbreitenbach, Stadt	Auflösung der VG Großbreitenbach durch Zusammenschluss der MGVG Altenfeld, Böhlen, Friedersdorf, Gillersdorf, Großbreitenbach, Stadt und Wildenspring. Zusammenschluss mit den MGVG Herschdorf und

Nr.	Fusionsdatum	Name der Neubildung	Bemerkung
			Neustadt am Rennsteig aus der aufgelösten VG Langer Berg.
N32	01.01.2019	Geratal	Auflösung der VG Oberes Geratal durch Zusammenschluss der MGVG Frankenhain, Geschwenda, Gossel, Gräfinroda und Liebenstein. Wechsel der MGVG Geraberg aus der VG Geratal.
N33	01.01.2019	Plaue, Stadt	Eingliederung der MGVG Neusiß aus der VG Geratal in die MGVG Plaue, Stadt und Wechsel in die VG Geratal/Plaue.
N34	01.01.2019	Ilmenau, Stadt (Fusion 2/2)	Eingliederung der MGVG Frauenwald und Stützerbach aus der VG Rennsteig.
N35	01.01.2019	EG: Amt Wachsenburg	Eingliederung der MGVG Kirchheim aus der VG Riechheimer Berg. Beauftragung durch die MGVG Rockhausen aus der VG Riechheimer Berg.
N36	01.01.2019	Arnstadt, Stadt	Eingliederung der einzigen BG Wipfratal durch die EG Arnstadt.

Nr.	Fusionsdatum	Name der Neubildung	Bemerkung
N37	01.01.2019	MGVG Heldburg, Stadt	Fusion der MGVG Bad Colberg-Heldburg, Stadt, Gompertshausen und Hellingen innerhalb der VG Heldburger Unterland.
N38	01.01.2019	Eisfeld, Stadt	Eingliederung der einzigen BG Sachsenbrunn durch die EG Eisfeld.
N39	01.01.2019	MGVG Kindelbrück	Zusammenschluss der MGVG Kindelbrück, Stadt, Bilzingsleben, Frömmstedt und Kannawurf innerhalb der VG Kindelbrück.
N40	01.01.2019	Buttstädt	Auflösung der VG Buttstädt durch Zusammenschluss aller MGVG.
N41	01.01.2019	Weißensee, Stadt	Eingliederung der MGVG Herrnschwende aus der VG Kindelbrück.
N42	01.01.2019	MGVG Kölleda, Stadt	Eingliederung der MGVG Beichlingen innerhalb der VG Kölleda.
N43	01.01.2019	EG: Nessetal	Auflösung der VG Mittleres Nessetal durch Zusammenschluss der MGVG Ballstädt, Brüheim, Bufleben, Friedrichswerth, Goldbach, Haina, Hochheim, Remstädt, Wangenheim, Warza und Westhausen. Beauftragung durch MGVG Sonneborn.
N44	01.01.2019	Ohrdruf, Stadt	Eingliederung der BG Gräfenhain, Crawinkel und Wölfis.

Nr.	Fusionsdatum	Name der Neubildung	Bemerkung
N45	01.01.2019	Kaltennordheim, Stadt	Landkreiswechsel und Eingliederung der MGVG Aschenhausen, Kaltensundheim, Kaltenwestheim, Melpers, Oberkatz und Unterweid aus der VG Hohe Rhön. Eintritt in die VG Hohe Rhön.
N46	01.01.2019	Grabfeld	Eingliederung von Wölfershausen aus der VG Dolmar-Salzbrücke.
N47	01.01.2019	Zella-Mehlis, Stadt	Eingliederung von Benshausen.
N48	01.01.2019	MGVG Wasungen, Stadt	Eingliederung der MGVG Hümpfershausen, Metzels, Oepfershausen, Unterkatz und Wahns innerhalb der VG Wasungen-Amt Sand.
N49	01.01.2019	Steinbach-Hallenberg, Kurort, Stadt	Eingliederung der MGVG Altersbach, Bermbach, Oberschönau, Kurort, Rotterode, Unterschönau und Viernau aus der VG Haselgrund. Auflösung der VG Haselgrund.
N50	01.01.2019	EG: Meiningen, Stadt	Eingliederung der BG Henneberg. Eingliederung der MGVG Walldorf und Wallbach aus der VG Wasungen-Amt Sand.
N51	01.01.2019	EG: An der Schmücke, Stadt	Auflösung der VG An der Schmücke durch Zusammenschluss der MGVG Bretleben, Gorsleben, Hauteroda, Heldrungen, Stadt und Oldisleben. Beauftragung

Nr.	Fusionsdatum	Name der Neubildung	Bemerkung
			durch MGVG Etzleben und Oberheldrungen
N52	01.01.2019	Roßleben-Wiehe, Stadt	Zusammenschluss von Roßleben, Stadt, Wiehe, Stadt und Donndorf sowie Eingliederung der MGVG Nausitz aus der VG Mittelzentrum Artern.
N53	01.01.2019	EG: Artern, Stadt	Auflösung der VG Mittelzentrum Artern durch Zusammenschluss von Artern/Unstrut, Stadt, Heygendorf und Voigtstedt. Bildung einer EG mit Borxleben, Gehofen, Kalbsrieth, Mönchpfiffel-Nikolausrieth und Reinsdorf als BG.
N54	01.01.2019	Bad Frankenhausen/Kyffhäuser, Stadt	Eingliederung der MGVG Ichstedt und Ringleben aus der VG: Mittelzentrum Artern.
N55	01.01.2019	EG: Unstrut-Hainich	Auflösung der VG Unstrut-Hainich und Bildung einer EG durch Zusammenschluss von Altengottern, Flarchheim, Großengottern, Heroldishausen, Mülverstedt und Weberstedt. Beauftragung durch die ehemalige MGVG Schönstedt.
N56	01.01.2019	Mühlhausen/Thüringen, Stadt	Eingliederung von Weinbergen.

Nr.	Fusionsdatum	Name der Neubildung	Bemerkung
N57	01.01.2019	Bad Langensalza, Stadt	Eingliederung der MGVG Klettstedt aus der VG Bad Tennstedt.
N58	01.01.2019	Werra-Suhl-Tal, Stadt	Bildung einer Einheitsgemeinde aus der VG Berka/Werra.
N59	01.01.2019	Treffurt, Stadt	Eingliederung der MGVG Ifta aus der VG: Hainich-Werratal.
N60	01.01.2019	EG: Dermbach	Auflösung der VG Dermbach durch Eingliederung der MGVG Brunnhardtshausen, Neidhardtshausen, Stadtlengsfeld, Urnshausen, Zella/Rhön. Eingliederung der BG Diedorf/Rhön aus der EG Kaltennordheim. Bildung einer EG mit den BGs Empfertshausen (ebenfalls bisher EG Kaltennordheim), Oechsen, Weilar und Wiesenthal.
N61	01.01.2019	EG: Bleicherode, Stadt (neu)	Eingliederung der BG der EG Bleicherode (alt) sowie der MGVG Hainrode, Nohra, Wipperdorf und Wolkramshausen aus der VG Hainleite. Auflösung der VG Hainleite. Bildung einer EG Bleicherode (neu) mit den BG Großlohra, Kehmstedt, Kleinfurra, Lipprechterode und Niedergebra.
N62	01.01.2019	Dingelstädt, Stadt	Bildung einer Einheitsgemeinde aus der VG Dingelstädt ohne die MGVG Kallmerode.

Nr.	Fusionsdatum	Name der Neubildung	Bemerkung
N63	01.01.2019	Leinefelde-Worbis, Stadt (Fusion 2/2)	Eingliederung der MGVG Kallmerode aus der VG Dingelstädt.
N64	01.01.2019	Niederorschel	Bildung einer Einheitsgemeinde aus der VG Eichsfelder Kessel.
N65	01.01.2019	Heilbad Heiligenstadt, Stadt	Eingliederung der MGVG Bernterode (bei Heilbad Heiligenstadt) aus VG Ershausen/Geismar.
N66	01.01.2019	Suhl, Stadt	Eingliederung der MGVG Gehlberg aus der VG Oberes Geratal und der MGVG Schmiedefeld am Rennsteig aus der VG Rennsteig.

Literaturverzeichnis

Afonso, A./Fernandes, S. (2006): Measuring local government spending efficiency. Evidence for the Lisbon region, in: Regional Studies 40, 1, S. 39–53.

Afonso, A./Fernandes, S.: Assessing and explaining the relative efficiency of local government, in: The Journal of Socio-Economics 37, 5, S. 1946–1979.

Aigner, D./Lovell, C. A. K./Schmidt, P. (1977): Formulation and Estimation of Stochastic Frontier Production Function Models, in: Journal of Econometrics 6, S. 21–37.

Allers, M. A./Elhorst, J. P. (2005): Tax Mimicking and Yardstick Competition Among Local Governments in the Netherlands, in: International Tax and Public Finance 12, 4, S. 493–513.

Allers, M. A./Geertsema, J. B. (2016): The effects of local government amalgamation on public spending and service levels. Evidence from 15 years of municipal boundary reform 2016.

Andrews, R./Boyne, G. A. (2009): Size, Structure and Administrative Overheads. An Empirical Analysis of English Local Authorities, in: Urban Studies 46, 4, S. 739–759.

Asatryan, Z./de Witte, K. (2015): Direct Democracy and Local Government Efficiency, in: European Journal of Political Economy 39, S. 58–66.

Athanassopoulos, A. D./Triantis, K. P. (1998): Assessing Aggregate Cost Efficiency And The Related Policy Implications For Greek Local Municipalities, in: INFOR: Information Systems and Operational Research 36, 3, S. 66–83.

Aulich, C./Sansom, G./McKinlay, P. (2014): A Fresh Look at Municipal Consolidation in Australia, in: Local Government Studies 40, 1, S. 1–20.

Avellaneda, C. N./Gomes, R. C. (2015): Is Small Beautiful? Testing the Direct and Nonlinear Effects of Size on Municipal Performance, in: Public Admin Rev 75, 1, S. 137–149.

Badunenko, O./Pavlo, M. (2016): Nonparametric Frontier Analysis Using Stata, in: The Stata Journal 16, 3, S. 550–589.

Balaguer-Coll, M. T./Prior, D./Tortosa-Ausina, E. (2007): On the determinants of local government performance. A two-stage nonparametric approach, in: European Economic Review 51, 2, S. 425–451.

Balaguer-Coll, T./Prior-Jiménez, D./Vela-Bargues, J. M. (2002): Efficiency and Quality in Local Government Management. The Case of Spanish Local Authorities, in: Working Paper Nr. 2/2002.

Banker, R. D. (1984): Estimating most productive scale size using data envelopment analysis, in: European Journal of Operational Research 17, S. 35–44.

Banker, R. D./Chang, H./Zheng, Z. (2017): On the use of super-efficiency procedures for ranking efficient units and identifying outliers, in: Annals of Operations Research 250, 1, S. 21–35.

Banker, R. D./Charnes, A./Cooper, W.W. (1984): Some Models for Estimating Technical and Scale Inefficiencies in Data Envelopment Analysis, in: Management Science 30, 9, S. 1078–1092.

Banker, R. D./Natarajan, R. (2008): Evaluating Contextual Variables Affecting Productivity Using Data Envelopment Analysis, in: Operations Research 56, 1, S. 48–58.

Banker, R. D./Thrall, R.M. (1992): Estimation of returns to scale using Data Envelopment Analysis, in: European Journal of Operational Research 62, S. 74–84.

Barber, C. B./Dobkin, D. P./Huhdanpaa, H. (1996): The quickhull algorithm for convex hulls, in: ACM Transactions on Mathematical Software 22, 4, S. 469–483.

Bauer, D./Frei, X. (2017): Der Demographieansatz im kommunalen Finanzausgleich, in: ifo Dresden berichtet Nr. 1/2017, S. 20–24.

Beck, N./Katz, J. N. (1995): What To Do (and Not to Do) with Time-Series Cross-Section Data, in: American Political Science Review 89, 3, S. 634–647.

Bhatti, Y./Gørtz, M./Holm Pedersen, L. (2015): The Causal Effect of Profound Organizational Change When Job Insecurity Is Low—A Quasi-experiment Analyzing Municipal Mergers, in: JOPART 25, 4, S. 1185–1220.

Bikker, J./van der Linde, D. (2016): Scale economies in local public administration, in: Local Government Studies 42, 3, S. 441–463.

Bischoff, I./ Bönisch, P./ Haug, P./ Illy, A. (2013): Vertical Grants and Local Public Efficiency, in: IWH Discussion Papers 2013.

Blesse, S./Baskaran, T. (2016): Do Municipal Mergers Reduce Costs? Evidence from a German Federal State, in: Regional Science and Urban Economics 59, S. 54–74.

Blesse, S./Rösel, F. (2016): Was bringen kommunale Gebietsreformen. Kausale Evidenz zu Hoffnungen, Risiken und alternativen Instrumenten, in: ZEW Discussion Paper No. 17-049 2016.

Blom-Hansen, J. (2010): Municipal Amalgamations and Common Pool Problems. The Danish Local Government Reform in 2007, in: Scandinavian Political Studies 33, 1, S. 51–73.

Blom-Hansen, J./ Houlberg, K./ Serritzlew, S./ Treisman, D. (2016): Jurisdiction Size and Local Government Policy Expenditure. Assessing the Effect of Municipal Amalgamation, in: American Political Science Review 110, 4, S. 812–831.

Blom-Hansen, J./Houlberg, K./Serritzlew, S. (2014): Size, Democracy, and the Economic Costs of running the Political System, in: American Journal of Political Science 58, 4, S. 790–803.

Boetti, L./Piacenza, M./Turati, G. (2012): Decentralization and Local Governments' Performance. How Does Fical Autonomy Affect Spending Efficiency, in: Finanzarchiv 68, 3, S. 269–302.

Bogetoft, P./Wang, D. (2005): Estimating the Potential Gains from Mergers, in: Journal of Productivity Analysis 23, S. 145–171.

Bogumil, J. (2016): Neugliederung der Landkreise und kreisfreien Städte in Thüringen. Gutachten im Auftrag des Thüringer Ministeriums für Inneres und Kommunales (TMIK).

Bogumil, J./Ebinger, F. (2012): Gutachten zur möglichen Kommunalisierung von Landesaufgaben in Brandenburg. Stellungnahme im Auftrag der Enquetekommission "Kommunal- und Landesverwaltung - bürgernah, effektiv und zukunftsfest - Brandenburg 2020" des Brandenburgischen Landtages, Bochum.

Bönisch, P./ Haug, P./ Illy, A./ Schreier, L. (2011): Municipality Size and Efficiency of Local Public Services. Does Size Matter?, in: IWH Discussion Papers Nr. 18/2011/2011, S. 1–40.

Borge, L.-E./Falch, T./Tovmo, P. (2008): Public sector efficiency. The roles of political and budgetary institutions, fiscal capacity, and democratic participation, in: Public Choice 136, 3-4, S. 475–495.

Bradford, D. F./Malt, R. A./Oates, W. E. (1969): The Rising cost of Local Public Services. Some Evidence and Reflections, in: National Tax Journal 22, 2, S. 185–202.

Brand, S./Steinbrecher, J. (2019): Kommunale Auslagerungen. Ein Spiegelbild regionaler Vielfalt in Deutschland, in: KfW Research Nr. Nr. 268/2019.

Breton, A./Wintrobe, R. (1975): The Equilibrium Size of a Budget-maximizing Bureau. A Note on Niskanen's Theory of Bureaucracy., in: Journal of Political Economy 83, S. 195–207.

Breunig, R./Rocaboy, Y. (2008): Per-capita public expenditures and population size. A non-parametric analysis using French data, in: Public Choice 136, 3-4, S. 429–445.

Brueckner, J. K. (2003): Strategic Interaction Among Governments. An Overview of Empirical Studies, in: International Regional Science Review 26, 2, S. 175–188.

Bruns, B./Freier, R./Schumann, A. (2015): Finding Your Right (or Left) Partner to Merge, in: DIW Discussion Papers Nr. 1467/2015.

Büchner, C./Franzke, J. (2001): Kreisgebietsreform in Brandenburg. Eine Bilanz nach 8 Jahren. Auswertung von Interviews mit Akteuren auf kreiskommunaler Ebene, in: KWI Universität Potsdam Nr. 2/2001, S. 5–31.

Bundesinstitut für Bau-, Stadt- und Raumforschung (BBSR) (2017): Wachstumsdruck in deutschen Großstädten, in: BBSR-Analysen Kompakt 10/ 2017.

Bundesministerium der Finanzen (2017): Bund/Länder-Finanzbeziehungen auf der Grundlage der Finanzverfassung. Ausgabe 2017, Berlin.

Bundesministerium der Finanzen (2018): Personal- und Sachkosten in der Bundesverwaltung für Wirtschaftlichkeitsuntersuchungen und Kostenberechnungen, Berlin.

Büttner, T./Schwager, R./Stegarescu, D. (2004): Agglomeration, Population Size, and the Cost of Providing Public Services. An Empirical Analysis for German States, in: ZEW Discussion Paper No. 04-18 2004.

Caliendo, M./Kopeinig, S. (2008): Some Practical Guidance for the Implementation of Propensity Score Matching, in: Journal of Economic Surveys 22, 1, S. 31–72.

Callanan, M./Murphy, R./Quinlivan, A. (2014): The Risks of Inuition. Size, Costs and Economies of Scale in Local Government, in: The Economic and Social Review 45, 3, S. 371–403.

Cantner, U./Krüger, J./Hanusch, H. (2007): Produktivitäts- und Effizienzanalyse. Der nichtparametrische Ansatz, Berlin, Heidelberg.

Ceuninck, K./ Reynaert, H./ Steyvers, K./ Valcke, T. (2010): Municipal Amalgamations in the Low Countries. Same Problems, Different Solutions, in: Local Government Studies 36, 6, S. 803–822.

Charnes, A./Cooper, W. W./Rhodes, E. (1978): Measuring the efficiency of decision making units, in: European Journal of Operational Research 2, 6, S. 429–444.

Charnes, A./Cooper, W.W. (1962): Programming with linear fractional functionals, in: Naval Research Logistics Quarterly 9, 3-4, S. 181–186.

Cobban, T. W. (2017): Bigger Is Better. Reducing the Cost of Local Administration by Increasing Jurisdiction Size in Ontario, Canada, 1995–2010, in: Urban Affairs Review 46, 6.

Coelli, T. J./Prasada Rao, D. S./O'Donnell, C. J./Battese, G. E. (2005): An Introduction to Efficiency and Productivity Analysis. Second Editeion, New York.

Coffé, H./Geys, B. (2005): Instutional Performance and Social Capital. An Application to the Local Government Level, in: Journal of Urban Affairs 27, 5, S. 485–501.

Cooper, W. W./Seiford, L. M./Zhu, J. (2011): Data Envelopment Analysis. History, Models, Interpretations, in: Cooper, W. W./Seiford, L. M./Zhu, J. (Hrsg.): Handbook on Data Envelopment Analysis. Second Edition, New York, S. 1–39.

Cordero, J. M./Pedraja-Chaparro, F./Pisaflores, E. C./Polo, C. (2017): Efficiency assessment of Portuguese municipalities using a conditional nonparametric approach, in: Journal of Productivity Analysis 48, 1, S. 1–24.

Council of Europe (2001): Relationship between the Size of Local and Regional Authorities and Their Effectiveness and Economy of Their Action, Straßburg.

Courant, P. N./Gramlich, E. M./Rubinfeld, D. L. (1978): The Stimulative Effects of Intergovernmental Grants. Or Why Money Sticks Where It Hits, in: MIeszkowski, P./Oakland, W. H. (Hrsg.): Fiscal Federalism and Grants-in-Aid, Washington, D.C., S. 5–21.

Cusack, T. R. (1999): Social capital, institutional structures, and democratic performance. a comparative study of german local governments, in: European Journal of Political Research 35, S. 1–34.

de Borger, B./Kerstens, K./Moesen, W./Vanneste, J. (1994): Explaining differences in productive efficiency. An application to Belgian municipalities, in: Public Choice 80, 3-4, S. 339–358.

de Borger, B./Kerstens, K. (1996a): Cost efficiency of Belgian local governments. A comparative analysis of FDH, DEA, and econometric approaches, in: Regional Science and Urban Economics 26, 2, S. 145–170.

de Borger, B./Kerstens, K. (1996b): Radial and nonradial measures of technical efficiency. An empirical illustration for Belgian local governments using an FDH reference technology, in: The Journal of Productivity Analysis 7, S. 41–62.

Denters, B./Goldsmith, M./Ladner, A./Mouritzen, P. E./Rose, L. E. (2014): Size And Local Democracy, Northampton (US), Cheltenham (UK).

Deprins/Simar/Tulkens (1984): Measuring Labor-Efficiency in Post Offices, in: Mardchand, M./Pestieau, P./Tulkens, H. (Hrsg.): The Performance of Public Enterprises. Concepts and Measurement, North-Holland, S. 243–267.

Dobroschke, S./Gutsche, J.-M./Thöne, M. (2014): Ermittlung von aufgabenbezogenen Kostenremanenzen im Rahmen des kommunalen Finanzausgleichs in Sachsen-Anhalt, in: FiFo-Berichte Nr. 15/2014.

Dollery, B./Byrnes, J./Crase, L. (2007): Is Bigger Better? Local Government Amalgamation and the South Australian Rising to the Challenge Inquiry**The authors would like to thank an anonymous referee for helpful advice on an earlier draft of the paper, in: Economic Analysis and Policy 37, 1, S. 1–14.

Dorfard, A. (2012): Kosteneffizienzen und Einsparpotenziale durch Fusionen. Eine Anwendung auf die Kommunal- und Verwaltungsreform in Rheinland-Pfalz, Wiesbaden.

Drew, J./Kortt, M. A./Dollery, B. (2015): Did the Big Stick Work? An Empirical Assessment of Scale Economies and the Queensland Forced Amalgamation Program, in: Local Government Studies 42, 1, S. 1–14.

Eck, A./Fritzsche, C./Kluge, J./Ragnitz, J./Rösel, F. (2015): Analyse der finanzkraftbestimmenden Rahmenbedingungen und strukturellen Spezifika ostdeutscher Flächenländer. Gutachten im Auftrag des Sächsischen Staatsministeriums der Finanzen (SMF) sowie des Thüringer Finanzministeriums (TFM), Dresden.

Eck, A./Steinbrecher, J./Thater, C. (2012): Skaleneffekte in der Bereitstellung des kommunalen Angebotes sächsischer Gemeinden, in: ifo Dresden berichtet Nr. 3/2012, S. 12–19.

Egger, P.H./Koethenbuerger, M./Loumeau, G. (2017): Local Border Reforms and Economic Activity CESifo Working Paper no. 6738.

Ems, S./Greiner-Bild, I. (2017): Kreisgebietsreformen. Auswirkungen für Mandatsträger und Führungskräfte, in: Public Governance 13, 1, S. 16–18.

Essid, H./Ouellette, P./Vigeant, S. (2011): A Note on the Scale Efficiency Test of Simar and Wilson, in: International Journal of Business and Social Science 24, 2, S. 312–318.

Färber, G./Wieland, J./ Salm, M./Wolff, J./Zeitz, D. (2012): Reform des Kommunalen Finanzausgleichs in Thüringen. Gutachten im Auftrag des Finanzministeriums des Freistaates Thüringen.

Färe, R./Grosskopf, S. (1985): A Nonparametric Cost Approach to Scale Efficiency., in: Scandinavian Journal of Economics 84, 4, S. 594–604.

Färe, R./Grosskopf, S. (2000): Theory and Application of Directional Distance Functions, in: Journal of Productivity Analysis 13, S. 93–103.

Färe, R./Lovell, C. A. K. (1978): Measuring the Technical Efficiency of Production, in: Journal of Economic Theory 19, S. 150–162.

Farrell, M. J. (1957): The measurement of Productive Efficiency, in: Journal of the Royal Statistical Society 120, 3, S. 253–290.

Fathimath, A. (2017): Impact of municipal amalgamation on stakeholder collaboration. The case of Auckland, New Zealand, in: Kōtuitui: New Zealand Journal of Social Sciences Online 12, 2, S. 221–234.

Feld, L. P./Fritz, B. (2015): The political economy of municipal amalgamation. Evidence of common pool effects and local public debt, in: Freiburger Diskussionspapiere zur Ordnungsökonomik 15, 10.

Finanz- und Wirtschaftsministerium Baden-Württemberg (2016): Verwaltungsvorschrift des Finanz- und Wirtschaftsministeriums über die Berücksichtigung der Verwaltungskosten insbesondere bei der Festsetzung von Gebühren und sonstigen Entgelten für die Inanspruchnahme der Landesverwaltung (VwV-Kostenfestlegung).

Finanzministerium des Landes Schleswig-Holstein (2013): Personalkostentabelle für die Landesverwaltung Schleswig-Holstein 2013 und 2014.

Finanzministerium Mecklenburg-Vorpommern (2016): Maßgebliche Bemessungsgrundlagen für die Ermittlung sowie die Überprüfung von Gebühren auf ihre Kostendeckung im Jahr 2016/2017.

Foged, S. K. (2016): The Relationship Between Population Size and Contracting Out Public Services, in: Urban Affairs Review 52, 3, S. 348–390.

Fox, W. F./Gurley, T. (2006): Will Consolidation Improve Sub-National Governments ?, in: World Bank Working Paper 3913 2006.

Franke-Polz, T. (2010): Kommunalpolitik im Freistaat Thüringen, in: Kost, A./Wehling, H.-G. (Hrsg.): Kommunalpolitik in den deutschen Ländern. Eine Einführung, Wiesbaden, S. 337–350.

Frei, X./Ragnitz, J./Rösel, F. (2018): Kosten kommunaler Leistungserstellung unter dem Einfluss von demografischem Wandel und Urbanisierung. Gutachten im Auftrag der KfW Bankengruppe, Dresden.

Fritz, B./Feld, L. P. (2016): The political economy of municipal amalgamation. Evidence of common pool effects and local public debt, in: Working Paper 2016.

Gemeinde- und Städtebund Thüringen (2019): Forderungen der Thüringer Gemeinden und Städte an den neuen Landtag und die neue Landesregierung, Erfurt.

Gemeinde- und Städtebund Thüringen (Hrsg.) (2009): Thüringer Kommunalhandbuch, Stuttgart.

Gemeindeverwaltung Wutha-Farnroda (2018): Gemeindehaushalt 2017. Erläuterungen zum Haushaltsplan 2017 der Gemeinde Wutha-Farnroda. https://www.wutha-farnroda.de/neuigkeiten-artikel/-/detail/news/gemeindehaushalt-2017-10556. Zuletzt geprüft am 25.09.2019.

Gertler, P. J./Martinez, S./Remand, P./Rawlings, L-B./Vermoersch, C.M.J. (2011): Impact Evaluation in Practice, Washington, D.C.

Geys, B. (2006): Looking across borders. A test of spatial policy interdependence using local government efficiency ratings, in: Journal of Urban Economics 60, 3, S. 443–462.

Geys, B./Heinemann, F./Kalb, A. (2013): Local Government Efficiency in German Municipalities, in: Raumforsch Raumordn 71, 4, S. 283–293.

Geys, B./Moesen, W. (2009a): Exploring Sources of Local Government Technical Inefficiency. Evidence from Flemish Municipalities, in: Public Finance and Management 9, 1, S. 1–29.

Geys, B./Moesen, W. (2009b): Measuring Local Government Technical (In)efficiency. An Application and Comparison of FDH, DEA and Econometric Approaches, in: Performance and Management Review 32, S. 489–504.

Gimenez, V. M./Prior, D. (2007): Long- and Short-Term Cost Efficiency Frontier Evaluation. Evidence from Spanish Local Governments, in: Fiscal Studies 28, 1, S. 121–139.

Gordon, N./Knight, B. (2009): A spatial merger estimator with an application to school district consolidation, in: Journal of Public Economics 93, S. 752–765.

Grüning, M. (2002): Performance-Measurement-Systeme. Messung und Steuerung von Unternehmensleistung, Wiesbaden.

Hainmueller, J. (2012): Entropy Balancing for Causal Effects. A Multivariate Reweighting Method to Produce Balanced Samples in Observational Studies, in: Polit. anal. 20, 1, S. 25–46.

Hansen, S. W./Houlberg, K./Holm Pedersen, L. (2015): The Democratic Costs of Size. How Increasing Size Affects Citizen Satisfaction with Local Government, in: Political Studies 63, 2, S. 373–389.

Hansen, S.W. (2014): Common pool size and project size. An empirical test on expenditures using Danish municipal mergers, in: Public Choice 159, 1-2, S. 3–21.

Hansen, S.W./Houlberg, K./Holm Pedersen, L. (2014): Do Municipal Mergers Improve Fiscal Outcomes, in: Scandinavian Political Studies 37, 2, S. 196–214.

Haug, P. (2013): Gemeindegröße, Verwaltungsform und Effizienz der kommunalen Leistungserstellung – Das Beispiel Sachsen-Anhalt, in: Raumforschung und Raumordnung 71, 4, S. 307–327.

Haug, P./Illy, A. (2011): Größe ist nicht alles – Die Effizienz der kommunalen Leistungserstellung am Beispiel Sachsen-Anhalts, in: IWH Wirtschaft im Wandel 17, 10, S. 347–355.

Hesse, J. J. (2015): Gefährdete Selbstverwaltung? Die "Großkreise" in Mecklenburg-Vorpommern, Baden-Baden.

Hessisches Ministerium der Finanzen (2016): Personalkostentabellen für die Kostenberechnungen in der Verwaltung.

Hirschauer, N./Musshoff, O. (2014): Non-metric data. A note on a neglected problem in DEA studies, in: Eur J Law Econ 37, 3, S. 489–494.

Hitzschke, S. (2011): The optimal size of German cities. An efficiency analysis perspective, in: Working Paper 2011.

Holcombe, R. G./Williams, D. W. (2009): Are there economies of scale in municipal government expenditures?, in: Public Finance and Management 9, 3, S. 416–438.

Holzer, M./Fry, J./Charbonneau, E./Van Ryzin, G./Wang, T./Burnash, E. (2009): Literature Review and Analysis Related to Optimal Municipal Size and Efficiency. https://www.nj.gov/dca/affiliates/luarcc/pdf/final_optimal_municipal_size_&_efficiency.pdf. Zuletzt geprüft am 05.12.2019.

Illy, A. (2015): Kommunale Institutionen und öffentliche Leistungen. Untersuchungen zur kommunalen Effizienz und Zufriedenheit der Bürger, Berlin, Heidelberg.

Jarre, F./Stoer, J. (2019): Optimierung. Einführung in mathematische Theorie und Methoden, Berlin.

Ji, Y.-b./Lee, C. (2010): Data envelopment analysis, in: The Stata Journal 10, 2, S. 267–280.

Jordahl, H./Liang, C.-Y. (2009): Merged Municipalities, Higher Debt. On Free-Riding and the Common Pool Problem in Politics, in: Public Choice 143, S. 157–172.

Junkernheinrich, M./ Ziekow, J./ Boettcher, F./ Brand, S./ Sicko, C./ Piesker, A. (2010): Begleitende Gesetzesfolgenabschätzung zu den Entwürfen des Ersten und Zweiten Landesgesetzes zur Kommunal- und Verwaltungsreform in Rheinland-Pfalz. für das Ministerium des Innern und für Sport des Landes Rheinland-Pfalz.

Kalb, A. (2010): Public Sector Efficiency. Applications to Local Governments in Germany, Wiesbaden.

Kerpen, P. (2015): Praxisorientierte Data Envelopment Analysis, Wiesbaden.

King, D.N. (1994): A Model of Optimum Local Authority Size, in: Stirling Discussion Papers in Economics 94, 1.

Kjaer, U./Klemmensen, R. (2015): What are the Local Political Costs of Centrally Determined Reforms of Local Government?, in: Local Government Studies 41, 1, S. 100–118.

Kneip, A./Simar, L./Wilson, P. W. (2008): Asymptotics and Consistent Bootstraps for DEA Estimators in Nonparametric Frontier Models, in: Econom. Theory 24, 6, S. 1663–1697.

Koethenbuerger, M. (2008): Revisiting the “Decentralization Theorem”. On the Role of Externalities, in: Journal of Urban Economics 64, 1, S. 116–122.

Köller, M. (2013): Baustelle Kommunen. Demografischer Wandel trifft kommunale Infrastruktur, in: KfW Economic Research, Fokus Volkswirtschaft Nr. 30/2013, S. 1–3.

Kost, A./Wehling, H.-G. (Hrsg.) (2010): Kommunalpolitik in den deutschen Ländern. Eine Einführung, Wiesbaden.

Kraaykamp, G. (2001): Institutional Change and Political Participation. The Effect of Municipal Amalgamation on Local Electoral Turnout in the Netherlands, in: Acta Poltitica 36, 4, S. 402–418.

Kriese, M. (2008): Effizienzanalyse der sächsischen Gemeinden, in: ifo Dresden berichtet 2008, S. 3–13.

Kugler, F./Schwerdt, G./Wößmann, L. (2014): Ökonometrische Methoden zur Evaluierung kausaler Effekte der Wirtschaftspolitik, in: Perspektiven der Wirtschaftspolitik 15, 2.

Kuhlmann, S./Seyfried, M./Siegel, J. (Hrsg.) (2018): Wirkungen kommunaler Gebietsreformen. Stand der Forschung und Empfehlungen für Politik und Verwaltung, Baden-Baden.

Kushner, J./Siegel, D. (2000): Citizens' Attitudes Toward Municipal Amalgamation in Three Ontario Municipalities, in: Canadian Journal of Regional Science 23, S. 49–59.

Ladner, M./Bühlmann, M. (2007): Demokratie in den Gemeinden. Der Einfluss der Gemeindegrösse und anderer Faktoren auf die Qualität der lokalen Demokratie, Zürich/Chur.

Lampe, H. W./Hilgers, D./Ihl, C. (2015): Does accrual accounting improve municipalities' efficiency? Evidence from Germany, in: Applied Economics 47, 41, S. 4349–4363.

Landesamt für Finanzen Rheinland-Pfalz (2015): Personalkostenverrechnungssätze Beschäftigte RLP für 2015.

Landesentwicklungsgesellschaft Thüringen mbH (2018): Das ist Thüringen, Erfurt.

Lassen, D. D./Serritzlew, S. (2011): Jurisdiction Size and Local Democracy. Evidence on Internal Political Efficacy from Large-scale Municipal Reform, in: Am Polit Sci Rev 105, 02, S. 238–258.

Loikkanen, H. A./Susiluoto, I. (2005): Cost Efficiency of Finnish Municipalities in Basic Service Provision 1994-2002, in: Urban Public Economics Review Nr. 4/2005, S. 39–63.

Lovell, C.A. K. (1993): Production Frontiers and Productive Efficiency 1993.

Lüchinger, S./Stutzer, A. (2002): Skalenerträge in der öffentlichen Kernverwaltung. Eine empirische Analyse anhand von Gemeindefusionen, in: Swiss Political Science Review 8, 1, S. 27–50.

McDonald, J. F./Moffitt, R. A. (1980): The Uses of Tobit Analysis, in: The Review of Economics and Statistics 62, 2, S. 318–321.

Meyer, B.D. (1995): Natural and Quasi-Experiments in Economics, in: Journal of Business & Economic Statistics 13, 2, S. 151–161.

Moisio, A./Uusitalo, R. (2013): The Impact of Municipal Mergers On Local Public Expenditures in Finland, in: Public Finance and Management 13, 3, S. 148–166.

Montén, A. (2009): Effizienzanalyse kommunaler Ausgaben im Freistaat Sachsen, in: ifo Dresden berichtet Nr. 06/2009, S. 3–12.

Narbón-Perpiñá, I./De Witte, K. (2018a): Local governments' efficiency. A systematic literature review-part I, in: International Transactions in Operational Research 25, 2, S. 431–468.

Narbón-Perpiñá, I./De Witte, K. (2018b): Local governments' efficiency:. A systematic literature review – Part II, in: International Transactions in Operational Research 25, 4, S. 1107–1136.

Newton, K. (1982): Is Small Really So Beautiful? Is Big Really So Ugly? Size, Effectiveness, And Democracy In Local Government, in: Political Studies 30, 2, S. 190–206.

Nieswand, M. (2012): Efficiency Analysis in Public Service Provision. Addressing Characteristics and Specificities Related to the Public Sector and Regulation. https://depositonce.tu-berlin.de/bitstream/11303/3666/1/Dokument_36.pdf. Zuletzt geprüft am 05.12.2019.

Niskanen, W. (1971): Bureaucracy and Representative Government, Chicago.

Oates, W. E. (1972): Fiscal Federalism, Harcourt.

Park, J.-H. (2013): Local Government Reform. Is it Effective on Debt Burdens?, in: Public Finance and Management 13, 3, S. 195–214.

Pickering, S./Tanaka, S./Yamada, K. (2016): The Impact of Municipal Mergers on Local Public Spending. Evidence from Remote-Sensing Data. https://papers.ssrn.com/sol3/papers.cfm?abstract_id=2792140. Zuletzt geprüft am 05.12.2019.

Poel, D. H. (2000): Amalgamation Perspectives: Citizen Responses to Municipal Consolidation, in: Canadian Journal of Regional Science 23, S. 31–48.

Prieto, A. M./Zoflo, J. L. (2001): Evaluating Effectiveness in Public Provision of Infrastructure and Equipment. The Case of Spanish Municipalities, in: Journal of Productivity Analysis 15, 1, S. 41–58.

Przybilla, O. (2016): Übertrittspläne der Stadt Sonneberg. Thüringen dreht den Spieß um, in: Süddeutsche Zeitung, 14.03.2016. https://www.sueddeutsche.de/bayern/gebietsreform-uebertrittsplaene-der-stadt-sonneberg-thueringen-dreht-den-spiess-um-1.2904739. Zuletzt geprüft am 05.12.2019.

Rehm, H./Matern-Rehm, S. (2010): Kommunalfinanzen, Wiesbaden.

Reingewertz, Y. (2012): Do Municipal Amalgamations Work? Evidence from Municipalities in Israel, in: Journal of Urban Economics 72, 2-3, S. 240–251.

Revelli, F. (2005): On Spatial Public Finance Empirics, in: International Tax and Public Finance 12, 4, S. 475–492.

Riotte, W./ Hiller, P./ Ziekow, J./ Mehde, V./ Schneider, A. (2013): Bericht der Expertenkommission Funktional- und Gebietsreform, Erfurt.

Rocaboy, Y. (2007): Public goods, congestion and population size. A non-parametric analysis using French data, in: Australian National University Discussion Paper No. 565 2007.

Rösel, F. (2016): Gibt es Einspareffekte durch Kreisgebietsreformen? Evidenz aus Ostdeutschland, in: ifo Schnelldienst 69, 22, S. 26–33.

Rösel, F. (2017): Do mergers of large local governments reduce expenditures? Evidence from Germany using the synthetic control method, in: European Journal of Political Economy 50, S. 22–36.

Rosenfeld, M. / Kluth, W./ Haug, P./ Heimpold, G./ Michelsen, C./ Nuckelt, J. (2007): Zur Wirtschaftlichkeit gemeindlicher Verwaltungsstrukturen in Sachsen-Anhalt. Gutachten im Auftrag des Ministeriums des Innern des Landes Sachsen-Anhalt. Endversion des Abschlussberichts (19. Juni 2007). https://digital.zlb.de/viewer/rest/image/33343520/22_07L.pdf/full/max/0/22_07L.pdf. Zuletzt geprüft am 05.12.2019.

Saarimaa, T./Tukianien, J. (2015): Common Pool Problems in Voluntary Municipal Mergers, in: European Journal of Political Economy 38, S. 140–152.

Scheel, H. (2000): Effizienzmaße der Data Envelopment Analysis, Wiesbaden.

Simar, L./Wilson, P. W. (1998): Sensitivity Analysis of Efficiency Scores. How to Bootstrap in Nonparametric Frontier Models, in: Management Science 44, 1, S. 49–61.

Simar, L./Wilson, P. W. (2000): A general methodology for bootstrapping in non-parametric frontier models, in: Journal of Applied Statistics 27, 6, S. 779–802.

Simar, L./Wilson, P. W. (2002): Non-parametric tests of returns to scale, in: European Journal of Operational Research 139, 1, S. 115–132.

Simar, L./Wilson, P. W. (2007): Estimation and inference in two-stage, semi-parametric models of production processes, in: Journal of Econometrics 136, 1, S. 31–64.

Solé-Ollé, A./Bosch, N. (2005): On the Relationship between Authority Size and the Costs of Providing Local Services. Lessons for the Design of Intergovernmental Transfers in Spain, in: Public Finance Review 33, 3, S. 343–384.

StataCorp (2017): Stata Statistical Software, College Station, TX.

Statistische Ämter des Bundes und der Länder (2008): Kulturindikatoren auf einen Blick - Ein Ländervergleich.

Statistische Ämter des Bundes und der Länder (2016): Kulturfinanzbericht. Tabellenband, Wiesbaden.

Steiner, R./Kaiser, C. (2017): Effects of amalgamations. Evidence from Swiss municipalities, in: Public Management Review 19, 2, S. 232–252.

Sterman, J. D. (2000): Business Dynamics. Systems Thinking and Modeling for a Complex World, New York.

Studerus, J. (2016): Fiscal effects of voluntary municipal mergers in Switzerland, in: Working Paper 2016.

Tavares, A. F. (2018): Municipal amalgamations and their effects. A literature review, in: Miscellanea Geographica 22, 1, S. 5–15.

Tavares, A. F./Rodrigues, M. (2018): The Effects of Sub-Municipal Amalgamations on Turnout. Testing the Rational Voter Hypothesis. https://ecpr.eu/Filestore/PaperProposal/010bb04f-c396-41c1-9e18-c258ddec2f31.pdf. Zuletzt geprüft am 05.12.2019.

Terlouw, K. (2016): Territorial changes and changing identities. How spatial identities are used in the up-scaling of local government in the Netherlands, in: Local Government Studies 42, 6, S. 938–957.

Thater, C. (2009): Auswirkungen des demographischen Wandels auf die kommunalen Ausgaben im Freistaat Sachsen, in: ifo Dresden berichtet Nr. 5/2009.

Thüringer Landesamt für Statistik (2018a): Gemeindefinanzen in Thüringen 1. 1-31.12.2017. Statistischer Bericht L II -vj 4 /17. Heft-Nr.: 89/18, Erfurt.

Thüringer Landesamt für Statistik (2018b): Gemeindezahlen für Thüringen. Ausgabe 2018, Erfurt.

Thüringer Landesamt für Statistik (2019a): Auskunftsdienst. https://statistik.thueringen.de/amt/Auskunftsdienst.asp?x=10.

Thüringer Landesamt für Statistik (2019b): Bevölkerung der Gemeinden, erfüllenden Gemeinden und Verwaltungsgemeinschaften nach Geschlecht in Thüringen. Bevölkerung insgesamt (Personen). https://statistik.thueringen.de/datenbank/TabWMAnzeige.asp?ListeWM=129040%7C%7C1&GGTabelle=lk&GGTabelle=gem&GGTabelle=erf&GGTabelle=vg&tabelle=gg000102%7C%7CBev%F6lkerung+der+Gemeinden%2C+erf%FCllenden+Gemeinden+und+Verwaltungsgemeinschaften+nach+Geschlecht&startpage=99&wmid=129040%7C%7C1&JahresReihe=&auswahlnr=&csv=&vorspalte=1&umsort=&tit2=&TIS=&SZDT=&anzahlH=-2&fontgr=12&ranking=&sortiere=&richtung=&AnzeigeAuswahl=&XLS=.

Thüringer Landesamt für Statistik (2019c): Ergebnisse einer Gemeinde. https://statistik.thueringen.de/datenbank/oertlich.asp?auswahl=gem. Zuletzt geprüft am 05.12.2019.

Thüringer Landesamt für Statistik (2019d): Flächen nach Art der tatsächlichen Nutzung nach Gemeinden, erfüllenden Gemeinden und Verwaltungsgemeinschaften ab 2015 in Thüringen. Siedlungs- und Verkehrsfläche (ha). https://statistik.thueringen.de/datenbank/TabWMAnzeige.asp?ListeWM=411030%7C%7C34&GGTabelle=lk&GGTabelle=gem&GGTabelle=erf&GGTabelle=vg&tabelle=gg000554%7C%7CFl%E4chen+nach+Art+der+tats%E4chlichen+Nutzung+nach+Gemeinden%2C+erf%FCllenden+Gemeinden+und+Verwaltungsgemeinschaften+ab+2015&startpage=99&wmid=411030%7C%7C34&JahresReihe=&auswahlnr=&csv=&vorspalte=1&umsort=&tit2=&TIS=&SZDT=&anzahlH=-2&fontgr=12&ranking=&sortiere=&richtung=&AnzeigeAuswahl=&XLS=. Zuletzt geprüft am 05.12.2019.

Thüringer Landesamt für Statistik (2019e): Flächen nach Art der tatsächlichen Nutzung nach Gemeinden, erfüllenden Gemeinden und Verwaltungsgemeinschaften in Thüringen. Siedlungs- und Verkehrsfläche (ha). https://statistik.thueringen.de/datenbank/TabWMAnzeige.asp?ListeWM=411010%7C%7C16&GGTabelle=lk&GGTabelle=gem&GGTabelle=erf&GGTabelle=vg&tabelle=gg000504%7C%7CFl%E4chen+nach+Art+der+tats%E4chlichen+Nutzung+nach+Gemeinden%2C+erf%FCllenden+Gemeinden+und+Verwaltungsgemeinschaften&startpage=99&wmid=411010%7C%7C16&JahresReihe=&auswahlnr=&csv=&vorspalte=1&umsort=&tit2=&TIS=&SZDT=&anzahlH=-2&fontgr=12&ranking=&sortiere=&richtung=&AnzeigeAuswahl=&XLS=. Zuletzt geprüft am 05.12.2019.

Thüringer Landesamt für Statistik (2019f): Gemeinden in Thüringen. Gebietsveränderungen nach dem 01.07.1994. https://statistik.thueringen.de/datenbank/gebiet2.asp. Zuletzt geprüft am 05.12.2019.

Thüringer Landesamt für Statistik (2019g): Personal in Vollzeitäquivalenten der Gemeinden/Gemeindeverbände (Kernhaushalte) am 30.6. in Thüringen. https://statistik.thueringen.de/datenbank/TabWMAnzeige.asp?ListeWM=741140%7C%7C3&GGTabelle=lk&GGTabelle=kv&GGTabelle=gem&GGTabelle=erf&GGTabelle=vg&GGTabelle=vv&tabelle=gg001617%7C%7CPersonal+in+Vollzeit%E4quivalenten%3Csup%3E*%29%3C%2Fsup%3E+der+Gemeinden%2FGemeindeverb%E4nde+%28Kernhaushalte%29+am+30.6.&startpage=99&wmid=741140%7C%7C3&JahresReihe=&auswahlnr=&csv=&vorspalte=1&umsort=&tit2=&TIS=&SZDT=&anzahlH=-1&fontgr=12&ranking=&sortiere=&richtung=&AnzeigeAuswahl=&XLS=. Zuletzt geprüft am 05.12.2019.

Thüringer Ministerium für Inneres und Kommunales (2015): Leitbild "Zukunftsfähiges Thüringen". https://www.thueringen.de/mam/th3/tim/2015/leitbild.pdf. Zuletzt geprüft am 05.12.2019.

Thüringer Verfassungsgerichtshof (2005): Normenkontrollklage wegen Vorschriften des Thüringer Finanzausgleichsgesetzes (ThürFAG).

Thüringer Verfassungsgerichtshof (2011): Regelung des kommunalen Finanzausgleichs 2010.

Thüringer Verfassungsgerichtshof (2017): Abstrakte Normenkontrolle der CDU-Fraktion gegen Vorschaltgesetz erfolgreich, Erfurt.

Tiebout, C. M. (1956): A Pure Theory of Local Expenditures, in: Journal of Political Economy 64, 5, S. 416–424.

Tulkens, H. (1993): On FDH efficiency analysis. Some methodological issues and applications to retail banking, courts, and urban transit, in: Journal of Productivity Analysis 4, S. 183–210.

Verband Deutscher Städtestatistiker (2011): Indikatoren- und Merkmalskatalog zum demografischen Wandel. Arbeitshilfe für kommunalstatistische Monitoring- und Berichtssysteme zur Bevölkerungsstruktur und -entwicklung.

Vereinigung der kommunalen Arbeitgeberverbände (VKA) (2018): Durchgeschriebene Fassung des TVöD für den Bereich Verwaltung. im Bereich der Vereinigung der kommunalen Arbeitgeberverbände (TVöD-V), Berlin.

Walker, R. M./Andrews, R. (2014): Local Government Management and Performance. A Review of Evidence, in: Journal of Public Administration Research and Theory 25, 1, S. 101–133.

Widmer, P. K./Elias, G./Zweifel, P. (2013): Größenvorteile, Skaleneffizienz und Wettbewerb zwischen Gebietskörperschaften bei der Produktion öffentlicher Güter. Evidenz aus der Schweiz, in: Raumforschung und Raumordnung 71, 4, S. 295–305.

Wieser/Dewaldt/Buchholz (2017): Kommunalrecht in Thüringen, Jena.

Worthington, A./Dollery, B. (2000): An Empirical Survey of Frontier Efficiency Measurement Techniques in Local Government, in: Local Government Studies 26, 2, S. 23–52.

Worthington, A. C./Dollery, B. E. (2002): Incorporating contextual information in public sector efficiency analyses. A comparative study of NSW local government, in: Applied Economics 34, 4, S. 453–464.

Zeedan, R. (2017): Bigger but not always better. Size and democracy in Israeli amalgamated local governments, in: Journal of Urban Affairs 39, 5, S. 711–728.

Rechtsquellenverzeichnis

FPStatG	Finanz- und Personalstatistikgesetz, in der Fassung der Bekanntmachung vom 22. Februar 2006 (BGBl. I S. 438), zuletzt geändert durch Artikel 2 des Gesetzes vom 2. März 2016 (BGBl. I S. 342).
GO LSA	Gemeindeordnung für das Land Sachsen-Anhalt (Gemeindeordnung), vom 5. Oktober 1993. zuletzt geändert durch Gesetz vom 21.3.2006 (GVBl. LSA 2006, S. 102).
SGB II	Das Zweite Buch Sozialgesetzbuch – Grundsicherung für Arbeitsuchende – in der Fassung der Bekanntmachung vom 13. Mai 2011 (BGBl. I S. 850, 2094), zuletzt geändert durch Artikel 120 des Gesetzes vom 20. November 2019 (BGBl. I S. 1626) .
SGB XII	Das Zwölfte Buch Sozialgesetzbuch – Sozialhilfe – (Artikel 1 des Gesetzes vom 27. Dezember 2003, BGBl. I S.3022, 3023), zuletzt geändert durch Artikel 133 des Gesetzes vom 20. November 2019 (BGBl. I S. 1626).
ThürFAG	Thüringer Finanzausgleichsgesetz (ThürFAG) Vom 31. Januar 2013, verkündet als Artikel 1 des Thüringer Gesetzes zur Änderung der Finanzbeziehungen zwischen Land und Kommunen vom 31. Januar 2013 (GVBl. S. 10)
ThürGemHV	Thüringer Gemeindehaushaltsverordnung vom 26. Januar 1993. Zuletzt geändert durch Gesetz vom 04.04.2014, GVBl. S. 150
ThürGNGFG	Thüringer Gesetz über Finanzhilfen im Rahmen der freiwilligen Neugliederung kreisangehöriger Gemeinden in den Jahren 2018 und 2019 (Thüringer Gemeindeneugliederungsfinanzhilfegesetz) vom 10. April 2018 (GVBl. S. 74)
ThürGNGG 2019	Thüringer Gesetz zur freiwilligen Neugliederung kreisangehöriger Gemeinden im Jahr 2019, vom 18. Dezember 2018.
ThürGVG	Vorschaltgesetz zur Durchführung der Gebietsreform in Thüringen, vom 2. Juli 2016.

ThürKGG	Thüringer Gesetz über die kommunale Gemeinschaftsarbeit, in der Fassung der Bekanntmachung vom 10. Oktober 2001, zuletzt geändert durch Artikel 5 des Gesetzes vom 23. Juli 2013 (GVBl. S. 194, 201).
ThürKitaG	Thüringer Gesetz über die Bildung, Erziehung und Betreuung von Kindern in Kindergärten, anderen Kindertageseinrichtungen und in Kindertagespflege als Ausführungsgesetz zum Achten Buch Sozialgesetzbuch (Thüringer Kindertagesbetreuungsgesetz -ThürKitaG-), vom 18. Dezember 2017. zuletzt geändert durch Gesetz vom 10. Oktober 2019 (GVBl. S. 383).
ThürKO	Thüringer Gemeinde- und Landkreisordnung (Thüringer Kommunalordnung) in der Fassung der Bekanntmachung vom 28. Januar 2003.